철학자의 눈으로 본 십자군 전쟁

십자군 전쟁에서 배우는
평화를 위한 지혜

✠

철학자의 눈으로 본
십자군 전쟁

박승찬 지음

☾

오르골

일러두기

- 맞춤법과 외래어 표기는 현행 '한글 맞춤법 규정'과 《표준국어대사전》(국립국어원)을 따랐다. 기본으로는 교과서 표기를 우선하고(예: 비잔틴 제국→ 비잔티움 제국), 글의 흐름상 필요한 경우 관용적 표기나 일부 구어체는 그대로 살렸다.
- 책·정기 간행물은 《 》로, 글·그림·영화·방송·법률 제목은 〈 〉로 표기했다.
- 당대의 기록 중 유럽의 인명, 지명은 해당 지역 발음대로 표기하되, 가톨릭교회 관련 용어는 관용적 표기를 따랐다(예: 교황 그레고리오, 성 프란치스코, 나자렛 등).
- 아랍어의 경우 가급적 아랍어 발음에 가깝게 표기하되 필요시 영어 발음을 병기했다(예: 무함마드[마호메트], 누르 앗딘[누레딘] 등).
- 역사 관련 용어 및 인물, 지명 등은 관용적 표기를 살리고, 필요시 원어 발음 등을 병기했다(예: 살라딘, 팔레스티나, 트리폴리, 콘스탄티노플 등).
- 책, 영화 제목 등은 우리나라에 소개된 공식 명칭을 살렸으며, 번역문을 인용할 경우 첨언한 내용은 [ ] 표시 안에 덧붙였다.

저자 알림

중세 기록을 확인하다 보면 비잔티움 제국(그리스어)과 서유럽(중세 라틴어) 자료에서 인명 등 표기가 혼재된 경우를 자주 접한다. 이 책에서는 역사·학술 자료 등에서 굳어진 용어는 그대로 따랐으며, 그 외는 가급적 해당 인물의 출신 지역 발음을 살리자는 취지에서 비잔티움 제국의 인물명은 그리스어 발음을 살려 적었다(예: 알렉시우스 콤네누스→ 알렉시오스 콤네노스). 인용문의 경우 직접 인용은 출처를 밝히되 일반인을 위한 교양서 기준에 준해 표기했으며, 일부 용어는 이 책에 맞게 수정했다. 참조한 자료는 참고문헌으로 정리했다.

방송에서 못다 한 '진짜 십자군' 이야기

독일에서 연구년을 마치고 돌아온 2023년 늦가을, 모 방송사 제작팀에서 섭외 연락이 왔습니다. TV를 보다가 종종 눈에 들어오던 프로그램이었지요. 방송국 측에서 다루고 싶어 하는 주제는 '십자군 전쟁'이었습니다.

몇 년 전 JTBC의 강연 프로그램 〈차이나는 클라스〉에서도 십자군 전쟁에 대한 강의를 요청해 온 바 있지만, 그 주제만 따로 다루는 것은 거절했습니다. '중세는 암흑기'라는 편견이 널리 퍼져 있는 상황에서 십자군 전쟁만을 떼어내 다룰 경우 중세에 대한 일반 시청자들의 부정적인 시각을 더욱 강화할 위험이 있었기 때문입니다. 그래서 해당 제작진과 의논한 끝에 중세의 명암을 함께 살펴보자는 취지에서 전체 주제를 '중세 천년의 빛과 그림자'로 변경했고, 그 안에서 십자군 전쟁에 대해 일부 소개했습니다.

그때와 달리 이번 프로그램은 그 성격이 특정한 역사적 사건을 집중적으로 다루는 것이다 보니 포괄적인 주제를 제안할 상황은 아니었습니다. 또한 철학자인 제가 중세철학 탐구의 배경으로 중세 역사를 섭렵하기는 했지만, 역사 프로그램을 표방하는 방송에 나선다는 사실 자체도 부담스러웠습니다.

다만 제가 출연을 고사할 경우 자칫 십자군 전쟁의 자극적인 장면만 부각된다거나, 다양한 측면에서 고찰하는 게 아니라 특정 입장에서만 논의될 가능성이 있어 보였습니다. 그래서 저라도 출연해서 그리스도교와 이슬람교 사이의 균형을 맞춰야 하나 고민하던 차에, 제 방송 출연과 관련해 조언을 아끼지 않는 아내 노성숙 교수 역시 최근의 '팔레스타인 대 이스라엘 전쟁'을 고려해서라도 십자군 전쟁에 대한 균형 잡힌 시각이 필요해 보인다는 의견을 주었습니다.

어렵사리 출연을 결심하고 녹화에 임했지만 방송된 결과물은 제 의도와 많이 달라져 있었습니다. 전체 8차에 걸쳐 일어난 십자군 전쟁 중 1차 및 4차의 잔인하고 추악한 전쟁만 강조되고 '평화'에 힘썼던 이들의 이야기, 즉 살라딘과 사자심왕 리처드 1세의 우정(3차), 평화의 사도 성 프란치스코(5차), 이슬람 술탄을 설득해 예루살렘 순례권을 찾아온 신성로마 제국 황제 프리드리히 2세(6차)의 일화는 모두 사라져 버린 것입니다.

물론 방송 특성상 어쩔 수 없이 편집된 부분도 있겠지요. 그러나 십자군 전쟁처럼 잔인한 역사적 사건일지라도 타산지석으로 삼으면 그 안에서 '평화를 위한 지혜'를 얻을 수 있다고 확신하는 저로서는 아쉬움이 남는 게 사실입니다. 200년에 걸친 십자군 전쟁 가운데 유독 잔인성만 부각시켜, 역사적 사실이나 교훈은커녕 기존의 편견을 더욱 굳히는 데 일조한 게 아닐까 우려되었습니다.

그래서 고민한 끝에 진짜로 하고 싶었던 이야기, 즉 십자군 전쟁에 대한 객관적인 관점과 그것을 통해 배우는 '평화를 위한 지혜'를 온전히 한 권의 책으로 담아내기로 했습니다. 제가 특히 주목하는 부분은 십자군 전쟁에 나타난 양상으로, 다른 문화나 종교에 대한 '분노'와 '혐오'가 단순하고 일시적인 감정이 아니라 집단 이데올로기—정치적 이데올로기든, 종교적인 것이든, 금전 만능주의든—에 의해 만들어진다는 점입니다. 더욱이 이것이 교육되고 학습되면서 더 멀리, 빠르게 퍼져 나갔다는 사실에 대해서도 생각해 보고 싶었습니다.

《혐오사회》의 저자 카롤린 엠케는 "혐오의 기억에는 유통기한이 없다"라고 이야기합니다. 과거에 일어났던 혐오라도 제대로 성찰하지 않으면 얼마든지 반복될 수 있다는 말입니다. 그리하여 문화적으로 발전했다고 자부하는 현대사회에서도 십자군 전쟁처럼 무지몽매하고 잔인한 사건들이 얼마든지 되풀이될 수 있습니다. 오늘날 세계 곳곳에서 계속되고 있는 전쟁의 양상을 보더라도 십자군 전쟁과 별반 다르지 않다는 생각이 듭니다. 바로 우리 가까이에서도 빈부 간, 성별 간, 세대 간에, 또 종족이나 지역 간에 혐오가 만연해 있는 실정입니다. 부디 우리가 십자군 전쟁에서 역설적으로 얻게 되는 지혜를 활용해 진정한 평화의 길로 나아갈 수 있길 빕니다.

마침 인문교양 시리즈를 준비하던 오르골 출판사를 통해 이 책을 선보이게 되었습니다. 《철학자의 눈으로 본 십자군 전쟁》은 전체 9장으로 나뉘어 있으며, 1~7장에서는 십자군 전쟁의 시기별 양상을 역사철학적 관점에서 다루고 8~9장에서는 십자군 전쟁의 의미를 새롭게 재해석했습니다. 특히 마지막 9장에서는 '십자군 전쟁을 통해 배우는 무지개 원리'란 제목으로 십자군이 오늘날 우리에게 주는 의미를 성찰해 보았습니다.

이로써 모 방송을 위한 십자군 이야기로 시작했으나 그 안에 미처 담지 못한 '십자군 전쟁의 진짜 얼굴'을 독자 여러분에게 보여드리게 되었습니다. 역사적 사건을 단순히 흥밋거리로 소진하는 게 아니라 그것으로부터 인생의 지혜와 교훈을 얻으실 수 있기를 기원합니다.

2024년 가을
박승찬

차례

프롤로그

'종교 간의 전쟁' 하면 바로 '십자군 전쟁'을 떠올리는 분들이 많으실 겁니다. 십자군 운동, 십자군 원정 등 완곡한 표현을 쓴다고 해도 처참한 전쟁이었다는 사실 자체는 변하지 않습니다.

전통주의적 해석에 따르면, 십자군 전쟁은 중세 시대에 그리스도교를 수호하는 서유럽의 십자군이 당시 유럽을 위협하던 '이슬람 세력'과 충돌해 벌인 전쟁입니다.[1] 더 나아가 예루살렘 지역을 정복하고 또 재탈환하고자 200년가량 이어간, 세계 역사상 가장 길고 치열했던 전쟁을 가리킵니다. 십자군(crusades)의 어원은 라틴어 크루체시그나티(crucesignati), 즉 '십자가 표식을 단 자들'이란 단어에서 유래했습니다.

사실 처음부터 십자군이라는 용어가 쓰였던 것은 아닙니다. 13세기 기록에서는 해당 용어가 산발적으로 나타나다가 1300년대 말과 1400년대 초부터 본격적으로 사용되었습니다. 무려 여덟 차례나 원정에 나섰던 십자군은 각 시기마다 다른 양상을 보입니다. 십자군 전쟁은 '신께서 성지 예루살렘의 회복을 원하신다'는 명분으로 시작되었지만 본래 목적을 잊고 변질된 경우가 많았습니다.

십자군과 이슬람 양측 모두 정당한 이유 없이 무자비한 대량 학살을 일삼거나 살육전을 펼치기도 했고요. 오랜 세월이 흐른 뒤, 가톨릭교회의 수장인 교황마저 "부끄러운 역사"라고 언급했을 정도로 십자군 전쟁은 엉망진창인 전쟁이었습니다.

결국 십자군 전쟁은 한창 전성기였던 중세 시대를 쇠퇴시키고, 로마 제국부터 2천 년이나 역사를 유지해 온 동로마 제국, 즉 비잔티움 제국을 몰락시키는 결정적 계기가 됩니다. 그렇다면 200년에 걸쳐 전쟁을 계속한 이유는 대체 무엇이었을까요? 그리고 현대를 사는 우리가 이 전쟁을 통해 무엇을 배울 수 있을까요?

자, 이제부터 말도 많고 탈도 많은 십자군 전쟁의 민낯을 제대로 보여드리겠습니다.

십자군 전쟁의 서막,
신께서 원하신다

신흥 이슬람 세력의
예루살렘 점령   ✳

3대 종교의 성지 예루살렘, 균형이 깨지다

예루살렘은 히브리어로 '평화의 도시'란 뜻인데, 이름과는 정반대로 오랫동안 '평화의 도시'가 되지 못했습니다. 과거부터 지금까지, 여러 종교의 대표적인 성지이자 분쟁의 씨앗을 만든 중심지였기 때문입니다. 이스라엘 민족의 유대교, 유럽 사회를 중심으로 발전한 그리스도교, 중동 아랍 국가들의 이슬람교 등 3대 종교도 예루살렘을 각각 성지로 삼고 있습니다.

예루살렘 구시가지를 살펴보면, 여의도의 3분의 1 정도(0.9제곱킬로미터)밖에 안 되는 좁디좁은 땅 안에 그리스도교, 이슬람교, 유대교의 대표적인 성지 세 곳이 몰려 있습니다.[2]

먼저, 예수가 죽어서 묻힌 자리에 세운 '성묘교회'는 그리스도교인의 성지입니다. 이 교회는 예수가 십자가를 지고 올라간 언덕 위에 위치해 있어, 그리스도교인들에게는 가장 중요한 성지로 꼽힙니다. 특히 중세 시대 그리스도교인들에게 예루살렘은 아주 특별한 곳이었습니다. 여러 신학자들이 그곳에서 세상의 종말이 일어난다고 여겼기 때문입니다. 최후의 심판 날에 예수가 다시 예루살렘에 내려오리라는 믿음은 성지순례만으로도 예수의 곁에 있을 수 있다는 확신을 심어주었습니다.

예루살렘은 다윗의 왕궁과 솔로몬의 성전이 있던 곳으로, 유대인에게도 매우 중요한 성지입니다. 옛 성전은 로마 제국의 박해 때 대부분 파괴되었지만 남아 있는 외벽은 '통곡의 벽'이라 불리며 유대인들이 자신들의 참혹한 역사를 마음껏 애통해할 수 있는 장소가 되었습니다. 이처럼 유대인들에게도 과거 왕국의 수도 예루살렘은 영광의 도시이자 영원한 마음의 고향이었습니다.

그리고 이슬람교도, 즉 무슬림에게도 예루살렘은 3대 성지 중 하나입니다. 이슬람교의 창시자 무함마드(마호메트)가 천사의 계시를 받았다는 메카와 메디나에 이어, 그 계시를 받고 처음으로 기

예루살렘 구시가지 구획별 지도

도한 방향이 예루살렘이기 때문입니다. 특히 무함마드가 승천했다는 위치에 세워진 '바위 돔 사원(황금 돔 사원)'³과 바로 옆에 있는 순례자들의 기도 장소 '알아크사 사원'은 무슬림에게 중요한 순례 코스였습니다. 더욱이 '중립 지역'으로 만들어놓은 이슬람의 바위 돔 사원 자리는 세 종교에 모두 의미 있는 자리였습니다.

중세 시대 독실한 그리스도교인들에게 예루살렘 성지순례는 그 의미가 특별했습니다. 서유럽에서 예루살렘까지 가는 길은 무척 멀고 험했지만, 오히려 그런 점이 성지순례에 대한 열망을 더욱 부추겼습니다. 콘스탄티누스 대제⁴의 어머니 헬레나 황후도 예루살렘 순례자 중 한 명이었는데, 콘스탄티누스 대제가 배신한 가족들을 처형하자 아들의 죄를 대신 속죄하기 위해 예루살렘으로 순례를 떠난 것입니다. 헬레나 황후는 당시 폐허였던 그곳에서 매우 중요한 성유물(聖遺物)을 발굴하기도 했습니다.

그리스도교인들은 성유물에 대단한 힘이 들어 있다고 믿었기에 성유물을 소유함으로써 큰 은혜를 입기를 바랐습니다. 중세 시대에는 이처럼 힘든 고난을 극복해 내면 신이 자신들의 죄를 씻어주고 구원해 주리라는 믿음이 강했습니다.

11세기 중반 예루살렘의 유명한 순례자로 프랑스 앙주의 백작 풀크가 있습니다. 그는 영지의 백성들에게 가혹하게 굴었을 뿐만 아니라 아내들까지 죽인 극악무도한 인물입니다. 밤마다 꿈에 나타난 원혼들에게 시달리던 풀크는 프랑스에서 팔레스티나(팔레스타인)까지 성지순례를 두 번이나 다녀왔습니다. 그곳에서 그리스도교의 성유물(무슬림은 전혀 관심 없어 하던)을 잔뜩 사 온 뒤 로마 교황에게 기증했습니다. 감동을 받은 교황은 그 보답으로, 지금까지 풀크가 범한 모든 악행에 대한 벌을 면제해 줍니다. 이 사건은 아무리 죄를 지은 악인이라도 성지순례만 다녀오면 구원받을 수 있다는 전례를 남깁니다. 실제로 여러 교회 재판소에서 중죄인에게 감옥행 대신 성지순례를 명한 경우가 있습니다.

순례 관행이 널리 퍼져 있던 중세 시대에 예루살렘은 산티아고 데 콤포스텔라, 로마와 더불어 그리스도교의 3대 순례지 중 하나였습니다. 그중에서도 성경에서 언급된 거룩한 도시, 예수가 신의 나라를 선포했고 죽었다 다시 살아난 예루살렘은 최고의 순례지로 손꼽혔습니다. 중세의 많은 지도 중앙에 예루살렘이 그려져 있

바위 돔 사원과 통곡의 벽

는 것이 상징하듯 중세 그리스도교인들에게 예루살렘은 우주의 중심이나 마찬가지였습니다. 그래서 유대교, 이슬람교 신자들보다 특히 그리스도교인들이 예루살렘을 많이 찾았습니다. 예루살렘에 있는 수도원에서는 집단 순례객들을 위해 숙박소까지 만들 정도였으니까요. 전하는 말에 따르면, 한꺼번에 약 1만 2천 명이 성지순례를 온 적도 있다고 합니다.

7세기 초반까지는 예루살렘이 로마가톨릭과 같은 그리스도교를 믿는 비잔티움 제국(동로마 제국)에 속해 있었기 때문에 순례하는 데 심각한 문제는 없었습니다. 물론 순례객들이 머나먼 길을 오가는 동안 천재지변이나 강도의 습격 등 크고 작은 어려움은 겪었지만 말입니다. 그러던 중 638년 예루살렘이 이슬람 세력의 땅이 되자 분위기가 달라졌습니다. 이것은 무함마드가 632년 세상을 떠난 후 아라비아반도에 머물던 그의 제자들이 정복 전쟁으로 세력을 넓힌 결과였습니다.

이때까지만 해도 예루살렘을 지배한 이슬람 왕조의 아랍인 통치자들은 온건했으며, 다른 종교인들이 예루살렘으로 성지순례 오는 것을 막지 않았습니다. 그리스도교인에게도 세금 부과나 특정 옷차림 요구, 공식적 예배 금지 등 약간의 제한만 두는 정도였습니다. 강력한 왕권을 유지하기 위해 관용을 베풀었던 겁니다. 또한 이슬람교에서도 성지순례를 중요시하기 때문에 그리스도교인들의 예루살렘 순례를 이해했던 것으로 보입니다. 이슬람교의 성전 코란(쿠란)에서는 무슬림이라면 적어도 평생에 한 번은 메카를 순례하는 것이 의무라고 규정하고 있습니다.

이교도들에게 정복당한 예루살렘과 슬퍼하시는 예수
(1000년경 《오토 3세의 복음서》에서)

　그리스도교와 이슬람교는 예루살렘을 사이에 두고 매우 오랫동안 평화롭게 공존해 왔습니다. 중세 시대에도 예루살렘의 구시가지 지역은 특정 종교가 독차지할 수 없는, 세계에서 유일무이한 중립지대였습니다. 그런데 1009년, 갑자기 이슬람 지역에 아랍인이 아닌 튀르크계 세력이 등장하며 예루살렘의 평화에 균열이 생깁니다. 평화를 깨뜨린 인물은 당시 예루살렘을 다스리던 이슬람 파티마 왕조(909~1171)의 제6대 칼리프[5] 알하킴(Al-Hakim)이었습니다.

알하킴은 그리스도교와 유대교에 관용 정책 대신 탄압을 가했습니다. 특히 그리스도교인들이 모이는 '성묘교회'를 눈엣가시처럼 여겨 아예 부숴버렸습니다. 그리스도교인의 이동을 제한하고 구별되는 옷차림 착용을 의무화했으며, 교회 재산을 몰수하고 십자가까지 불태웠습니다. 게다가 3천여 개의 교회를 파괴하거나 이슬람 사원(모스크)으로 바꾸었습니다.

성묘교회 파괴 소식을 접한 유럽의 그리스도교인들은 몹시 분노했습니다. 알하킴의 뒤를 이어 칼리프가 된 그 아들이 그리스도교인들의 분노를 잠재우고자 1027년부터 성묘교회 재건을 시도했지만 완전히 복구하지는 못했습니다. 1040년대에 이르러서야 비잔티움 제국은 파티마 왕조와 타협하여 그리스도교인들을 보호하는 한편 성묘교회 복구도 마무리 지었습니다.

그런 와중에 또다시 예루살렘의 평화를 깨뜨리는 사건이 일어납니다. 중앙아시아에 있던 이슬람 세력, 즉 셀주크 튀르크가 지금의 이란 지역을 비롯해 아바스 왕조(750~1258) 지배하의 이라크 등 서쪽으로 세력을 넓혀간 것입니다.[6] 이슬람 군대의 용병이자 핵심 세력이 된 튀르크족은 비잔티움 제국까지 위협하는가 하면, 파티마 왕조로부터 예루살렘을 포함한 팔레스티나와 시리아 지역 전체를 빼앗은 뒤 거대한 이슬람 왕조를 건설했습니다. 이렇게 탄생한 '셀주크 제국(1037~1194)'[7]은 이슬람 사원 안에서 파티마 왕조에 동조하는 시아파 수천 명을 학살하기도 했습니다.

1077년, 셀주크 제국은 예루살렘 지역에 더욱 강력한 이슬람 왕국을 세우기 위해 특단의 조치를 취합니다. 그리스도교인들과 유대인들의 예루살렘 성지순례를 완전히 막아버린 것입니다. 이전의 이슬람 세력들은 성묘교회에 찾아오는 순례자들이 지불하는 돈을 반겨 보호해 주었지만, 셀주크 제국은 그러한 이익도 따지지 않고 박해했습니다. 서유럽으로 돌아온 순례자들은 예루살렘에서 겪은 일과 튀르크인들의 부당한 대우에 대해 불만을 토로했습니다. 이에 서유럽 그리스도교인들이 분노했고, 종교인과 정치인들은 이를 적절히 과장해 자신들의 지위 유지에 이용했습니다.

신비스러운 분위기를 자아내던 고색창연한 성지, 예루살렘. 이슬람 세력이 점령한 후로도 약 300년 동안 이어지던 그곳의 평화가, 셀주크 제국이라는 통치 세력에 의해 한순간에 깨지고 말았습니다. 이렇게 잃어버린 성지 예루살렘을 되찾기 위해 그리스도교인들이 벌인 전쟁이 바로 '십자군 전쟁'입니다.

비잔티움 황제 알렉시오스 1세의 지원 요청

로마 교황은 예루살렘 총대주교의 편지를 통해 성지 예루살렘에서 일어난 일에 관해 알게 되었습니다. 그래서 염려하던 중, 1095년 비잔티움 제국의 황제 알렉시오스 1세 콤네노스(Alexios I Komnenos, 재위 1081~1118)로부터 지원해 달라는 요청이 왔습니다. 비잔티움 황제가 로마 교황에게 도움을 청했다는 사실은 당시 사정이 얼마나 절박했는지를 상징적으로 보여줍니다.

사실 비잔티움 제국으로 대표되는 동유럽과, 로마 교황을 따르는 서유럽은 수세기 동안 우호적인 관계가 아니었습니다. 동유럽

알렉시오스 1세

의 그리스인들은 서유럽의 라틴인들을 야만족이라고 멸시했으며, 성화상 논쟁과 로마 교황의 권한과 관련된 수위권(首位權) 다툼 등으로 인해 1054년에 서방 교회(로마가톨릭)와 동방 교회(동방정교회)가 공식적으로 갈라섰기 때문입니다. 로마 교황의 특사가 콘스탄티노플(콘스탄티노폴리스) 총대주교를 파문하면서 두 교회는 완전히 결별했고, 이때부터 로마가톨릭과 동방정교회는 같은 그리스도교이면서 별개의 조직을 갖게 됩니다. 이처럼 오래전부터 로마 교황과 비잔티움 황제는 소원한 상태였지만, 알렉시오스 1세는 교황에게 도와달라고 간청했던 것이지요.

이보다 앞선 1071년, 비잔티움 제국은 소아시아(오늘날 튀르키예)의 만지케르트 지역에서 셀주크 제국과 치열한 전투를 벌였습니다. 당시 비잔티움 황제 로마노스 4세(Romanos Ⅳ, 재위 1068~1071)는 즉위 후 튀르크 문제를 매듭짓기 위해 대원정군을 이끌고 동쪽으로 향했습니다. 그는 튀르크 원정에서 여러 차례 승리를 거둔 바 있어 우위를 확신했으나, 결정적인 실수와 용병들의 배신으로 인해 만지케르트에서 치욕적인 패배를 당하고 맙니다. 그 결과 로마노스 4세도 포로가 되어 귀에 구멍이 뚫리고 노예의 상징인 귀걸이를 한 채 술탄 앞으로 끌려갔습니다. 비록 정중한 대접을 받고 몸값(상당한 액수의)을 치른 뒤 석방되긴 했지만 후폭풍이 거셌습니다.

소아시아는 셀주크 제국의 침략을 받고 붕괴되어, 단 10년 만에 튀르크 사람들이 사는 지역으로 바뀌어버렸습니다. 비옥했던 토지는 황무지가 되었고, 원래 살던 주민들은 튀르크 군대에 착취만 당하다 마을을 버리고 도망쳤습니다. 비잔티움 제국이 이토록 허약해진 이유는 비잔티움의 황제가 귀족들과 융화를 이루지 못해 그 귀족들이 종종 외적의 편에 섰기 때문입니다.

1081년, 비잔티움 제국의 장군 알렉시오스 콤네노스는 권력을 장악하고 직접 황제 자리에 올랐습니다. 황제 알렉시오스 1세는 앞서 백부인 이사키오스 1세(Isaakios I, 재위 1057~1059)가 귀족들과의 불화로 실패하는 모습을 지켜보았기에 그 전철을 밟지 않으려고 노력했습니다. 그 결과 황제에게 칼을 겨누던 귀족들이 새 황제와 힘을 합쳐 외적에 맞서게 되었습니다.

하지만 동쪽, 서쪽, 북쪽 3면에서 한꺼번에 공격해 오는 적들을 물리치기에는 역부족이었습니다. 그리하여 알렉시오스 1세는 서쪽에서 아드리아해를 넘어 침입해 온 노르만족을 무찌르기 위해 베네치아의 도움을 받았습니다. 당시 지중해 제해권(制海權)은 이미 베네치아와 제노바, 피사 등 이탈리아의 도시국가들에 넘어가 있는 상태였기 때문입니다. 비잔티움 제국을 돕는 도시들은 그 대가로 독점 거래권을 얻었습니다. 그전까지는 비잔티움의 상업 활

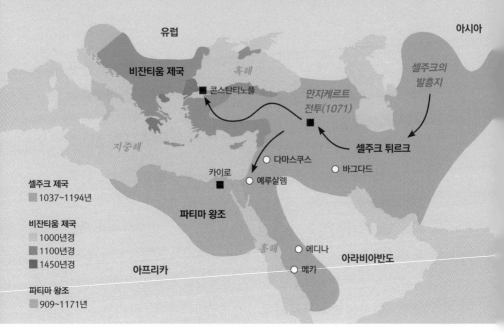

유럽   아시아

비잔티움 제국   흑해

콘스탄티노플   만지케르트
전투(1071)   셀주크의
발흥지

지중해   셀주크 튀르크

다마스쿠스

카이로   예루살렘   바그다드

셀주크 제국
▮ 1037~1194년

비잔티움 제국
▮ 1000년경
▮ 1100년경
▮ 1450년경

파티마 왕조

홍해   메디나   아라비아반도

아프리카   메카

파티마 왕조
▮ 909~1171년

셀주크 튀르크의 확장과 비잔티움 제국

동이 황제 중심 체제여서 수도 콘스탄티노플에 집중되어 있었고, 정부의 엄격한 감독을 받았습니다. 그런데 알렉시오스 1세가 황제의 독점권을 포기함으로써 각지의 귀족들이 외국과 자유무역을 할 수 있게 되었습니다. 이는 비잔티움 제국의 귀족들에게도 큰 혜택이 돌아간 것입니다.

그만큼 알렉시오스 1세는 튀르크족에 빼앗긴 소아시아의 비잔티움 영토를 되찾고자 하는 마음이 간절했습니다. 그는 격렬히 싸우는 과정에서 자신의 가족이나 군대가 못 미더워 외국과 동맹을 맺으려 했던 모양입니다. 과거 비잔티움 황제들도 특별한 전력이 필요할 때면 서유럽, 특히 노르만 출신의 중무장한 기사 용병들에게 도움을 청하곤 했습니다. 용병에 익숙한 알렉시오스 1세는 서유럽으로부터 군사적 지원을 얻기 위해 로마 교황에게 도움을 청했던 것입니다.

그리스도교가 비록 동서 교회로 분열되기는 했어도 로마 교황이나 비잔티움 황제나 '그리스도교'라는 이름 아래 화해의 필요성을 느끼고 있었습니다. 때마침 비잔티움 황제가 로마 교황에게 원조를 청해 온 것이죠.

추측건대 비잔티움 황제는 십자군처럼 대규모 파병이 아니라 자기네 군대를 보조할 정도의 소규모 용병 기사들을 원했을 겁니다. 그러나 로마 교황의 생각은 달랐습니다. 비잔티움 제국에 대한 원조보다 예루살렘이란 성지를 회복하는 데 중점을 두었기 때문입니다. 다시 말해 서유럽은 비잔티움 제국을 도와 소아시아에서 싸워줄 용병대 대신, 예루살렘을 이슬람 수중에서 탈환할 목적으로 대규모 지원군을 파견했습니다.

반면에 알렉시오스 1세는 비잔티움 제국이 맞닥뜨린 상황을 직시하는 현실주의자였습니다. 십자군을 이용해 셀주크 제국으로부터 영토를 탈환하되 끝까지 싸워 튀르크족을 굴복시킬 생각은 없었죠. 성지 탈환이야 십자군의 사정이고, 자신은 적당한 수준에서 손을 털고 튀르크족과 화해할 계획이었던 겁니다. 오랫동안 이민족과 이교도를 겪어낸 비잔티움 사람들은 서유럽 사람들과 달리 '성전(聖戰)'이라는 개념이 희박한 데다 무력 못지않게 술책과 책략도 즐겨 사용하곤 했습니다. 십자군과 비잔티움 제국 사이의 이러한 인식 차이는 두고두고 갈등을 불러일으킵니다.

십자군 전쟁 이전의 역사적 배경

동로마 제국의 탄생

'비잔티움 제국'(비잔티움은 콘스탄티노플의 옛 이름)이라고도 불리는 동
로마 제국은 방대한 로마 제국을 분할 통치하는 과정에서 생겨났
습니다. 로마 제국은 기원전 1세기경 율리우스 카이사르의 정복
활동을 시작으로 2세기 무렵에는 그리스와 북아프리카, 스페인,
프랑스를 넘어 잉글랜드까지 흡수합니다.

제국의 영토가 커지고 변방에서 게르만족, 슬라브족, 동방 세력
의 침입이 잦아지자, 285년 디오클레티아누스 황제는 제국을 네 개
로 나눠 두 명의 정황제(正皇帝)와 두 명의 부황제(副皇帝)가 다스리
는 4분령(4두 정치)을 실시합니다. 수도 로마는 서로마의 정황제가,
소아시아와 동방 지역은 동로마의 황제가 맡았으며, 프랑스와 잉
글랜드는 부황제가, 그리스 지역은 또 다른 부황제가 맡았습니다.

네 명의 황제가 다스려도 '제국은 하나'라는 이념을 지키고자 했
으나 차츰 통치자들 간에 권력 투쟁의 징후가 나타납니다. 노예나
전리품의 수급은 줄어들었는데 관리할 지역이 늘어나자, 국방과
식량 자급에도 문제가 생겼습니다. 징집할 수 있는 군인의 수마저
줄어, 로마 제국은 게르만인들을 용병으로 채용합니다. 그런데 용

병들은 로마 제국이 보장했던 약속을 지키지 않자, 반란을 일으켜 로마를 함락시켰습니다. 476년, 여러 게르만족이 경쟁적으로 로마 제국을 유린하는 가운데 서로마 제국은 멸망하고 맙니다.

그 와중에도 콘스탄티노플이 수도였던 동로마 제국은 건재했습니다. 6~7세기 무렵 동로마 제국의 황제는 게르만족이 점령했던 이탈리아반도의 상당 부분을 재점령했습니다. 그리고 자신이 지중해 연안의 유일한 황제라고 공공연하게 주장합니다.

신성로마 제국의 탄생과 발전

6세기 이후 서로마 제국의 영토에는 동고트족, 롬바르드족, 프랑크족 등 다양한 게르만인들의 국가가 난립했습니다. 그러던 중 프랑크 왕국에 샤를마뉴라고도 불리는 카를 대제가 나타나 오늘날의 프랑스, 독일, 이탈리아, 스페인, 오스트리아, 헝가리 지역까지 영토를 넓혔습니다. 또한 경제개혁을 추진하고 무역을 부흥시키는 등, 로마 멸망 이후 유럽에 가장 강력한 정부를 세웠습니다.

카를 대제는 군사적 승리와 문화적 업적으로 인해 서유럽의 민족적 영웅으로 추앙받았으며, 800년 로마 교황 레오 3세로부터 '서로마 제국 황제'의 관을 받아 서구 그리스도교 세계의 최고 통치자가 되었습니다. 그러나 카를 대제 사후 프랑크 왕국은 분열되었고, 10세기 초에는 제위 계승마저 중단됩니다. 962년 독일 왕국의 오토 1세가 이탈리아 왕국을 통합하고 로마 교황 요한 12세로부터 황제의 관을 받으면서 본격적으로 신성로마 제국이 시작됩니다.

교황과 황제의 충돌, 카노사의 굴욕

신성로마제국 성립 이후 교황권과 황제권 사이에 긴장 관계가 형성됩니다. 신성로마 제국 황제는 '황제 교황주의(Caesaropapism)'에 따라 통치권과 더불어 주교들의 임명권을 비롯한 모든 교회적 권한까지 원한 반면, 로마 교황은 나중에 위조된 것으로 밝혀진 '콘스탄티누스의 기진장(寄進狀)'을 근거 삼아 세속적인 권한까지 가지길 원했습니다.

결국 신성로마 제국 황제와 로마 교황은 교황령의 국경과 성직자 임명권, 즉 서임권 문제로 충돌했습니다. 교회 개혁에 앞장섰

〈카노사의 하인리히 4세〉
(에두아르트 슈보이저, 1862
년경, 막시밀리아네움 재단)

던 교황 그레고리오 7세는 교황이 황제보다 영적으로 훨씬 우위에 있기 때문에 세속 권력으로부터 자유로워야 하며, 성직 서임권도 교황에게 있다고 선포했습니다. 이 문제로 인해 1077년 교황 그레고리오 7세와 신성로마 제국의 황제 하인리히 4세 사이에 벌어진 역사적 사건이 바로 '카노사의 굴욕'입니다. 하인리히 4세는 교황에게 파문을 당하고 자신의 제후들마저 등을 돌리자, 결국 카노사 성에 머물던 교황을 찾아가 황제권을 되찾기 위해 머리를 숙였습니다.

이렇게 일단락되는 듯했으나 교황권이 최종 승리를 거둔 것은 아닙니다. 황제권을 되찾은 하인리히 4세는 자신에게 등을 돌렸던 제후들에게 처절한 복수를 한 데 이어 클레멘스 3세를 대립 교황(정식 절차를 거치지 않고 선출된 교황)으로 내세운 뒤, 1082년에는 로마를 공격하여 교황 그레고리오 7세마저 내쫓아 버립니다. 그레고리오 7세는 로마를 떠나 이탈리아 남부 살레르노로 망명했다가 그곳에서 1085년 사망했습니다.

후대의 교황 우르바노 2세는 자신을 추기경에 임명한 그레고리오 7세를 끝까지 추종하며 교회 개혁을 완수하고자 노력했습니다. 우르바노 2세는 1088년 교황에 선출된 후 대립 교황 클레멘스 3세를 단죄하고 황제 하인리히 4세를 물러나게 만들었으며, 본처를 버리고 재혼했다는 이유로 프랑스 왕 필리프 1세를 파문하는 등 세속 군주들과 치열한 싸움을 이어갑니다.

십자군을 만든
교황의 외침

✳

믿음으로 시작된 전쟁, 신께서 그것을 원하신다

1095년 3월, 한때 '로마 제국의 유일한 황제'라 자부하던 비잔티움 제국의 황제 알렉시오스 1세는 로마 교황에게 "저희 비잔티움 제국이 지금 풍전등화 같은 상황에 처했으니 그리스도의 형제들이 오셔서 보호해 주십시오"라는 내용의 편지를 보냅니다. 그 편지를 받은 인물은 프랑스 출신의 교황 우르바노 2세(Urbanus II, 재위 1088~1099)였습니다.

같은 해 11월, 교황 우르바노 2세는 신성로마 제국 황제에게 쫓겨나 프랑스에 머물며 교회를 재정비하고 있었습니다. 당시 교회는 제도적 · 도덕적 개혁을 겪은 지 얼마 되지 않아 혼란스러운 상태였습니다. 우르바노 2세는 프랑스 남부 오베르뉴 지역의 클레르몽에서 열린 공의회에서 이탈리아, 부르고뉴, 프랑스 각지에서 온 주교들과 함께 교회 계층 구조의 개혁 등에 관해 논의했습니다.

11월 27일 클레르몽 공의회가 끝난 뒤, 우르바노 2세는 지역의 귀족들과 대중을 대상으로 짧은 연설을 합니다. 그 내용은 이슬람 세력에 위협받는 '동방의 그리스도교인', 즉 동방정교회 신자들을

클레르몽 공의회를 주재하는 교황 우르바노 2세. 《튀르크족과 그 외 사라센인, 무어인에 대한 프랑스군의 해외 원정》에 실린 세밀화(장 콜롱브, 1474년경, 프랑스 국립도서관)

도와주자는 호소였습니다. 교황은 많은 사람들이 올 것에 대비해 성당 앞 광장을 택했지만, 추워진 날씨 탓인지 300~400명밖에 모이지 않았습니다.

매우 중요한 연설임에도 역사가들이 남긴 기록이 서로 달라서 우르바노 교황의 정확한 표현을 알기는 어렵습니다. 그중에서 가장 신뢰할 만한 연대기 작가로 평가받고 있는 푸셰 드 샤르트르(Foucher de Chartres, 샤르트르의 푸셰)[8]의 기록을 일부 옮겨봅니다.

> 지금 긴급히 해야 할 일은 동방에 사는 여러분의 형제를 구하기 위해 즉각 나서야 한다는 것입니다. […] 튀르크인들과 아랍인들은 동로마의 땅으로 몰려들어 […] 그리스도교인들의 영역을 황폐화했습니다. 만약 여러분이 이들에 대해 아무런 징벌도 가하지 않은 채 방치한다면, 이들은 훨씬 더 깊숙이 쳐들어와서 하느님의 종들을 공격할 것입니다. […] 이 원정을 떠나는 데에 주저할 바가 무엇이 있겠습니까? 지체 없이 자신들의 땅을 빌려주고, 필요한 경비를 모아야 합니다. 그리하여 겨울이 끝나고 봄이 오면, 곧바로 하느님의 영도에 따라 길을 나서야 합니다.
>
> 김능우·박용진 편역, 《기독교인이 본 십자군, 무슬림이 본 십자군》, 82, 84쪽

또 다른 역사가인 수도사 로버트의 기록에 따르면, 교황은 더욱 자극적인 '가짜 뉴스'로 청중들의 감정을 건드렸다고 합니다.

> 하느님을 전혀 모르는 종족(셀주크)이 그리스도교의 나라(비잔티움

제국)에 침입해서 칼과 강탈과 불로 인구를 줄였습니다. 이 종족은 자기들의 더러운 관행으로 제단을 오염시키고 파괴했어요. 그리스도교인에게 할례를 행하고, 할례의 피를 제단에 묻히거나 세례 함지에 쏟아부었습니다. 사람들을 고문해 죽일 경우에는 그들의 배를 열어 가장 중요한 내장을 잘라내, 그것으로 그들의 몸을 말뚝에 묶거나, 아니면 묶어서 이리저리 끌고 다닌 다음에야 죽이니, 가여운 희생자들은 내장을 모조리 바닥으로 쏟아놓고 엎어지는 겁니다.

안인희, 《중세 이야기: 신들과 전쟁, 기사들의 시대》, 167~169쪽

〈클레르몽 광장에서 1차 십자군 원정을 설파하는 교황 우르바노 2세〉
(프란치스코 하예즈, 1835년, 이탈리아 갤러리) © Fondazione Cariplo

교황 우르바노 2세는 성지를 더럽히고 형제의 나라에서 그리스도교인들을 괴롭히는 이슬람 세력을 몰아내기 위해 모두 나가서 싸우자고 독려했습니다. 당시 이 연설을 들은 그리스도교인들은 이슬람 세력에 분노했습니다. 그리고 교황의 마지막 말을 따라 외쳤습니다.

"데우스 로 불트(Deus lo vult)!"

이는 "신께서 그것을 원하신다"라는 뜻으로, 예루살렘을 탈환하기 위해 군대를 보내는 것이 신의 뜻이라는 의미였습니다.[9] 교황은 "천국에서의 불멸의 영광을 확신"하면서 십자군에 참가하라고 열변을 토했습니다. 그리고 전쟁에 참가하는 사람들에게 "자신이 지은 죄에 대해 즉시 사면받을 것"이라며 신으로부터 권능을 부여받은 자로서 보상을 내려주었습니다.

당시에는 '고해성사에 관한 책'을 통해 어떤 죄에는 어떤 보속을 해야 할지 엄격히 정해져 있었습니다. 그런데 교황은 십자군 전쟁에 참가하여 예루살렘에 도착한 자들은 참회에 대한 속죄 행위를 모두 면제해 주겠다, 즉 전대사(全大赦)를 약속한 것입니다. 만일 전쟁 중에 죽게 된다면 복잡한 검증 절차 없이 바로 순교자로서 인정받을 수 있다는 얘기였죠.

교황 우르바노 2세는 십자군 활동을 가리켜 특별한 유형의 순례라고 말함으로써 그들이 수행하는 전쟁을 교황의 자격으로 합법화했습니다. 또한 십자군 참가자들을 '그리스도의 기사들'이라 불렀습니다. 십자군 원정을 그리스도교의 사랑과 자비의 행위라고 강조했으며, 그들이 군대에서 행할 임무를 '십자가의 길'에 빗

대어 묘사하기도 했습니다.

이 연설을 들은 미래의 십자군 참가자들은 종교적인 순수한 마음으로 전쟁에 임하게 됩니다. 그들에게는 고향, 아내, 자식, 종을 남겨둔 채 목적도 불확실한 고통스러운 여행을 떠나는 것 자체가 그리스도를 본받는 행위로 여겨졌습니다. 《프랑크족의 행적(Gesta Francorum et aliorum Hierosolimitanorum)》이란 책을 쓴 익명의 저자가 성 바오로 사도의 말을 빌려 표현했듯이, 십자군 원정은 "그리스도와 함께, 그분을 위해서 불행, 가난, 헐벗음, 궁핍, 굶주림, 목마름을 참는 것"이었기 때문입니다.

이 같은 행위를 상징하는 표식으로 붉은 십자가가 고안되었습니다. 중앙에 큰 십자가가 있고 사면에 작은 십자가가 하나씩 배치된, 이른바 '예루살렘 십자가'였습니다. 이는 예수의 오상(五傷)인 양손 및 양발에 있는 못 자국과 옆구리의 창 자국을 의미했습니다. 또 다른 십자가는 '몰타의 십자가'로 역시 붉은색이었습니

예루살렘 십자가(좌)와 몰타의 십자가

다. 우르바노 2세의 연설 이후 붉은색 물건은 동이 났습니다. 사람들은 붉은색 십자가를 문신으로 새기거나 옷에 붙였습니다.

그러나 교황 우르바노 2세의 연설에는 심각한 문제점이 내포되어 있었습니다. 한 종교의 수장이 신자들에게 참전을 독려했을 뿐만 아니라 (의무는 아닐지라도) 확실히 칭찬받을 일이라고 주장했기 때문입니다. 그 결과, 전쟁이 유일한 해결책이 아님에도 불구하고 성지순례에 대한 방해와 위협을 물리친다는 명분이 바로 전쟁으로 이어졌습니다.

그렇다면 과연 그리스도교의 원래 모습은 어떠했을까요?

초대 그리스도교는 평화주의적인 성격을 띠고 있었습니다. 한 예로, 4세기 로마의 존경받는 군인이었던 성 마르티누스는 그리스도교로 개종한 뒤 이런 말을 남기고 군대를 떠났다고 합니다.

"나는 그리스도의 병사이므로 전쟁을 할 수 없다."

이와는 대조적으로 그리스도교의 대표적 스승 성 아우구스티누스(St. Augustinus, 354~430)와 교황 그레고리오 1세(Gregorius Magnus, 재위 590~604)는 그리스도교인의 전쟁 행위를 정당화하는 이론을 수립했습니다.

예를 들어 아우구스티누스는 《신국론(De civitate Dei)》[10]을 통해 정의란 각자에게 각자의 몫을 주는 것이며, 이런 정의를 저버리고 불법을 저지른 자는 징벌을 통해 교정을 받아야 한다고 주장합니다. 그래서 타자의 불의 때문에 발생하는 '정당한 전쟁(Bellum Justum)'이 없지 않고, 그런 경우 "불의한 자들이 의로운 자들을 지배하는 것보다 더 고약한 일은 없기"(《신국론》 제4권, 15장) 때문에 선한 이들에게도 전쟁이 필요함을 인정했습니다.

다만 아우구스티누스는 정당한 전쟁이 필연적인 것처럼 보일지라도 신앙의 지혜를 가진 자에게는 도무지 칭찬할 만한 행위가 되지 못한다는 경고를 덧붙였습니다. 숙고해 보면 그 정당하다는 전쟁에서도 자랑할 일보다는 괴로워할 일이 훨씬 많기 때문입니다. 또 아우구스티누스는 그리스도교 신자들은 개종을 위한 전쟁, 이단과 이교도들을 멸하기 위한 전쟁을 벌여서는 안 된다고 주장하며 현명한 사람은 결코 전쟁을 문제 해결의 수단으로 삼지 않을 것이라는 단서도 달았습니다.

그런데 그리스도교가 가르치던 평화와 화해의 메시지를 실천하기에 중세 사회는 너무나 호전적이었습니다. 봉건제의 근간을 이루는 기사 계층의 가장 중요한 임무가 바로 전투였으니 말입니다. 특히 이탈리아의 도시국가들에서는 도시와 도시, 혹은 도시국가와 교황 및 황제 사이에 내전이 빈번했습니다. 또 스페인의 일부 지역은 몇 세기 동안 무슬림 침략자들에 의해 점령을 당하기도 했습니다.

이러한 현실에서는 설사 그리스도교인들이 평화로운 사회를 만들고 싶어도 쉽지 않았을 겁니다. 그래서 그리스도교인들이 찾아낸 해결 방법은 전쟁을 이상화하는 일이었습니다. 중세 그리스도교인들에게는 자신들이 참가하는 전쟁이 적어도 정당하다는 확신이 필요했던 것입니다. 이에 따라 '정당한' 전쟁임을 확인시켜 주는, 상당히 정교한 이론이 등장했습니다.

소위 '정당한 전쟁' 이론은 11세기 교황 그레고리오 7세의 교회

〈성 아우구스티누스〉(카를로 크리벨리, 15세기, 일본 국립 서양미술관)

개혁에 힘입어 실천에 옮겨집니다. 그레고리오 7세는 교황이 되기 전에도 그리스도교인의 노르만족 정복을 인정하도록 교황에게 요청한 바 있습니다. 그리고 그레고리오 7세와 그의 영향을 받은 후임 교황들은 각각 스페인의 무슬림에 대한, 이탈리아의 그리스인에 대한, 또 독일 동부의 슬라브족에 대한 그리스도교인의 전쟁에도 축복을 내렸습니다.[11] 앞서 교황 그레고리오 1세와 추종자들은 이 같은 전쟁을 모두 '세상의 올바른 질서'를 확립하기 위한 조치로 간주했던 것입니다. 이제 특정한 조건을 갖춘 전쟁은 단순히 정당한 전쟁을 넘어 거룩한 전쟁, 즉 '성전(聖戰)'이라 불리게 됩니다.

우르바노 2세의 숨겨진 목적

그레고리오 7세의 열렬한 추종자였던 우르바노 2세는 '거룩한 전쟁'을 실천에 옮긴 셈입니다. 다만 자신이 추종하던 교황의 가르침이라 해도 무조건 따를 만큼 단순한 인물은 아니었습니다. 게다가 정치, 사회, 종교적 시류를 읽는 통찰력 또한 뛰어난 편이었죠. 역사가들의 추정에 따르면, 우르바노 2세에게는 예루살렘 성지 회복이라는 목표 외에도 전쟁을 호소할 만한 다른 목적이 충분했다고 합니다.

〈교황 그레고리오 1세〉(후세페 데 리베라, 1614년경, 바르베리니 궁전)

우선, 우르바노 2세는 동방정교회를 로마교회로 통합시키고자 했습니다. 당시 그리스도교는 두 세력, 즉 로마 교황 및 서유럽을 중심으로 한 '서방 교회'와 비잔티움 제국을 중심으로 한 '동방 교회'로 나뉘어 있었습니다. 이들 세력은 멸망한 로마 제국의 정통성을 어디에 두는지, 교회 내 최고 권위자를 교황으로 인정하는지 등의 문제를 둘러싸고 치열한 논쟁을 벌였습니다. 1054년 동서 교회의 분열 이후, 비잔티움 제국과 동방 교회는 그리스도교 내에서 자신들의 우위를 꾸준히 주장해 왔습니다.

이런 상황에서 로마 교황은 비잔티움 제국에 막강한 지원군을 파병함으로써 서유럽의 위력을 과시하고, 나아가 로마교회의 우위를 다지고 싶었던 것입니다. 만일 이 계획이 성공한다면 그레고리오 7세가 추구하던 교황 군주국가 수립에 크게 기여할 수 있을 테니까요.

다음으로 우르바노 2세는 로마 교황의 최대의 적, 즉 신성로마 제국 황제를 곤경에 빠뜨리길 원했습니다. 당시 교황령은 이탈리아 북부와 남부를 차지한 신성로마 제국 안에 포함돼 있어 언제든 공격을 당할 처지였습니다. 1095년에 이르자, 한때 카노사의 굴욕을 겪고 또 되갚았던 신성로마 제국 황제 하인리히 4세는 군사적으로 매우 강대해졌습니다. 그 반면 교황 우르바노 2세는 이탈리아에서 쫓겨나 프랑스로 도망가는 신세가 되고 말았죠. 그러므로 교황은 독일인을 제외한 모든 서유럽인들에게 십자군 소집을 호소함으로써 신성로마 제국 황제가 얼마나 편협하고 비그리스도교적인 박해자인지 알리고 싶었을 겁니다. 아울러 서유럽 영적 지도자로서의 권위도 과시하고 싶었겠지요.

그 당시에는 전투를 위해 자기 부대를 소집하는 것이 왕과 황제의 특권이었습니다. 만일 교황이 십자군을 일으킨다면 그것은 서유럽의 주요 지도자들에게 교황의 권위를 분명하게 각인시키는 기회가 됩니다. 이를 위해 교황은 자신이 제창한 대규모 십자군 원정에 세속의 왕들까지 참가시키려고 노력했습니다.

마지막으로 우르바노 2세는 대규모 병력을 외부로 방출시켜 유럽 내 평화를 지키고자 했습니다. 아직 서유럽에 중앙집권적 권력이 등장하기 이전으로, 외부의 침공을 막기 위해 군인들이 급격히 늘어남에 따라 폭력 수위도 한층 더 높아지고 있었습니다. 일부 거칠고 난폭한 기사들이 이탈리아 중북부와 프랑스, 독일 서부를 휩쓸며 무질서를 야기하고, 교회의 사회 재정비를 방해하곤 했습니다. 격렬한 전투가 벌어진 것은 물론 전투 중에 마을을 파괴하고 여자와 아이들을 죽이는 일도 종종 있었습니다.

프랑스 교회는 이미 10세기 말부터 봉건 기사들의 전투를 줄이기 위해 '평화 운동'을 전개해 왔습니다. 즉, '신의 평화'라 하여 비전투원에 대한 공격을 금지하고 '신의 휴전'이라 하여 일요일과 특정한 축일에는 전투 행위를 금지시켰습니다. 1차 십자군 소집 직전, 우르바노 2세는 처음으로 이 평화 운동을 승인하고 그 확대를 공표했습니다. 아이러니하게도 십자군은 이처럼 서유럽 내에서 평화를 추구하는 움직임과 연관이 있었습니다. 군인들의 호전적 에너지를 어떤 식으로든 배출하지 않으면 서유럽 전체가 위험에 빠질 상황이었던 것입니다.

우르바노 2세는 횡포한 기사들에게, 정말 싸우길 원한다면 십자군으로서 해외로 나가 그리스도교의 대의를 위해 정당하게 싸우라고 명했습니다. 그들로 하여금 그리스도교를 보호하는 영적인 가치를 지니게 하는 한편, 경제적 소득도 올릴 수 있는 동방 세계로 눈길을 돌리게 만든 셈입니다.

동서 교회의 분열

그리스도교는 초기의 박해에도 불구하고 로마 제국 전체에서 조직을 형성해 나갔습니다. 313년 〈밀라노 칙령〉을 거쳐 392년 로마 제국의 국교로 선포되었고 로마, 콘스탄티노플, 예루살렘, 알렉산드리아, 안티오키아 등 총대주교좌를 중심으로 지속적인 발전을 이루었습니다. 그러나 476년 서로마 제국 멸망 후, 라틴 문화권인 로마 중심의 '서방 교회'와 콘스탄티노플 중심의 '동방 교회' 사이에는 문화적인 차이로 인한 갈등의 골이 깊어져 갑니다.

신학적인 논쟁은 '필리오퀘(filioque, 필리오케)'란 문구에서 비롯되었습니다. 그리스어로 기록된 니케아-콘스탄티노플 신경에는 "성령께서는 성부에게서 발하시고"로 되어 있었는데, 서방 교회 주교들이 라틴어로 번역하는 과정에서 삼위일체 교리에 따라 "~와 성자에게서"라는 뜻의 '필리오퀘'란 단어를 삽입해 "성령께서는 성부와 성자에게서 발하시고"로 옮겼던 것입니다. 이에 동방 교회의 주교들이 이단이라고 강하게 반발하자, 9세기 초 로마 교황 레오 3세는 문구 추가를 취소했습니다. 그러나 1013년 교황 베네딕도 8세가 필리오퀘가 삽입된 라틴어 신경을 승인하면서 동서 교회의 갈등 요인이 되었습니다.

또 다른 주요 갈등 요인은 '성상 파괴 운동'이었습니다. 8세기 초 이슬람 세력의 공격을 물리친 비잔티움 황제 레온 3세는 그리스도교 성인들을 형상화한 성화상, 즉 '이콘(icon)'에 대한 공경이 너무 심해지자 726년 첫 성상 파괴령을 내렸습니다. 그 배경에는 그리스도의 인성을 극소화시키는 단성론자와 성상 공경을 우상 숭배라고 비판하는 이슬람의 영향, 그리고 자신에게 복종하지 않는 수도원 세력을 약화시키려는 목적도 작용했습니다.

이러한 성상 파괴령은 비잔티움 제국 내에서 반발을 불러일으

성 모자상 모자이크(12세기, 아야 소피아)

켰을 뿐만 아니라, 그동안 황제에게 존경과 예를 갖추던 로마 교황마저 강하게 반대하며 황제권에 도전하게 만들었습니다. 격분한 레온 3세는 당시 교황 그레고리오 2세를 체포하라는 명령과 동시에 로마 교황이 관할하던 영역을 콘스탄티노플 총대주교에게 넘겨주었습니다. 하지만 이 명령은 프랑크 왕국 피핀 3세 등의 강력한 반발로 무산되었고 이로써 동·서방 교회는 사이가 더욱 멀어졌습니다.

비잔티움 황제의 후원을 받고 있던 콘스탄티노플 총대주교와 로마 교황 사이에서 벌어진 교회 내 수위권 다툼도 동서 교회 분열의 요인이었습니다. 11세기에 이미 이슬람 세력이 예루살렘, 알렉산드리아, 안티오키아 등 오래된 총대주교좌들을 점령한 상태에서, 로마와 콘스탄티노플은 각각 자신이 전체 교회에 대한 통치권을 가지고 있다고 주장했던 것입니다. 이러한 긴장 관계를 바탕으로, 1054년 로마 교황 특사인 움베르토 추기경과 콘스탄티노플의 케룰라리우스 총대주교가 서로를 파문한 것이 그리스도교 동서 분열의 결정적인 계기가 되었습니다.

십자군 전쟁의
사회적·정치적 배경

＊

교황 우르바노 2세의 의지만으로 십자군 전쟁이 촉발된 것은 아닙니다. 그 배경에는 여러 가지 사회적·정치적 요인도 작용했습니다. 만약 그보다 200년 정도 앞선 시기였다면 아무리 교황이 명연설을 해도 전쟁은 일어나지 않았을 겁니다. 과거의 그리스도교는 내부 분열로 인해, 전쟁을 준비할 수 있는 상황이 아니었기 때문입니다. 모두 힘을 합쳐 이슬람에 대항해 싸우자는 엄두도 내지 못했을 테니까요.

전쟁은 일정한 준비가 갖춰지고 분위기가 무르익었을 때 일어난다고 합니다. 십자군 전쟁 발발 당시 서유럽은 안타깝게도(?) 과거와 달리 도시와 상업이 발달하고 많은 부가 축적되어 안정적인 상태였습니다. 그 결과 인구가 늘고 토지가 개간되어, 전쟁을 치를 수 있는 여건이 마련된 것입니다. 또 성지순례를 떠나는 사람들의 수가 증가한 만큼 이슬람 세력에 의한 피해 규모도 커져, 그리스도교인으로서 강경하게 대응할 수밖에 없는 상황이었습니다. 이렇게 유럽 사회의 안정과 이에 따른 전반적인 팽창이 십자군 전쟁의 중요한 배경으로 작용합니다.

십자군에 참가한 귀족과 개인의 동기

교황 우르바노 2세가 프랑스 클레르몽에서 행한 연설은 뜻밖에 큰 성공을 거둡니다. "신께서 그것을 원하신다", 이 한마디의 위력은 실로 엄청났습니다. 교황의 연설을 직접 듣거나 전해 들은 이들 상당수가 밭을 버리고 가족까지 남겨둔 채 먼 동방으로 떠났습니다. 십자군 원정대의 물결은 눈 깜짝할 새 프랑스 전역을 휩쓸고 라인강을 건너 독일로, 그리고 도버 해협 건너 잉글랜드까지 이르렀습니다. 이처럼 엄청난 수의 서유럽인들이 십자군에 동참했던 이유는 무엇일까요?

종교적인 열망으로 가득 찬 사람들은 고행하는 '순례자'의 자세로 전쟁에 참가했습니다. 그리스도를 위해 자기 생명을 바치겠다는 신앙심이 중요한 요소로 작용한 것입니다. 중세 유럽의 독실한 그리스도교인들 중에는 하루하루 사소한 죄가 쌓이고 쌓여, 죽은 다음 지옥에 갈까 봐 두려워하는 이들이 많았습니다. 이처럼 현세에서 지은 죄 때문에 지옥에서 영원한 벌을 받게 될 거라는 믿음이 십자군 참가의 주요 동기였습니다. 이들에게 교황이 약속한 전대사, 즉 죄에 대한 모든 벌을 사면해 주겠다는 제안은 그 어떤 어려움도 극복하게 만들 만큼 매력적으로 느껴졌습니다.

성 베네딕도회 소속 역사가인 노장의 귀베르(Guibert de Nogent, 1055?~1124)는 《프랑크인들을 통한 신의 행위》에서 '거룩한 전쟁', 즉 성전을 분별하는 방법에 대해 설명하고 있습니다. 그에 따르면, 거룩한 전쟁의 동기는 명성이나 돈, 땅을 얻기 위함이 아니라 자유를 보호하고 국가를 방어하며 교회를 보호하는 것이어야 합니다. 노장의 귀베르는 이런 종류의 전쟁에 참가하는 행위야말로 수도자가 되는 것 이상으로 보람 있는 일이라고 주장합니다. 그렇다면 과연 모든 이들이 순수하게 종교적 열정만으로 십자군 전쟁에 참가했을까요? 물론 실제로는 여러 가지 다른 이유, 특히 경제적인 요인이 중요하게 작용했습니다.

서구의 지도자들이 십자군 전쟁을 감행하게 된 실제적인 동기는 11~12세기의 폭발적인 인구 증가와 그에 따른 토지 부족 때문이었습니다. 당시 유럽은 모든 토지가 이미 분할되어 있었고, 경제 계층이 고정되어 그 안에서 상위로 올라가는 층간 이동이 거의 불가능했습니다.

봉건영주들의 경우에도 장남만 유산을 물려받고 차남이나 막내 등은 그렇지 않아서 전쟁에 나가 한몫 챙기려는 마음이 간절했죠. 무공이나 무술이 뛰어난 사람들은 토지나 부와 명예를 쟁취하고 싶어 했는데, 교황이 선포한 전쟁에 참가하는 것이야말로 그것들을 손에 넣을 수 있는 절호의 기회였습니다. 토지뿐만 아니라 동산의 형태로 된 전리품에 대한 유혹도 많은 이들을 십자군으로 끌어들였습니다. 이런 측면에서 보면 십자군 전쟁 역시 일종의 식민지 확보 전쟁이라고 할 수 있습니다.

영주와 하급 기사들이 새로운 영토를 지배하려는 야망에서 원정에 참가했다면, 농민들은 봉건사회의 중압감으로부터 벗어나려는 희망을 품고 가담했습니다. 또 상인들은 경제적 이익을 얻으려는 욕망에서 참전했는데, 베네치아·제노바·피사 등 무역으로 번성한 도시국가들은 시장과 교역 규모를 확장하기 위해 동방으로 눈을 돌리던 참이었습니다. 더욱이 해당 도시국가들은 이미 축적해 놓은 부로 대규모 원정에 필요한 막대한 자원도 조달할 수 있었습니다. 그래서 십자군 원정을 상업적인 이익을 얻는 기회로 여겼습니다.

경제적 이익에 대한 관심은, 영주들이 십자군 원정을 떠난 뒤 그 재산을 위탁 관리해 주던 종교인들도 예외가 아니었습니다. 당시 교황청은 서유럽에서 가장 발달한 재정 관리 시스템을 갖추고 있었기 때문에, 교황청의 지휘를 받는 수도원들은 영주들보다 더 효과적으로 땅을 관리하고 운영할 줄 알았습니다. 그래서 많은 영주들이 종교인들─자신들의 영지를 빼앗을 가능성이 희박한─에게 관리를 맡겼던 것입니다. 그런데 당시 십자군 원정은 소요 기간이 너무 길었고, 어차피 영주들이 돌아오기도 힘들다고 판단한 교황이나 사제들은 위탁받은 재산 덕분에 자신들의 재산까지 증식되길 기대했습니다.

이렇게 모인 십자군은 부자와 가난한 이, 성인과 죄인, 또 참가자들의 경건한 신앙적 동기와 이기적인 야심이 뒤섞여 있는 기묘한 집단이었습니다. 그렇지만 십자군 참가자들은 그리스도교 신앙에서 비롯된 구원에 대한 열망으로 자신의 모든 것을 내던졌다는 점에서 공통점을 지녔습니다.

가짜 뉴스로 전쟁을 부추긴 '은자 피에르'

십자군 전쟁에 많은 사람들이 모여든 사회적 배경과 다양한 동기에 대해 살펴보았지만 이외에도 우발적인, 그러나 결코 영향력이 작지 않은 요인이 존재합니다. 그것은 바로 떠돌이 설교자들입니다. 설교자들이 합세하여 유럽 방방곡곡에 교황 우르바노 2세의 메시지를 빠르게 전파함으로써 십자군 참가를 부추겼던 것입니다.

'은자(隱者)'라고 불리던 아미앵의 피에르(Pierre d'Amiens, 1050?~1115)도 대표적인 떠돌이 설교자 중 한 명입니다. 당시 증언에 따르면, 은자 피에르는 수염이 길었고 맨발에 누더기 차림으로 다니던 괴짜 수도사였다고 합니다. 은자로 번역한 '에레미타(eremita)'란 호칭은, 수도원에서 공동생활을 하며 신앙에 정진하는 수도사와 달리 깊은 산속이나 사막 같은 곳에서 혼자 수행하는 사람을 가리킵니다.

그들은 종종 인간 사회에서 일어나는 불상사에도 과한 반응을

민중 십자군을 이끌고 예루살렘으로 향하는 은자 피에르

보였는데, 은자 피에르도 마찬가지였습니다. 그는 자신이 과거 예루살렘에 성지순례를 갔을 때 무슬림들이 그리스도교인 순례자들에게 횡포를 부리는 모습을 자주 목격했다며 과장되게 말하고 다녔습니다. 아울러 성지에서 벌어지는 그리스도교인 박해를 막으려면 우리 신자들이 성지 자체를 차지하는 수밖에 없다고 주장했습니다. 심지어 자신의 꿈에 성 베드로 사도가 나타나 이슬람 세력과 전쟁을 하라고 명령했다며 큰 소리로 군중들의 십자군 참가를 독려하기도 했습니다.

> 하느님의 목소리가 내게 명하기를, 프랑스의 모든 백작이여. 집에서 나와 성묘교회로 순례를 떠나라. 전력을 다해 아가렌인[이교도]의 손아귀에서 예루살렘을 구하라고 하셨다.
>
> 안나 콤니니, 《알렉시아드》, 315쪽

군중들은 은자 피에르의 연설을 듣고 몹시 열광했습니다. 그의 연설에 감동한 나머지 귀족과 성직자는 물론, 농부까지 생업을 팽개치고 전쟁에 뛰어들었을 정도니까요. 프랑스에서 은자 피에르가 한 연설은 이내 독일까지 널리 퍼졌고, 그가 혼자 모은 십자군 인원만 해도 약 1만 명이 넘었습니다. 이렇듯 교황의 선포와 설교자들의 열띤 연설은 유럽 내 십자군 열기를 더욱 부추겼습니다.

동부 이슬람 세계의 분열
서유럽에서 그리스도교 성지 예루살렘 탈환을 목표로 십자군 전쟁을 준비할 당시, 이슬람 세계의 상황은 어떠했을까요?

중세 시대 아바스 왕조가 이끌던 이슬람 제국은 한때 강성하여 지상 최고의 문명을 자랑하기도 했습니다. 그러나 제5대 칼리프 하룬 알라쉬드(재위 786~809) 치세를 정점으로, 이후로는 종파 간에 대립하며 분열 양상을 보였습니다. 튀르크 군대의 영향력이 점차 확장되어 결국 셀주크 튀르크인들이 이슬람 제국의 실권을 장악하자, 아바스 왕조 칼리프들은 명목상의 통치자로 전락했습니다. 당시 이슬람 진영은 바그다드의 아바스 왕조, 카이로의 파티마 왕조, 페르시아와 이라크 등지의 셀주크 왕조로 나뉘어 세력이 약화된 상태였으며, 각 국가 내에서도 통치권을 둘러싼 분쟁이 일어났습니다.

강력했던 셀주크 제국마저 1092년 제3대 술탄 말리크샤 1세(재위 1072~1092) 사후 쇠퇴하여 여러 국가로 나뉘고 맙니다. 술탄 말리크샤의 네 아들은 왕국을 각기 분할해 페르시아, 카르만, 이라크, 시리아 등 독립된 술탄 국가를 형성했습니다. 한편 이집트 카이로에는 시아파 파티마 왕조의 칼리프가 있었으나 세력이 미약했고, 실질적인 업무는 와지르(재상)[12]와 아미르(총독)[13] 지위에 있는 아랍 토후들이 맡고 있었습니다. 이 토후들은 비록 겉으로는 자신의 군주에게 충성을 바치는 듯했으나 필요할 때면 언제든지 다른 세력과 타협하려는 경향을 보였습니다. 더욱이 파티마 왕조 치하의 이집트는 경제적인 위기와 기근까지 겹쳐 국가의 힘을 결집시키지 못했습니다.

1차 십자군 전쟁과
예루살렘 점령

민중 십자군의 실체

1096년, 드디어 1차 십자군 원정이 시작됩니다. 교황 우르바노 2세가 클레르몽 공의회에서 연설한 지 채 1년이 되지 않은 시점이었습니다. 교황은 1095년 연설 당시 왕과 제후들의 참가를 바랐으나 결과는 기대와 달랐습니다. 사실 각 나라에서는 대규모 군대를 위해 연합군을 정비하는 등 준비에 박차를 가하고 있었으나 꼭 이럴 때 성급히 나서는 사람들이 있게 마련입니다. 은자 피에르를 비롯한 떠돌이 설교자들은 왜 이 전쟁에 꼭 참가해야 하는지, 이 전쟁이 어떤 이익을 가져다줄 것인지 등을 설파하며 돌아다녔습니다.

  은자 피에르는 솔직히 전쟁에 대해 제대로 아는 게 없었습니다. 그러나 그가 성지 예루살렘과 관련하여 약간의 과장과 거짓말을 섞어 영웅담처럼 부풀려 이야기하자, 사람들은 환상을 품게 됩니다. 은자 피에르는 옛 예루살렘이 다시 그리스도교인들의 수중에 들어오면 새로운 예루살렘이 지상에 나타날 거라고 예언했습니다. 그리고 그리스도를 위해 '젖과 꿀이 흐르는 땅'을 되찾아 준 이들에게는 어마어마한 보상이 내릴 거라고 덧붙였죠. 그 결과 너나 할 것 없이 십자군에 참가하겠다며 나섰습니다. 참가자들이 무리지어 마을을 통과할 때마다 규모는 점점 더 커져서 몰락한 가문의 기사들을 비롯하여 농부, 여자와 아이들에 이르기까지 무려 10만 명이나 모여들었습니다.

은자 피에르와 유사한 열정을 지닌 10만 명의 무리는 예루살렘으로 추정되는 동쪽을 향해 서둘러 원정길에 나섰습니다. 은자 피에르가 앞장서고, 남루한 옷차림의 사람들이 어린 자녀까지 대동한 채 그 뒤를 따랐습니다. 일사불란한 체계를 갖추지 못한 건 물론이고 제대로 된 군사 훈련조차 받아본 적 없는 이들이었습니다. 이슬람 세력을 몰아내겠다는 일념 하나로, 죄의 처벌을 면제받겠다며 생계마저 팽개치고 무작정 따라나선 것이지요. 후대 역사가들은 그들을 1차 정규 십자군과 구분하여 '민중 십자군' 또는 '농민 십자군'이라 부릅니다.

민중 십자군의 원정길은 처음부터 어긋나기 시작했습니다. 군복도 입지 못한 참가자들은 십자군임을 나타내느라 십자가 문양을 만들어 너덜너덜한 옷에 꿰매 달았고, 불과 4분의 1만 무장했을 뿐 나머지 사람들은 손도끼, 돌, 농기구, 심지어 나무 막대기를 들고 있었습니다. 게다가 식량조차 제대로 준비돼 있지 않았습니다. 이처럼 민중 십자군은 굶주린 데다 복장도 지저분해서 마치 '거지 떼'처럼 보일 정도였습니다.

예루살렘을 향한 민중 십자군에게 시급한 일은 물자 보급과 관련된 병참(兵站) 문제였습니다. 가는 도중에 무엇을 먹고, 어디서 잘 것인지 하는 문제가 전혀 해결되지 않았던 겁니다. 민중 십자

헝가리군에게 공격당하는 민중 십자군
(장 콜롱브의 세밀화, 1474년경, 프랑스 국립도서관)

군은 스스로를 '그리스도의 전사'라고 믿었기에, 같은 그리스도교
인이라면 당연히 도움의 손길을 내밀어줄 거라고 기대했습니다.

민중 십자군이 독일을 지날 때까지는 다행히 현지 조달에 성공
했고, 신앙심이 두터운 영주가 있는 마을에서는 환대를 받기도 했
습니다. 그럼에도 종교적 열망에 사로잡힌 민중 십자군은 프랑스
와 경계를 이룬 라인 지방에 다다르자, 유대인이 예수 그리스도를
못 박아 죽였다며 적대감을 드러냈습니다. 예루살렘 탈환에 앞서
내부의 적부터 없애야 한다면서 유대인들을 학살하고 재산을 몰
수했습니다.

이러한 문제는 같은 그리스도교 국가인 헝가리에 접어들면서

더욱 심각해졌습니다. 아무리 지나가는 길이라 해도 굶주린 10만 명이 떼 지어 밀려드니 헝가리 사람들은 위협을 느낄 수밖에 없었고, 민중 십자군은 또 그들대로 같은 그리스도교인끼리 도와주리라 믿었던 기대가 무너지자 분노했습니다. 지휘자의 통솔을 벗어난 민중 십자군은 마을을 약탈하기 시작했고, 이에 격분한 헝가리 기사들이 민중 십자군을 공격해 무려 4천여 명이나 몰살시켰습니다. 십자군이라는 이름이 무색하게, 무슬림들과 싸우기도 전에 같은 그리스도교인들끼리 싸우는 처지가 된 것입니다.

민중 십자군의 경우 참가자 수는 매우 많았지만 오합지졸이었습니다. 함부로 앞서 가다가 쓰러지는 이들이 속출하는가 하면, 먹고 마실 것을 찾아 타국을 헤매다가 목숨을 잃기도 했습니다. 그들 대부분은 예루살렘이 어디에 있는지조차 몰랐다고 합니다. 글을 아는 이도 거의 없고 지도도 없으니 어디를 지나고 있는지 알기 어려웠던 모양입니다. 그래서 도중에 마을 사람을 만나거나 예루살렘과 비슷한 곳이 보이면 '저기가 예루살렘이 맞느냐'고 물어봤다는 웃지 못할 얘기까지 전해집니다. 그들은 그저 은자 피에르가 자신들을 교회에서 말하는 '젖과 꿀이 흐르는 땅'으로 데려가는 줄 알고 따라나섰던 것입니다.

교황 우르바노 2세도 애초에 원치 않았던 민중 십자군. 그들은 결국 소아시아에 도착하기도 전에 대부분 흩어지고 말았습니다. 서유럽을 떠날 때 10만 명이었던 사람들이 동유럽을 통과하여 소아시아를 지날 때는 겨우 2만 명에 불과했다고 합니다.

당시 소아시아에는 튀르크계 왕조 국가인 '룸 술탄국'[14]이 세워져 있었습니다. 1096년 은자 피에르가 이끄는 민중 십자군이 룸 술탄국의 수도 니케아 앞에 당도하자, 술탄 킬리지 아르슬란 1세 (재위 1095~1107)는 기병대를 이끌고 나가 그들을 격파했습니다. 은자 피에르를 포함한 소수만이 간신히 살아남아 비잔티움 제국 해군의 도움으로 도주할 수 있었습니다.

이와 같이 민중 십자군이 실패하면서 서유럽에는 십자군에 대한 좋지 않은 기운이 감돌았습니다. 단 한 가지 긍정적인 효과라면 이슬람 세력으로 하여금 자신들이 주요한 적을 격퇴했다고 착각하게 만들었다는 점입니다. 민중 십자군에게 대승을 거둔 킬리지 아르슬란 1세는 십자군에 대한 걱정은 접어둔 채 내부 라이벌과 벌이는 전쟁에만 집중했습니다.

1차
정규 십자군

민중 십자군이 떠나고 나서 몇 달 후, 본격적으로 훈련을 받은 군대가 서유럽에서 출발합니다.[15] 그 군대가 바로 공식적인 '1차 십자군'입니다.[16] 당시 프랑스의 왕 필리프 1세와 신성로마 제국의 황제 하인리히 4세는 교황 우르바노 2세에게 파문을 당한 상태여서 전쟁에 참가하지 못했습니다. 그 대신 교황의 통솔권 아래 있던 공작이나 백작 같은 제후들이 자신들의 군대를 대거 이끌고 참가했습니다. 각 제후들이 예루살렘으로 향한 이유는 명확히 밝혀지지 않았으나, 그들도 순례자들을 독려한 설교자들의 카리스마에 이끌렸을 가능성이 커 보입니다. 이런저런 이유로 자신들의 정치적 입지가 좁아진 것을 느끼고 다른 곳에서 새로운 운명을 찾기로 한 게 아닐는지요.

1차 정규 십자군의 주요 인물로는 프랑스 로렌 지역 공작인 부용의 고드프루아(Godefroy de Bouillon), 툴루즈의 백작이자 프로방스의 후작인 생질의 레몽(Raymond de Saint-Gilles), 플랑드르의 백작 로베르 2세(Robert II), 정복자 윌리엄의 아들인 노르망디 공작 로베르(Robert), 노르만족 출신인 오트빌의 보에몽(Bohemond) 등이 있습니다.

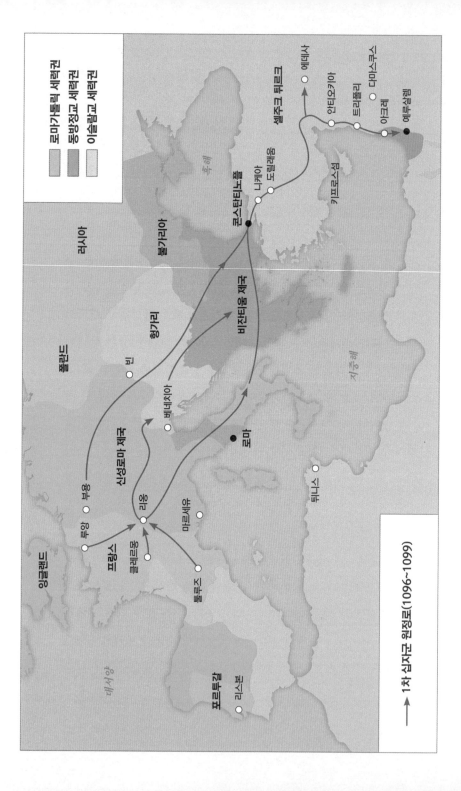

대서양

잉글랜드

루앙 · 부용

프랑스
플랑드르몽

리옹

마르세유

툴루즈

포르투갈
리스본

폴란드

빈

헝가리

베네치아

신성로마 제국

로마

튀니스

러시아

불가리아

흑해

콘스탄티노플

나케아

도릴래움

비잔티움 제국

지중해

키프로스섬

셀주크 튀르크

에데사

안티오키아

트리폴리

다마스쿠스

아크레

예루살렘

로마가톨릭 세력권
동방정교 세력권
이슬람교 세력권

→ 1차 십자군 원정로(1096~1099)

그 가운데 30대 후반 부용의 고드프루아 공작이 주도적인 역할을 맡았는데, 그는 성직자를 대동할 만큼 신앙심이 깊었고 강인한 체력의 소유자였습니다. 적에게 맞설 때는 용감하고 신중했으며 병사들의 신망도 두터워, 자연스럽게 십자군의 총사령관 격으로 인정을 받습니다. 반면에 그의 동생인 불로뉴의 보두앵(Baudouin)은

예루살렘 십자가와 고드프루아(카스텔로 델라 만타의 프레스코화, 1420년)

전투는 잘하나 반대자를 용납하지 않는 실리주의자였습니다. 그는 나중에 예루살렘의 왕이 되는데, "욕망과 육체의 죄악에 사로잡힌 이"라는 기록이 남아 있을 정도로 사치를 즐기고 오만했다고 합니다.

프랑스의 강력한 제후였던 생질의 레몽 백작은 가장 연로하고 부유했으며, 전 재산을 팔아 십자군 원정에 동참했을 만큼 순수했습니다. 그가 단순히 경제적인 이유로 십자군에 참가한 것이 아님은 분명합니다. 그러나 십자군 전체의 총사령관직에 대한 욕심과 자만심이 가득한 고집스러운 인물이기도 했습니다. 한편 오트빌

1 〈툴루즈 백작, 생질의 레몽〉(메리 조제프
  블롱델, 1843년, 베르사유 궁전)

2 〈플랑드르 백작 로베르 2세〉(앙리 데케
  인, 1843년, 베르사유 궁전)

3 〈노르망디 공작 로베르〉(앙리 데케인,
  1843년, 베르사유 궁전)

4 〈오트빌의 보에몽〉(메리 조제프 블롱델,
  1843년, 베르사유 궁전)

5 〈불로뉴의 보두앵〉(메리 조제프 블롱델,
  1844년, 베르사유 궁전)

의 보에몽은 비잔티움 제국을 침략한 바 있는 로베르 기스카르의 아들로, 이미 아버지와 함께 비잔티움 제국에 속한 알바니아의 디라키움을 공격했던 전력 때문에 악명이 높았습니다.[17] 그 또한 총사령관직에 대한 야심이 있어 나중에 비잔티움 황제 알렉시오스 1세에게 권한을 달라고 요청할 정도였습니다. 이렇게 야심에 찬 제후들이 통솔할 수 있는 범위는 자기 가신들뿐, 그 외 사람들은 지휘할 능력이 없었습니다.

정규 십자군은 프랑스에서 왕 다음가는 제후들이 이끄는 전문적인 군사 조직이었으므로 군비와 규율이 제대로 갖춰져 있었습니다. 가장 중요한 전력은 벨기에산 대형 군마를 탄 중무장 기사들이었는데, 그들은 각각 다섯에서 열 명으로 구성된 보병들의 보필을 받았습니다. 보병들은 말에 올라타거나 내리는 기사들을 도왔으며 때로는 그들의 방패가 되어주기도 했습니다.

기사와 보병들은 대개 동물의 가죽이나 뿔 또는 금속으로 만들어진, 일명 '사슬 갑옷'을 입었습니다. 그 갑옷을 입으면 움직임은 비교적 편했지만 강한 충격을 막지 못해 점점 철판 갑옷을 덧대야만 했습니다. 또 초창기 십자군의 투구는 윗부분이 반구형이나 원추형이고 코 부분을 덮는 가드가 달려 있었습니다. 머리와 얼굴 일부만 보호할 수 있는 형태에서 점차 전체를 감싸는 형태로 발전했지만, 그로 인해 주변을 살펴보는 게 제한적이었습니다. 기사들은 갑옷 위에 면으로 된 망토를 두르기도 했는데, 부유한 이들은 그 망토 위에 비단으로 만든 십자가 문양을 덧대어 입었습니다. 그리고 방패에는 자신이 소속된 가문의 문장과 십자가를 새겨 넣었습니다.

정규 십자군은 주력군 네 개 군단으로 이루어졌고 전체 인원수는 6만 명에 달했습니다. 지난 수 세기 동안 서유럽이 동원한 군대 가운데 가장 큰 규모였습니다. 1096년 8월, 그들은 콘스탄티노플에 집결한다는 공동 목표를 세운 뒤 각기 다른 경로로 나아갔습니다. 정규 십자군도 '병참' 문제에는 취약해서 필요한 군량을 무력으로 빼앗기도 했지만, 중유럽과 동유럽으로 나아가는 육로에서는 이렇다 할 충돌을 일으키지 않았습니다. 확실히 전투 경험도 풍부하고 훈련을 받은 상태여서, 오합지졸의 민중 십자군과는 비교가 되지 않았습니다.

처음 6만에 달하는 정규 십자군이 비잔티움 제국의 수도 콘스탄티노플에 다가갔을 때 그곳 주민들은 두려움을 느꼈습니다. 무장한 사람들이 콘스탄티노플 안에 들어오면 언제 폭도로 변할지 몰랐기 때문입니다. 더욱이 비잔티움 황제 알렉시오스 1세는 메뚜기 떼처럼 몰려든 6만의 십자군을 보고 격분하여 성문 봉쇄를 명합니다. 그러고 나서 십자군 가운데 소수의 제후와 고위 기사들만 콘스탄티노플에 들어오게 하고 나머지 병사들은 성문 밖에서 야영할 것을 요구합니다.

성안으로 들어간 제후와 기사들은 콘스탄티노플의 화려하고 사치스러운 광경에 깜짝 놀랐습니다. 비단과 향료 등 동방의 이국적인 물건을 파는 시장, 호사스러운 옷차림으로 노예를 거느리고 다니는 귀족, 온갖 화장품으로 아름답게 꾸민 귀부인 등을 보고 엄청난 문화 충격을 받은 것입니다. 당시 서유럽의 교회는 조그맣고

〈알렉시오스 1세에게 충성을 맹세하는 고드프루아〉(알렉상드르 에스, 1842년, 베르사유 궁전)

어두웠던 반면 콘스탄티노플의 교회는 거대하고 화려했습니다. 제후와 기사들도 귀족이었지만, 콘스탄티노플의 거대하고 우뚝 솟은 궁전에 비하면 자신들이 사는 성은 초라해 보일 지경이었습니다.

그렇다면 비잔티움 황제 알렉시오스 1세는 성안에 들어온 십자군을 어떻게 대했을까요? 12세기 후반, 십자군과 성지 전문 역사가인 대주교 기욤 드 티레(Guillaume de Tyr, 티레의 기욤)는 비잔티움 황제 알렉시오스 1세에 대해 "간악하고 교활한 전갈 같은 인물"이라고 평한 바 있습니다. 바로 그 교활한 황제가 십자군의 지도자들을 황궁 안으로 불러들인 것입니다. 황제는 십자군 지도자들이 표면적으로 내세우는 고결한 그리스도교적 동기를 믿지 않았으며, 그들도 뭔가 이득을 노리고 참가했을 거라고 의심했습니다.

황제는 이미 십자군이 가장 중요한 식량 문제를 해결하지 못하고 있음을 간파했고, 이를 빌미로 자신에게 충성 서약을 바치라고 강요했습니다. 아울러 십자군 원정대의 최고 통수권은 비잔티움 황제에게 있으며, 탈환한 땅은 비잔티움 제국에 귀속된다는 조건도 덧붙였습니다. 이 조건에 대해 고드프루아 형제는 처음엔 거절했으나 이내 받아들였고, 성난 사자 같은 성격의 노르만 출신 보에몽마저 끝내 거부하지는 못했습니다. 이들보다 늦게 도착한 생질의 레몽 백작 역시 충성 서약을 계속 거부했지만, 약화된 형태로라도 서약을 하고 말았습니다. 다른 십자군 지도자들이 원정을 지속하려면 방도가 없다고 설득했기 때문입니다.

그렇지만 비잔티움 황제는 처음부터 십자군 지도자들이 바라는 대로 식량을 지원하거나 예루살렘으로 향하는 길을 안내해 줄 마음이 없었습니다. 십자군을 전쟁터로 내몰아서 이슬람이 점령한 땅을 되찾는 데만 관심이 있었을 뿐입니다. 황제의 이런 속마음을 알 길 없는 정규 십자군은 콘스탄티노플 근처에 흩어져 있던 민중 십자군까지 흡수하여 병력을 증강했습니다.

니케아 전투, 믿는 도끼에 발등 찍히다

1097년 5월, 정규 십자군은 콘스탄티노플을 떠나 이슬람 세력권인 '니케아'로 향했습니다. 니케아는 오늘날 튀르키예에 있는 이즈니크란 도시의 옛 이름으로, 콘스탄티노플에서 멀지 않은 곳에 위치해 있습니다. 지금도 그리스도교인들이 튀르키예로 성지순례를 떠날 때 꼭 들를 만큼 니케아는 굉장히 의미 있는 장소입니다. 4세기경 그리스도교가 공인된 후 로마 황제와 종교 지도자인 주교들이 처음으로 니케아에서 공의회를 열어 그리스도교 신경(信經) 또는 신앙조항의 초석을 만들었기 때문입니다. 십자군 원정 당시 니케아는 셀주크 튀르크 병사들이 지키고 있었는데, 십자군이 이곳을 지나쳐 예루살렘으로 향하면 배후에 적을 남겨두는 셈이 되므로 꼭 장악해야만 하는 곳이었습니다.

당시 룸 술탄국의 술탄 킬리지 아르슬란 1세는 니케아에 없었습니다. 다른 부족 아미르들과의 영토 분쟁으로 원정길에 올라 있었기 때문입니다. 아르슬란 1세는 십자군이 비잔티움 황제와 갈등이 생겨 자신의 영토까지는 이르지 못하리라 믿었습니다. 그러나 그의 예상과 달리, 비잔티움 황제와 어느 정도 합의에 도달한 십자군은 니케아를 포위하고 공격을 시작했습니다. 십자군 병사들의 드높은 사기에도 불구하고 높이 10미터, 길이 5킬로미터, 250개의 망루가 있는 장벽으로 둘러싸인 도시를 공격하는 일은 쉽지 않았습니다.

십자군은 7주 동안이나 공성전을 벌인 끝에 결국 니케아 점령을 눈앞에 두었습니다. 십자군 병사들은 도시 니케아를 점령한 다음 비잔티움 제국에 반환하더라도, 그 안에서 충분히 전리품을 차지할 거라 생각하며 들떠 있었지요. 그런데 함락 직전, 십자군보다 먼저 성벽에 깃발을 꽂은 상대가 있었습니다. 깃발의 주인은 바로 비잔티움 제국이었습니다.

니케아를 포위한 십자군 병사들
(14세기 삽화, 에피날 시립도서관)

그 전말은 이렇습니다. 비잔티움 황제 알렉시오스 1세의 밀사가 십자군이 점령하고 있던 지역의 반대편 아스카니아 호수에 배를 대놓고 장벽 안에 갇힌 튀르크군과 협상을 벌였습니다. 비잔티움 황제는 십자군에게 니케아를 빼앗길 것을 두려워한 나머지 한발 앞서 밀사를 보내, 튀르크군의 항복을 받아냈던 것입니다. 십자군은 니케아 성벽 위에 비잔티움 황제의 깃발이 휘날리는 것을 보고 분노가 폭발했습니다.

그렇지 않아도 십자군 쪽에서는 비잔티움 사람들이 예루살렘을 탈환하는 데 소극적일 뿐 아니라 거룩한 전쟁, 즉 '성전'이라는 관념도 희박해서 불만이었습니다. 그들에 대해 '교활한 그리스인'이라거나 신용할 수 없다, 바로 배신한다, 약속을 지키지 않는다는 식으로 생각했습니다. 그런 맥락에서 십자군은 튀르크인과 타협하려던 황제 알렉시오스 1세를 불신의 눈길로 바라보았는데, 마침 니케아에서 그 실체를 확인한 셈입니다.

그렇다면 반대로 비잔티움 사람들은 십자군을 어떻게 생각했을까요? 그들은 엄청난 숫자로 몰려든 십자군 무리를 '광신적인 촌

뜨기' 정도로 여겼습니다. 비잔티움 사람들은 '거룩한 전쟁'이란 의식에 사로잡혀 유대인을 학살하고 행군 도중에도 난폭한 모습을 보였던 민중 십자군을 기억하고 있었습니다. 그래서 십자군 전체를 무서운 무리라고 생각하는 동시에 경멸했던 것이죠. 마침내 십자군의 니케아 점령 이후 서로간의 적대감은 더욱 고조되었습니다. 그래도 니케아 전투는 십자군이 이슬람 진영을 상대로 거둔 최초의 승전이며, 향후 십자군이 의기양양하게 이슬람 지역에서 전쟁을 지속해 가는 기폭제가 됩니다.

잠시 원정을 떠난 사이 십자군에게 니케아를 빼앗긴 이슬람 룸 술탄국의 아르슬란 1세는 5만의 군사를 대동하고 나타났습니다. 1097년 7월, 양쪽 군대는 니케아에서 50여 킬로미터 떨어진 도릴래움 평원에서 맞붙었습니다. 십자군 쪽에서는 노르만 출신 보에몽의 선발대가 평원 끝 계곡과 계곡 사이에 단독 캠프를 차리고 튀르크 돌격대와 격돌했습니다. 십자군은 그리스도의 용맹한 전사임을 자부하며 용감히 맞섰으나 이슬람의 반격도 만만치 않았습니다. 튀르크군은 십자군처럼 중무장은 안 했지만, 우리에게도 익숙한 돌궐족의 후예답게 기마 궁수들이 매우 용감하고 민첩했습니다. 특히 손이 아닌 발로 긴 화살을 쏘는 족궁수들은 먼 거리에서 햇빛을 가릴 정도로 많은 활을 쏘아댔습니다.

보에몽이 이끌던 십자군 선발대 2만 명 중 4천 명이 죽거나 부상을 입었습니다. 십자군의 패색이 짙어갈 무렵, 계곡 너머에서 고드프루아와 동생 보두앵의 군사들이 달려왔습니다. 순식간에 십자군은 5만 대군으로 늘어났고, 이미 많은 병사들을 잃어 수적

도릴래움 전투
(장 콜롱브의 세밀화, 1474년경, 프랑스 국립도서관)

열세를 느낀 튀르크군은 승산이 없음을 깨닫고 재빨리 후퇴합니다. 십자군은 이 전투를 통해 전리품을 넉넉히 챙겼을 뿐 아니라 비잔티움 제국으로부터 받지 못한 물자 보급도 어느 정도 충당했습니다. 8월 중순에도 십자군은 아나톨리아 고원 중앙부의 도시 콘야에서 술탄 아르슬란 1세의 군대와 맞붙었으나 또다시 승리를 거두었습니다.

이어 십자군은 소아시아 내 아르메니아인[18] 그리스도교 신자들의 도움을 받아 헤라클레아, 마라슈(오늘날 튀르키예의 카라만마라슈) 등 여러 도시를 차례로 점령했습니다. 이전까지 비잔티움 제국의 영토였다가 이슬람으로 넘어간 지역에는 여전히 다수의 그리스도교인들이 거주하고 있었습니다. 그런데 십자군이 물자 보급과 전리품 획득을 핑계로 약탈을 일삼자, 겨우 수복한 영토의 민심과 경제력이 크게 흔들립니다. 이러한 십자군의 태도는 비잔티움 제국과의 관계를 더욱 악화시키고 맙니다.

그리스도교 도시 에데사 탈취

정규 십자군 지휘관 고드프루아의 동생 보두앵은 소아시아의 전쟁터에서 뜻밖의 소식을 듣습니다. 십자군 원정을 마치고 돌아가면 아내가 장인의 유산으로 자신을 부유하게 만들어주리라 기대했건만, 그 아내가 유산 상속도 받지 못한 채 사망했다는 겁니다. 갑자기 중요한 경제적 기반이 사라져 버린 보두앵은 탐욕으로 가득 찬 채 정복할 영토를 찾아 나섭니다.

그런 보두앵의 눈에 목표물 하나가 들어왔습니다. 유프라테스 강 유역의 무역로에 자리한, 에데사라는 부유한 도시였습니다. 에데사는 전통적으로 문화와 경제의 중심지였으며, 아리스토텔레스의 작품들이 아랍 문화에 유입될 무렵 아랍어 번역에서도 중요한 역할을 맡았던 곳입니다. 한 가지 문제라면 이곳은 이슬람 점령지가 아니라 그리스도교인들이 살고 있는 지역이었습니다.

이때 마침 에데사를 다스리던 아르메니아인 군주 토로스가 보두앵에게 제안을 해옵니다. 군주 토로스는 그리스도교인이었는데, 날로 강력해지는 튀르크인들의 공격을 막아낼 자신이 없었습니다. 그래서 보두앵을 양자로 삼아 에데사의 상속을 약속함으로써 자기 나라를 지키려고 했던 것입니다. 제안을 받은 보두앵은 수백 명의 기사들을 데리고 단독 작전에 들어갔습니다. 에데사에 들어간 보두앵의 속셈은 오래 기다릴 필요 없이 군주를 암살하고 나라를 차지하려는 것이었죠. 이를 간파한 토로스는 성을 탈출하려고 했으나 붙잡혀 사망하고 맙니다. 1098년 보두앵은 십자군의 이념을 저버린 채 그리스도교인인 군주를 제거하고 에데사를 차지했습니다.

이 사건을 계기로 1차 십자군 전쟁은 완전히 변질되기 시작합니다. 이제는 예루살렘을 탈환하러 가는 게 아니라, 어떻게든 땅을 더 많이 점령해서 전리품을 챙기려는 영토 싸움이 되어버린 것입니다. 십자군에 참가한 귀족들은 기회만 있으면 땅을 차지하려 혈안이 되었고, 십자군이 내건 명분과는 너무나 거리가 멀게 행동했습니다.

타우루스산맥을 넘는 십자군

니케아 전투 이후 정규 십자군은 비잔티움 제국과 관계가 소원해짐에 따라, 더 이상 빠르고 안전한 길 안내 등 제대로 된 지원을 받지 못했습니다. 한편 십자군의 전투력을 체험한 이슬람 세력은 전면전보다는 잠복하다 기습하는 쪽으로 전술을 바꿔, 십자군의 행군을 계속 방해했습니다. 또 보두앵의 에데사 탈취 사건은 십자군의 명성에 먹칠을 함으로써 소아시아의 지리를 잘 아는 그리스도교인들의 도움도 받지 못하게 되었습니다. 십자군의 지휘부는 소아시아에서 시리아로 갈 때 지름길인 해안가를 따라 내려가면 이슬람의 기습 공격을 더 자주 받을까 봐 두려웠습니다. 그래서 고

타우루스산맥을 넘는 십자군
(귀스타브 도레의 삽화, 19세기)

민 끝에 소아시아의 남동부와 지중해 사이를 가로막고 있는 타우루스산맥을 넘어가기로 결정합니다.

　타우루스산맥은 십자군이 아는 서유럽의 알프스에 비하면 그다지 높은 편은 아니었지만 산세가 매우 험준했습니다. 산맥을 넘는 동안 말을 비롯해, 짐을 실은 동물들이 절벽 아래로 떨어지는 사고도 자주 일어났습니다. 더욱이 소아시아를 가로지르며 수많은 전투를 치른 데다 적지에서 군량을 확보하기 어렵다 보니 행군 도중에 쓰러지는 사람들과 말들도 많았습니다.

　3주 만에 가까스로 산맥을 넘어 건조 지대인 비시디아 지역에 도착하자, 이번에는 30도에 달하는 무더위가 덮쳤습니다. 십자군 병사들은 굶주림과 갈증으로 몹시 시달렸고, 그 결과 병사 500명 이상이 사망하고 무수한 준마가 쓰러지고 말았습니다. 5주 정도면 예루살렘에 도착할 줄 알았던 십자군의 초기 계획은 완전히 실현 불가능한 것이 되었습니다.

1차 십자군의 주력은 봉건 제후들이 이끄는 기사들이었는데, 군대 조직 면에서 보면 매우 미숙했습니다. 지휘 계통은 일원화되지 않았고 제후들은 걸핏하면 멋대로 행동했으며, 병참의 개념뿐 아니라 지세나 기후에 대비한 예비지식도 부족했습니다. 심지어 이런 문제점 자체를 인식하지 못한 것처럼 보일 정도였습니다.

안티오키아 전투,
믿음 또는 광기

✳

정규 십자군이 니케아를 지나 예루살렘으로 행군하는 길에 만난 가장 중요한 도시는 바로 안티오키아였습니다. 안티오키아는 오늘날 튀르키예 남동부에 있는 안타키아의 옛 이름으로, 콘스탄티노플과 예루살렘에 버금가는 동방 교회의 중심지였습니다. 그 역사가 콘스탄티노플보다도 오래되어 이미 로마 제국 당시 3대 도시로 로마와 이집트의 알렉산드리아, 그리고 시리아의 안티오키아를 꼽을 정도였습니다. 또한 '그리스도교인'이라는 단어가 처음 쓰인 곳이기도 합니다.

그런 안티오키아조차 중세 중반 십자군 시대에는 이슬람의 지배하에 놓여 있었습니다. 그래도 그리스도교 신앙의 전통을 굳건히 지켜온 안티오키아의 그리스도교인들은 튀르크족의 지도자에게 종교의 자유를 보장받았습니다.[19] 그리고 안티오키아는 오랜 세월 동안 국제도시였던 명성에 걸맞게 든든한 방어 체제가 구축돼 있었습니다. 10킬로미터가 넘는 두 겹의 기나긴 성벽을 따라 400여 개의 망루가 세워져 있어 철통 방어를 자랑했습니다. 더욱이 안티오키아의 군주 야기 시안은 큰 귀와 흰 수염을 지닌 지략

가로서, 불굴의 용기로 십자군의 지속적인 공격을 잘 막아내고 있었습니다. 단순히 수비에만 그치지 않고 종종 야간에 기습 공격을 하거나 물을 차단하기도 했습니다.

십자군 내부에서는 안티오키아 성 공략법을 두고 지도자인 제후들의 의견이 분열되었고, 특히 생질의 레몽 백작과 오트빌의 보에몽이 심하게 대립했습니다. 레몽 백작은 전략적으로 겨울이 오기 전에 공략해야 한다는 속전속결론을 편 반면, 안티오키아를 자신의 영지로 삼으려던 보에몽은 그렇게 되면 자신이 안티오키아를 차지하기 힘들 거 같아 반대했던 것입니다. 실제로 십자군은 안티오키아에 도착했을 때 이미 지쳐 있어서 다른 십자군 지도자들도 성지를 단기간에 함락시키는 것은 무리라며 보에몽의 주장에 동의했습니다. 그 결과 십자군은 안티오키아 성을 포위만 하고 점령은 못 한 채 8개월 동안 도시 밖에 발이 묶였습니다. 그처럼 장기전에 들어서는 바람에 다시금 식량난을 겪게 됩니다.

한편 안티오키아의 군주 야기 시안은 성안에 있는 그리스도교 백성들의 배반을 걱정했습니다. 그래서 꾀를 내어, 먼저 무슬림들을 도성 밖으로 보내 참호를 파게 한 후 다음 날 그리스도교 남성들에게 같은 일을 시킵니다. 그러고는 그리스도교인들이 참호 작업을 끝내고 돌아오려 하자 "당신들의 도성 내 재산과 가족들을 내가 잠시 맡아두겠소"라며 성문을 닫아버렸습니다. 이에 십자군은 식량이 절대적으로 부족한 상황에서, 성에서 쫓겨난 다수의 그리스도교인들까지 떠맡게 되었습니다.

날이 갈수록 십자군 병사들은 굶주림에 희생되었고, 결국에는

〈안티오키아 성벽 아래에서의 전투〉(앙리 프레데릭 쇼팽, 1839년, 베르사유 궁전)

전투에 써야 할 말까지 잡아먹고 그 피를 마시는 처참한 지경에 이르렀습니다. 그렇지만 십자군은 안티오키아를 그대로 두고 예루살렘으로 나아갈 수는 없었습니다.

성안에 갇힌 군주 야기 시안은 비둘기를 이용해 다른 도시의 무슬림들에게 지원을 요청했습니다. 그러나 친척끼리 세력 다툼 중이던 알레포와 다마스쿠스(오늘날 시리아의 수도)의 영주들은 지원을 거부했습니다. 안티오키아에서 가장 가까운 알레포의 대영주는 오히려 안티오키아가 공격받은 것을 좋아했다고 합니다. 그 반면 안티오키아에서 멀리 떨어진 모술의 대영주 카르부카는 대규모 튀르크 지원군을 파견했지만, 오는 도중에 보두앵이 차지한 에데사와 전투를 치르느라 도착이 지연되고 있었습니다.

이런 상황에서 안티오키아를 차지할 야심으로 가득 찬 오트빌의 보에몽이 독단적으로 작전에 들어갑니다. 안티오키아 성의 몇몇 망루를 책임지고 있던 피루즈라는 아르메니아인을 뇌물로 매수한 것입니다. 새벽녘이 되자 보에몽은 성벽을 오르며 외쳤습니다.

"신의 가호를 빌며, 마음을 굳게 먹고 사다리에 올라라. 안티오키아는 곧 신의 도시가 될 것이다!"

피루즈가 횃불을 흔드는 모습을 본 500명의 공격 부대도 일제히 사다리를 타고 오르기 시작했습니다. 마침내 보에몽과 부하들이 성안의 탑들을 점거하고 성문을 활짝 열자, 성문 밖에서 기다리던 십자군 병사들이 일제히 시내로 난입했습니다.

십자군은 오랜 굶주림을 보상받고 땅을 차지하려는 생각에 사로잡혀 안티오키아 성안의 주민들을 무자비하게 학살했습니다. 비단 십자군 병사들뿐만 아니라 병사들의 뒤를 따라온 순례자들까지 합세하여 안티오키아 주민들을 닥치는 대로 죽였습니다. 십자군은 학살을 피해 성벽에 매달려 절규하는 사람들까지 날카로운 창끝으로 찔러 성벽 밖으로 떨어뜨렸습니다.

당시 상황에 대해 역사가 기욤 드 티레는 이렇게 전합니다.

> 승리자들은 시내를 여기저기 휩쓸고 다녔다. […] 그들은 광기와 탐욕으로 닥치는 대로 살인을 했다. 남녀노소, 지위 고하 가리지 않고 무차별적으로 칼을 휘둘렀다. […] 그날 하루에만 시민 1만 명이 학살당했다. 거리 곳곳에는 매장하지 못한 시체들이 즐비했다.
>
> 수잔 와이즈 바우어, 《수잔 바우어의 중세 이야기 2》, 473쪽

안티오키아 점령 후의 살육(귀스타브 도레의 삽화, 19세기)

함락 당시 국제도시였던 안티오키아에는 무슬림뿐만 아니라 유대인과 소수의 그리스도교인도 남아 있었습니다. 그러나 대다수의 십자군 병사들은 모든 주민들을 무슬림과 같이 취급하며 심지어 아이, 부녀자, 노인까지 전부 살해하고 맙니다. 십자군 병사들은 이교도를 죽이고 성지를 탈환하는 것이야말로 신이 바라시는 일이라고 믿었기에 '안심하고' 사람들을 죽였던 겁니다.[20]

1098년 6월, 마침내 십자군은 무려 8개월의 공방전 끝에 철옹성 같던 안티오키아를 함락시켰습니다. 그러나 승리의 기쁨은 오래가지 못했습니다. 군주 야기 시안이 앞서 도움을 청했던 지원군, 즉 모술의 대영주 카르부카의 군대가 안티오키아 성이 함락되고 얼마 지나지 않아 도착했기 때문입니다. 이번에는 거꾸로 성을 점령한 십자군이 이슬람 지원군에 포위되는 상황이 벌어졌습니다. 더욱이 안티오키아 성안에는 지난 8개월 동안 굶주린 십자군이 배를 채울 만큼 충분한 음식이 없었습니다. 공방전을 치르는 동안 성안의 식량을 이슬람군이 소진해 버린 탓입니다. 게다가 비잔티움 제국에서 십자군 측에 보내온 보급품마저 성을 포위한 이슬람 지원군의 방해로 도착이 늦어지면서, 성을 빠져나가 예루살렘으로 향하려던 십자군의 의지가 완전히 꺾여버렸습니다.

물론 십자군 내부에서도 안티오키아를 포기하고 예루살렘으로 가야 한다는 의견이 계속 나왔습니다. 하지만 당장 눈앞의 보상을 바라던 일부 십자군 병사들에게 예루살렘은 너무 멀어 보였습니다. 이제는 원래 목적이던 예루살렘 탈환이 아니라 십자군 자신들의 생존 문제가 가장 중요한 관심사가 되어버린 것입니다. 십자군의 사기는 바닥으로 떨어졌습니다. 이런 상황에서 병사들을 다시 일으키는 방법은 신이 우리 편에 있다는 종교적 신념을 심어주는 길밖에 없었습니다.

롱기누스의 창

이때 침체된 십자군의 분위기를 반전시키는 사건이 일어납니다. 십자군을 따라온 순례자 중 한 사람인 수도사 피에르[21]가 꿈속에서 '롱기누스의 창'이 이곳 안티오키아에 묻혀 있는 걸 봤다고 주장한 것입니다.

롱기누스의 창이란 예수 그리스도가 십자가에 매달렸을 때 숨을 거두었는지 확인하기 위해 예수의 옆구리를 찔렀던, 로마 병사의 창을 의미합니다. 성경에 그 병사의 이름은 나오지 않지만 초대 교회부터 그 이름이 롱기누스라고 전해집니다. 그리스도교에서는 대단히 성스러운 유물, 즉 성유물인 롱기누스의 창이 묻혀 있을 수도 있다는 말에 사람들은 무척 흥분했습니다.

십자군 병사들이 여기저기 땅을 파다가 포기하려던 즈음 수도사 피에르가 직접 구덩이 안으로 뛰어들었습니다. 그는 열심히 찾는 척하더니 갑자기 "여기 있다!"라고 외치며 녹슨 창촉을 들고 나왔습니다. 사람들은 처음엔 반신반의했으나 성창(聖槍)의 실물을 보고 깜짝 놀라면서, 침체됐던 분위기가 확 살아나게 됩니다. 롱기누스의 창 덕분에 십자군은 다시 한번 '신의 가호'를 믿게 됐고 이것을 계기로 사기충천했습니다. 기적적으로 힘을 얻은 십자군은 200명의 중무장 기병을 앞세우고 돌진하여, 수적 우세에도 불구하고 이미 두려움에 사로잡힌 이슬람군을 쫓아내 버렸습니다.[22]

그런데 십자군이 안티오키아를 점령하고 얼마 지나지 않아, 발견된 롱기누스의 창촉이 가짜일지 모른다는 소문이 돕니다. 사실

종군 중이던 로마 교황의 특사 아데마르 대주교는 이미 콘스탄티노플에서 이른바 '롱기누스의 창'이라 불리는 성유물을 직접 본 적이 있었습니다. 그래서 발견된 창촉이 가짜라는 의심도 품었지만 십자군의 한껏 오른 사기를 꺾을 수 없어 묵인하던 중이었습니다.[23]

'롱기누스의 창'이 이처럼 주목받았던 이유는 이 성창을 소유하면 세계를 정복할 수 있다는 전설 때문입니다. 실제로 약 1천 년 동안 45명의 왕이 성창을 갖고 권력을 누렸다는 이야기가 전해지면서 역사 속 지배자들도 무척이나 탐을 냈다고 합니다. 나폴레옹은 롱기누스의 창을 얻기 위해 전 유럽을 수소문했으나 결국 실패했고, 히틀러는 오스트리아 빈을 점령했을 때 그곳에 보관 중이던 성창을 가져가 버렸습니다. 2차 세계대전이 끝난 후 롱기누스의 창은 다시 빈의 호프부르크 박물관으로 돌아와 지금까지 전시돼 있습니다.

롱기누스의 창을 비롯한 성유물은 그 진위가 명확하지 않은 경우도 많습니다. 예를 들어 움베르토 에코의 소설《바우돌리노(Baudolino)》에도 상세히 나와 있듯이, 비잔티움 제국의 수도 콘스탄티노플에는 성유물에 대한 엄청난 수요를 감당하기 위해 성유물 위조 공방까지 존재했을 정도입니다. 일부 성직자들은 성유물의 진위 자체보다 "그 덕분에 신앙이 깊어진다면 그것으로 효과가 있다"라고 주장하기도 합니다. 적어도 1차 십자군 원정 중 안티오키아에서는 그 효과가 확실했던 셈입니다.

어쨌거나 '롱기누스의 창'의 효과로 십자군은 드디어 안티오키

롱기누스의 성창
(장 콜롱브의 세밀화, 1474년경, 프랑스 국립도서관)

아를 완전히 점령하게 되었습니다. 그러나 십자군은 탈환한 지역
을 비잔티움 황제 알렉시오스 1세에게 돌려주기로 했던 서약을
어기고 안티오키아를 반환하지 않았습니다. 안티오키아는 결국
십자군 제후들의 갑론을박 끝에 자신이 가장 큰 공을 세웠다고 주
장하는 보에몽의 차지가 되고 맙니다. 비잔티움 제국을 도와 이슬
람을 무찌르자는 교황의 본래 취지는 고려의 대상도 되지 못했습
니다.

그럼에도 십자군 지도자들은 자신들의 약탈을 신앙적으로 미화
했습니다. 탐욕스러운 보에몽은 전쟁 중에 사망한 사람들을 찬양
하면서 그들이 순교자의 월계관을 썼다고 표현했습니다. 그런가

하면 십자군 제후들은 안티오키아에서 서방 세계로 보낸 편지를 통해, 전사자들은 평화롭게 죽었으며 영원한 생명을 얻게 돼 기뻐했다고 주장했습니다.

굶주림이 부른 집단 광기, 마라 대학살

안티오키아를 점령한 십자군에겐 해결해야 할 심각한 문제가 남아 있었습니다. 그것은 바로 '배고픔'이었습니다. 십자군, 특히 잔악한 보에몽의 부대는 도둑질을 해서라도 굶주림을 해결하기로 결심합니다. 그들은 안티오키아 주변을 닥치는 대로 약탈하던 중 1098년 12월 오늘날 시리아의 마라트 알누만, 당시 '마라'라고 불리던 마을을 발견했습니다.

십자군은 2주간의 공방전 끝에 마을 주민들의 목숨을 보장해주겠다는 약속을 내걸고 마라에 입성합니다. 하지만 약속을 지키기는커녕 30일가량 그곳에 머물며 '인종 청소'라 일컬어지는 참혹한 범죄를 저질렀습니다. 집이나 은신처에서 값나가는 물건을 발견하면 모조리 약탈했고 날이 밝으면 남녀 가리지 않고 학살하는 행위를 반복했습니다. 당시 기록에 따르면, 구석구석 무슬림들의 시체가 나뒹굴지 않는 곳이 없었고 시신을 밟지 않고서는 거리를 오가지 못할 정도였다고 합니다. 결국 십자군은 마라의 8천 명[24]이 넘는 주민 전원을 몰살시키고 맙니다.

일부 십자군 병사들은 마을 안에서 약탈할 식량이 떨어지자 끔찍한 악행으로 굶주림을 해결하려 들었습니다. 그들이 대체 어떤 짓을 저질렀는지는 서방 측 역사가 라울 드 카엥의 기록에도 남아 있습니다.

> 마라에서 우리들은 이교도 어른들을 커다란 솥에 넣어 삶았다. 또
> 그들의 아이들을 꼬챙이에 꿰어 불에 구웠다.
>
> 아민 말루프, 《아랍인의 눈으로 본 십자군 전쟁》, 70쪽

십자군 내부에서도 이처럼 잔악한 행동을 비판하는 목소리가 나왔습니다. 그리하여 인육을 먹는 일을 막겠다며 무슬림들의 시신을 성문 밖으로 옮긴 후 아예 불태워 버리기도 했습니다. 그러자 이번에는 "십자군이 마을 외곽에 불을 피워놓고 사람들을 산 채로 집어넣었다"라는 소문이 이슬람 세계에 번졌습니다.

또 다른 기록을 보면 무슬림들의 시신을 톱으로 잘랐다는 이야기도 나옵니다. 당시 십자군 사이에서는 무슬림들이 십자군에게 약탈당하지 않기 위해 금화를 삼킨다는 소문이 퍼져 있었습니다. 그래서 그 금화까지 가져가느라 무슬림들을 죽이고 배를 갈라 확인했다는 것입니다.

인육을 먹는 '카니발리즘'이나 적의 시신을 훼손하는 일이 비단 십자군 전쟁에서만 있었던 것은 아닙니다. 심지어 2차 세계대전 중에도 일본군이 결사항쟁의 의지를 다지고 상대에게 공포심을 주기 위해 인육을 먹는 만행을 저지르기도 했으니까요. 그렇다 해도 마라에서의 학살은 당시 유례를 찾기 힘들 만큼 잔혹한 행위였습니다.

대개 중세의 전투에서는 점령한 도시의 시민들을 몰살시키는

경우가 드물었습니다. 바로 사람 자체가 최고의 약탈물이었기 때문입니다. 귀족은 몸값을 받을 수 있었고, 일반 시민은 노예로 팔수 있었습니다. 그러나 십자군은 이교도들을 신을 거스르는 악마나 사탄 같은 존재로 여겼고, 이들을 배척하는 것이 신의 명령이라고 생각했기에 잔혹한 행동을 서슴지 않았습니다. 굶주림과 오랜 전쟁에 지친 십자군은 이제 아무런 죄의식 없이 살육과 학살을 저지릅니다. 마라의 학살은 우리에게 인간의 이성을 마비시키는 맹목적인 신앙이 얼마나 인류를 거스르는 만행으로 이어질 수 있는지 웅변적으로 보여줍니다.

이슬람의 사분오열과 십자군의 어부지리

마라의 학살까지 저지른 탐욕스러운 보에몽은 점령지 안티오키아를 정비하는 일이 시급하다며 더 이상 예루살렘으로 가지 않겠다고 선언합니다. 에데사와 안티오키아를 차지한 십자군 중 일부도 보에몽처럼 자신들이 차지한 영토를 지키기 위해 예루살렘 행군을 포기하고 눌러앉습니다. 이제는 제후들의 개인적 야심이 원정대의 전략적 목표 자체를 압도하는 상황이 된 것입니다.

이처럼 십자군의 목적을 잊은 지 오래인 지도자들에게 실망하여 떠나가는 병사들도 상당수 있었습니다. 병사들의 목소리가 커지고 분노가 위험 수위에 이르자 십자군 제후들은 어쩔 수 없이 예루살렘을 향해 다시 행군을 시작했습니다. 콘스탄티노플을 떠날 때 6만 명이던 정규 십자군은 어느새 약 1만 3천 명으로 줄어들었습니다. 역사가 기욤 드 티레는 그들을 "병들고 허약한, 의지할 곳 없는 무리"라고 묘사했을 정도입니다.

많은 전사자와 이탈자가 발생한 상황에서 십자군에게는 자신들의 진군을 정당화할 명분이 필요했습니다. 연대기 작가 푸셰 드 샤르트르의 기록에 따르면, 어떤 기사가 단독으로 무슬림들과 맞서 싸울 것을 결심하고 부하들에게 다음과 같이 요구했다고 합니다.

"여러분 가운데 천국에서 식사하기를 원하는 이가 있다면, 그 사람은 나와 함께 진군해야 합니다. 나는 그곳으로 갈 것이기 때문입니다."

그 기사는 말을 마치고 나서 적군을 향해 돌진하여 목숨을 바쳤습니다.

푸셰 드 샤르트르는 그에 대해 이렇게 설명했습니다.

"그는 완전히 믿음과 희망에 가득 차 죽었으며, 이미 하늘에서 월계관을 받았기 때문에 지상에서 결코 파멸된 것이 아니었다. 그는 순교자의 월계관을 받고 그들의 무리에 속하게 되었다."

십자군이 예루살렘에 도달하는 것조차 의심스러워질 무렵, 십자군에게 도움이 되는 뜻밖의 상황이 벌어졌습니다. 이슬람 내부에 분열이 생긴 것입니다. 앞서 시리아 지역에서는 셀주크 왕조의 술탄이 피살된 후, 그의 두 아들 간에 술탄 계승을 둘러싼 다툼이 벌어졌습니다. 그들은 각각 알레포와 다마스쿠스를 수도로 정하고 1095년에는 전쟁까지 벌인 바 있습니다. 이렇듯 셀주크 튀르크의 세력이 약화된 틈을 타 홈스, 트리폴리(트리폴리스), 샤이자르 등 시리아 지역의 아랍 토후들이 저마다 독립된 영토를 확보하겠다며 나섰습니다. 더욱이 아랍 토후들 가운데 사촌 간인 성주들끼리 영지 계승권을 두고 다투는 일까지 생겼습니다. "사촌이 땅을 사면 배가 아프다"라는 우리 속담이 이슬람 세력 안에서도 통했던 모양입니다.

분열된 아랍 토후들은 십자군의 공격을 저지하려던 셀주크 군대와 달리 자신들의 이익만을 추구했습니다. 그래서 십자군이 안전을 보장해 준다는 조건을 받아들여, 십자군의 진출을 방관하거나 물자 공급을 돕기도 했습니다. 그렇지 않아도 식량이 부족했던 십자군에게 이슬람 세력이 자진해서 식량과 금은보화까지 제공하며 경쟁 세력을 공격해 달라고 청하는 상황이 된 것입니다.

십자군은 무력과 위협을 동원해 시리아 지역의 아랍 토후들에게서 항복을 받아내거나 협정을 맺으며 여러 도시를 확보해 나갔습니다. 비잔티움 제국의 지원이 끊기고 나서 가장 큰 골칫거리였던 병참 문제가 해결됨에 따라, 십자군은 손쉽게 예루살렘을 향해 나아갈 수 있었습니다.

십자군이 시리아 지역을 점령해 가는 와중에도, 시아파가 중심이 된 이집트의 파티마 왕조는 현실을 직시하지 못했습니다. 그래서 셀주크 왕조가 십자군에게 패하자 오히려 그것을 기회 삼아 셀주크 왕조의 지배하에 있던 팔레스티나와 예루살렘을 차지하려고 들었습니다. 십자군이 안티오키아에 도착할 무렵 파티마 왕조의 와지르는 십자군 측에 사절을 보내 셀주크 왕조를 공동의 적으로 삼는 협약을 제의했고, 십자군도 동의했습니다. 이 협약의 내용은 시리아 지역의 북부와 남부를 각각 십자군과 파티마 왕조가 분할 지배한다는 것이었습니다.

십자군 전쟁을 피상적으로 보면 처음부터 끝까지 그리스도교와 이슬람교 세력이 전투를 벌인 것으로 생각하기 쉽습니다. 그렇지만 실제로는 그때그때 필요에 따라 전투 대상이 달라지기도 했습니다. 앞에서 살펴본 것처럼 십자군이 다양한 이슬람 세력과 연합하기도 하고, 이슬람의 군주들이 자신의 정적을 제거하기 위해 십자군의 힘을 빌리는 경우도 많았습니다.

이언 아몬드의 《십자가 초승달 동맹》이란 책에는 이렇듯 십자군 전쟁을 단순히 종교 간의 전쟁으로만 보기 힘들다는 주장을 뒷받침해 주는 다양한 사례가 나와 있습니다. 이 책에 따르면 그리스도교인, 무슬림, 유대인은 지중해라는 하나의 무대에서 뒤섞여 살았다고 합니다. 스페인, 이탈리아, 그리스, 튀르키예에서 무슬림과 그리스도교인들은 서로 이웃해 살면서 같은 언어를 쓰고, 같은 문화와 가치를 공유하며, 공동의 적에 맞서 단결했습니다.[25]

파티마 왕조는 십자군과 체결한 협약에 따라 1097년 티레로 진격한 데 이어 1098년 8월에는 예루살렘까지 점령함으로써 원하던 팔레스티나를 수중에 넣었습니다. 시리아 지역에서 셀주크 왕조의 영향력이 제거되고 나서야 파티마 왕조는 십자군의 본래 목적을 알아챘으나 때는 늦었습니다. 십자군은 이미 예루살렘 정복 작업에 착수하고 있었으니까요. 오늘날 레바논 북부에 위치한 트리폴리에서 출발한 십자군은 해안 지역의 베이루트, 티레, 아크레, 카이사레아, 아르수프 등을 거쳐, 1099년 6월 드디어 예루살렘 근방에 도착합니다.

고드프루아가 요르단강을 건너 낙타를 죽임. 《고드프루아와 살라딘 이야기》에 실린 세밀화 (14세기, 프랑스 국립도서관)

십자군의
예루살렘 탈환

＊

정규 십자군은 최대 격전지였던 안티오키아를 지나 시리아 지역 대부분을 평정한 후, 마침내 원정의 최종 목적지인 예루살렘을 목전에 두었습니다. 이때 십자군 내부에서는 제후들 간의 불화도 사라지고 병사들과 순례자들 모두 한마음이 되었습니다. 3년간 극심한 고통과 희생을 치르며 5천 킬로미터에 달하는 여정 끝에 예루살렘에 도달한 십자군 원정대는 '성도(聖都)'를 바라보는 것만으로도 감격에 겨워했습니다. 거룩한 도성의 성벽, 탑, 바위 돔 사원의 둥근 지붕을 보며 천상의 행복에 빠져든 것입니다. 그들은 환호하며 기쁨의 눈물을 흘렸고, 일부 순례자들은 땅에 입을 맞추기도 했습니다.

바로 1년 전 예루살렘을 점령한 이슬람 파티마 왕조의 장군 이프티카르 알다울라는 도시 방어를 위한 예방 조치까지 취하고 응전 태세를 갖추었습니다. 더욱이 예루살렘은 높이 15미터, 두께 3미터의 철옹성 같은 성벽으로 둘러싸인 도시였습니다. 십자군은 그 성벽을 효과적으로 공략하기 위해 공성전을 택했습니다. 공성전은 중세 유럽보다는 주로 고대 로마군이 애용했는데, 성벽과 같은 높이의 목제 탑을 만들어 성벽 밑에서 위를 공격하는 불리함을 해소하는 전법입니다. 그렇지만 이슬람군도 이런 공격을 예측했는지, 이미 성벽 주변의 나무들을 모두 베어버린 상태였습니다. 성벽 위의 이슬람군은 공성탑 없이 싸우는 십자군을 5주 동안이나 손쉽게 격퇴했습니다.

예루살렘을 바라보며 감격에 겨웠던 것도 잠시, 십자군은 예루살렘을 포위한 채 버티느라 고통도 배가되었습니다. 이번에 십자군을 괴롭힌 것은 극심한 물 부족이었습니다. 풍부한 수량을 자랑하는 유럽의 하천에 익숙한 그들에게 예루살렘이 있는 중근동(中近東) 내륙의 기후와 지세는 가혹했습니다. 게다가 예루살렘을 방어하는 이집트인 장군 알다울라는 주변의 우물마다 독을 넣어 십자군이 마실 수 없게 만들어버렸습니다.

십자군이 이처럼 곤욕을 치르고 있을 때 놀라운 일이 벌어졌습니다. 갑자기 땅속 구덩이에서 잘 다듬어진 목재가 400개나 발견된 것입니다. 우연일 수도 있겠지만, 오랫동안 앞날을 예측할 수 없이 치열하게 전투를 치러 온 십자군으로서는 분명 기적에 가까운 일이었습니다. 자신들이 신이 바라시는 일을 하고 있으므로 "신께서 우리와 함께하신다"라는 사실이 입증된 셈이니까요. 십자군 병사들 사이에서는 올리브산 위에 '전투의 수호성인' 성 게오르기우스(St. Georgius)26가 나타나 격려했다는 소문도 돌았습니다.

발견된 목재의 양은 15미터 높이의 성벽을 공격할 공성탑 두 개를 제작하고도 남을 만큼 충분했습니다. 공성탑의 완성으로 결전을 위한 준비는 모두 끝났습니다. 때마침 야파 항구에 도착한 에데사와 안티오키아의 지원군까지 예루살렘 공격에 합류함으로써 십자군의 전력은 더욱 강화되었습니다.

공격을 앞두고 십자군의 제후들 사이에서 베들레헴 소유권 때문에 내분이 일자, 한 사제는 꿈속에서 본 아데마르 대주교의 훈시를 알리며 회개를 명했습니다. 회개의 의미로 금식을 한 다음 줄지어 성벽 주위를 돌아야 한다는 것이었습니다. 많은 사람들이 그 계시를 믿어 충실하게 금식을 지켰고, 십자가를 앞세운 채 시편과 성가를 부르며 성벽 아래로 열을 지어 행진하면서 참회 의식은 절정에 달했습니다. 결사 항전을 각오한 무슬림들은 십자군이 곧바로 공격해 오지 않고 예식을 진행하자 깜짝 놀랐습니다.

순례자로서의 예식을 마친 십자군은 예루살렘 성을 향해 집중 공격에 들어갑니다. 1099년 7월 14일, 드디어 십자군이 두 조로 나뉘어 공격을 개시했습니다. 두 개의 공성탑이 각각 북서쪽과 남쪽에 설치되었으며 그중 한 곳만 무너져도 성공이었지만, 이슬람군의 저항도 만만치 않았습니다. 양측은 서로 기름 단지와 화살과 불이 빗발치는 공격을 주고받았습니다. 이슬람이 사용한 '그리스의 불'27 때문에 레몽 백작이 이끌던 십자군의 공성탑 하나가 불타고 말았습니다. 본래 그리스의 불을 개발해서 사용하던 나라는 비잔티움 제국인데, 연금술과 자연과학이 발달한 이슬람의 발명가들이 그 무기를 모방해서 개량했던 것입니다. 이제 십자군에게 남은 것은 고드프루아 공작이 이끄는 북서쪽 공성탑뿐이었습니다.

고드프루아는 공성탑을 북동쪽의 방어가 소홀한 지역, 즉 성 스테파누스 성당과 요셉 계곡 사이로 이동시키라고 명령했습니다.

〈십자군의 예루살렘 점령〉(에밀 시뇰, 1847년, 베르사유 궁전)

이슬람군은 그 공성탑에 쇠갈고리를 걸어 무너뜨리려 사력을 다했지만, 십자군이 긴 낫으로 쇠갈고리에 연결된 줄을 베어버렸습니다. 병사들에게 존경받던 고드프루아는 일반적인 총사령관처럼 후방에 진을 치고 지휘하는 타입이 아니었습니다. 그는 예루살렘 전투가 한창일 때도 성벽에 걸친 다리를 맨 먼저 건너가 예루살렘 성벽 위에 내려섰습니다. 이슬람 병사들은 십자군의 총사령관이 성벽 위에 우뚝 서 있는 모습을 보고 기가 질려 공격도 제대로 하지 못했습니다. 그 틈에 십자군 병사들이 '우리 대장'을 혼자 두지 말라고 외치며 한꺼번에 돌진했습니다.

　다음 날인 7월 15일, 마침내 십자군이 예루살렘 탈환에 성공했습니다. 현대의 한 역사가는 이 상황을 다음과 같이 평가합니다.

> 이렇게 해서 우르바노 2세의 꿈이 실현되었다. 온갖 난관에도 불구
> 하고, 이 불안하고 순진한 계획은 서부 유럽부터 중동까지 이동해
> 서 서방 세계에서 가장 방어가 든든한 도시 두 곳[안티오키아와 예
> 루살렘]을 정복하는 데 성공한 것이다. 오늘날 우리들은 그 승리가
> 있기까지의 그 믿어지지 않는 과정에 그저 감탄할 따름이지만, 중
> 세 사람들은 놀라지 않았다. 그들은 그저 신에게 감사를 드렸다.
>
> 토머스 F. 매든, 《십자군》, 80쪽

그 무렵 십자군을 제창했던 교황 우르바노 2세는 중병으로 병
상에 누워 있었습니다. 그는 성지 탈환 소식이 채 닿기 전인 7월
25일, 자신의 꿈이 이뤄진 것을 알지 못한 채 세상을 떠났습니다.

1099년 예루살렘 점령 후 십자군의 만행

십자군 원정에 동행했던 익명의 역사가는 예루살렘 점령 후의 상
황을 다음과 같이 묘사합니다.

> 도시로 들어간 아군은 사라센인들을 솔로몬의 신전[성전]까지 뒤쫓
> 아가 살해했다. 신전에서 다시 집결한 사라센인들은 하루 종일 아
> 군과 얼마나 격렬하게 교전을 벌였던지, 신전 전체가 그들이 흘린
> 피로 물들었다. 마침내 이교도를 제압한 아군은 신전에서 수많은
> 남자와 여자들을 죽이기도 하고 혹은 마음에 들면 살려두기도 했

다. [...] 십자군 병사들은 온 도시를 뛰어다니며 금, 은, 말, 노새 들을 닥치는 대로 빼앗았으며 귀중품으로 가득 찬 집들을 약탈했다.

조르주 타트, 《십자군 전쟁》, 137쪽

십자군은 점령군으로서 무슬림들에게 끔찍한 만행을 저질렀습니다. 이교도의 피를 흘리게 하는 것을 속죄 행위라고 규정한 종교 정책에 이끌려 자행된 대학살은 인간이 저지를 수 있는 잔인함의 한계를 넘어선 것으로 보입니다. 아랍의 역사가들은 십자군이 무슬림들을 무차별 학살했으며, 여자와 아이들을 풀어주겠다던 약속도 무참히 짓밟았다고 비난했습니다.

12세기 아랍 역사가인 이븐 알아시르의 기록에 따르면, 당시 십자군이 알아크사 사원에서 7만 명 이상을 죽였다고 합니다. 이에 대해 일부 역사가들은 십자군이 살해한 주민들의 수가 그 정도로 많지는 않았다며 이의를 제기합니다. 여하튼 1099년 7월에 수많은 무슬림, 유대인, 동방정교인들이 3일 이상 계속된 살육으로 희생되었으며, 살아남은 경우 노예가 되거나 몸값을 치르고 석방됐다는 사실은 분명합니다.[28] 그 잔혹함은 안티오키아를 함락시켰을 때보다 더하면 더했지 결코 덜하지 않았습니다.

익명의 역사가가 쓴 《프랑크족의 행적》에는 예루살렘 점령 후 일어난 참상이 이렇게 나와 있습니다.

도시 대부분이 거의 죽은 시체들로 가득 찼으므로, 그 썩는 악취 때문에 지휘관들은 사라센인들의 시체를 전부 도시 밖으로 던져버리도록 명령했다. 그래서 살아 있는 사라센인들이 성문 앞으로 죽은 시체를 끌고 와 집채만 하게 쌓아올렸다. 이전에는 그 어느 누구도 이교도들을 그렇게 학살한 광경을 보지도 듣지도 못했다. 시신들이 피라미드처럼 쌓아올린 화장대에 올려져 불태워졌으므로 신을 제외하고는 그 수가 얼마나 되는지 아무도 헤아릴 수 없었다.

W. B. 바틀릿, 《십자군 전쟁, 그것은 신의 뜻이었다!》, 163쪽

예루살렘 안에 살아남은 이교도가 거의 없는 상태가 되자, 십자군은 자신들의 가슴을 치며 신을 찬양하는 춤을 추는 등 광기를 드러내기도 했습니다.

십자군 입장에서 지난 3년 동안 모든 고난을 극복하고 예루살렘을 탈환한 것은 정말 기적 같은 일이었습니다. 그들은 적에 비해 수적으로 절대 열세였을 뿐 아니라 자신들에게 도움을 청했던 비잔티움 황제조차 아무 지원도 해주지 않았기 때문입니다. 십자군 참가자들은 스스로 참된 지도자 그리스도를 따르는 사람들이라고 생각했습니다. 신께서 실제로 자신들을 굽어살피시고 십자군이 일어나기를 원하신다고 믿어 자신들에게 맡겨진 직무를 신뢰와 순종으로 수행했으며, 신께서 전투를 승리로 이끄셨다고 확신했습니다.

예루살렘을 함락시킨 후 한 민가에서 숨겨져 있던 십자가가 발견되었습니다. 예수 그리스도가 못 박혔던 십자가이므로 사람들은 주저하지 않고 '성 십자가(True Cross)'라는 이름을 붙였습니다. 십자군에게는 황금이나 은으로 만든 십자가보다 훨씬 더 가치가

있는 것이었고, 이후 이슬람과의 전쟁 때마다 이 십자가를 앞세우고 승리를 기원하며 싸웠습니다.

예루살렘을 점령한 십자군은 곧이어 팔레스티나의 남은 도시들까지 정복할 계획을 세웁니다. 십자군은 야파를 거점으로 삼아 군사시설을 강화했고, 이를 통해 파티마 왕조의 영토에 속한 아스칼론, 아르수프, 카이사레아, 아크레 등을 공격함으로써 군사 및 무역 면에서 팔레스티나의 거의 모든 지역을 장악했습니다. 그 후 십자군은 비잔티움 제국과 약속한 것과는 달리 점령한 지역을 돌려주지 않고 자신들의 왕국으로 삼았습니다. 이제 십자군이 점령한 도시에는 그전에 추방당했던 동방정교인, 그리스도교로 개종한 시리아인, 아르메니아인들이 다시 거주하게 되었습니다. 초기에는 무슬림과 유대인들은 거주할 수 없었습니다.

1차 십자군 원정이 예루살렘 탈환이라는 목적을 이루는 데 가장 크게 기여한 요인으로는 당시 '이슬람 세계의 무지와 분열'을 들 수 있습니다. 대다수 무슬림들은 십자군에 대해 아는 게 전혀 없었습니다. 그리스도교 십자군의 공격을 받고도 그것이 종교전쟁임을 깨닫지 못한 채 서유럽의 제후들이 영토와 부를 위해 일으킨 침략전쟁 정도로 생각했습니다. 그리스도교인들이 신앙적 적대자가 될 수 있다는 사실을 이해하지 못했던 것입니다. 그 당시는 이슬람 국가의 군주들이 여느 이웃 국가를 대하듯, 다른 이슬람 국가를 치기 위해 그리스도교 국가와 동맹을 맺는 일도 흔했기 때문입니다.

더욱이 앞에서 살펴본 것처럼, 시리아 지역은 1070년 이후 이슬람 세력인 파티마 왕조와 셀주크 왕조 간의 분쟁 지역이었습니다. 강력한 함대를 보유한 셀주크 왕조는 시리아 지역의 해안 도시들을 장악했고, 예루살렘은 1099년 십자군의 수중에 넘어갈 때까지 약 1년간 파티마 왕조의 통치하에 있었습니다. 셀주크 왕조와 파티마 왕조가 각각 시리아 북부와 남부를 지배하는 동안, 시리아 내륙 지역은 아랍인 토후들에 의해 독립적으로 유지되고 있었습니다. 그래서 1차 십자군이 각각 안티오키아와 예루살렘, 트리폴리를 점령할 때도 다른 이슬람 토후들은 그저 강 건너 불구경하듯 했던 것입니다. 또한 이슬람교의 여러 분파(두르즈파, 누사이르파, 이스마일파 등)가 난립한 가운데 이들 교파는 자신들과 상이한 교리를 가진 수니파 무슬림에게 적대적인 태도를 취했습니다. 이와 같은 이슬람 세력의 분열이야말로 1차 십자군이 제대로 된 준비를 갖추지 못하고도 성공을 거둘 수 있었던 주요 원인이었습니다.

예루살렘 점령 이후의
정세 변화

✳

1차 십자군에 참전했던 제후들은 물론 유럽에 남아 있던 사람들도 십자군이 유럽으로 돌아오는 것을 별로 반기지 않았습니다. 제후들 대부분은 되찾은 성지에 그대로 머물며 새로운 영지를 개척하길 원했습니다. 그리하여 무슬림들로부터 빼앗은 에데사, 안티오키아, 트리폴리에 각각 자신들의 나라를 세웠습니다. 그리고 십자군이 최종 탈환한 예루살렘에도 결국 '예루살렘 왕국'이 세워집니다.

　처음에 예루살렘의 새로운 국왕으로 추대된 사람은 생질의 레몽 백작이었습니다. 그러나 레몽 백작은 신의 도시인 예루살렘에 자신처럼 단순한 인간이 임명되는 것은 잘못이라며 거절했습니다. 그다음으로 추대된 인물은 십자군의 총사령관 역할을 맡았고, 예루살렘 정복에서도 혁혁한 공을 세운 고드프루아 공작이었습니다. 그는 예루살렘을 향해 진군하던 중 자신을 매수하려던 이슬람 통치자들의 조공을 거절함으로써 검소한 모습과 순수한 성품으로 감동을 준 바 있습니다. 고드프루아도 처음에는 예수 그리스도가 죽음을 맞이한 곳에서 왕의 칭호를 받는 것이 외람되다며 거절했

지만 결국 '성묘의 수호자'란 이름 아래 왕국의 통치권을 받아들였습니다.[29]

〈예루살렘의 왕이 된 고드프루아〉
(페데리코 데 마드라조 이 쿤츠, 1838년, 베르사유 궁전)

그러나 고드프루아는 통치권을 차지하자 오만해져서 이집트군과 벌인 아스칼론 전투에서 실수를 범하고 맙니다. 그는 다른 제후들의 의견을 무시하고 협상을 거부하는 등 고집을 부려, 다 차지했던 아스칼론을 무슬림의 수중에 남겨놓았던 것입니다. 그동안 고드프루아가 너무 많은 힘을 쏟아부었던 탓일까요. 그는 야망에 찬 교황 특사 다임베르트에게 조종만 당하다 즉위 1년 만에 성지에서 생을 마감했습니다.

교황 특사의 뜻과는 달리, 고드프루아의 자리를 대신한 사람은 그의 동생이자 에데사 군주인 보두앵이었습니다. 보두앵은 형 고드프루아처럼 겸손하기는커녕 제안을 받자마자 달려와 스스로를 '보두앵 1세'라고 칭하며, 1100년 성탄절에 베들레헴의 예수탄생 교회에서 예루살렘 왕으로 등극합니다. 막내인 그는 형들보다 혜택 면에서 불리함을 안고 태어났지만, 이제는 다른 형들이 꿈도

꿔보지 못한 높은 자리에 오른 것입니다. 신의 이름을 내세우고 시작한 십자군 전쟁은 이렇게 각 개인마다 이득과 영광을 채우는 것으로 끝이 났습니다.

1100년 이후 그리스도교와 이슬람 측의 무력 충돌은 더 격렬해졌습니다. 십자군의 행동 범위가 남쪽으로는 시나이반도, 동쪽으로는 유프라테스강까지 대폭 확장되었기 때문입니다. 십자군을 돕기 위해 1101년경 롬바르디아, 프랑스, 프랑스-독일 연합군 등 여러 부대가 추가로 합류했지만 이슬람군의 습격을 받아 대부분 전사하거나 포로로 잡혔습니다. 1104년에는 안티오키아와 에데사 연합군이 하란을 공격하러 나섰다가 튀르크군에게 참패를 당하고 말았습니다. 이 같은 결과는 초기 십자군의 군사적 평판에 큰 오점을 남깁니다. 전선이 확대되면서 십자군은 이전보다 훨씬 더 많은 전사자, 그들의 표현에 따르면 '순교자'를 내게 되었습니다.[30]

보두앵 1세는 이후 새로운 예루살렘 왕국의 왕위를 18년이나 지키는데, 그동안 예루살렘 탈환에 만족하지 않고 더 큰 욕심을 냈습니다. 그의 지휘 아래 십자군은 풍부한 전쟁 경험을 바탕삼아 북쪽으로는 시리아, 또 남쪽으로는 팔레스티나 지방의 해안 도시까지 공략하기 시작했습니다.

십자군이 가장 먼저 노린 곳은 트리폴리였습니다. 1103년부터 생질의 레몽 백작은 이 도시 근처에 자리를 잡고 요새를 건설했습니다. 그랬던 레몽 백작이 이슬람군에 맞서다 화상을 입고 세상을 떠나자, 십자군은 이슬람 측에 요새 공격을 멈춘다면 여행자들과 상인들의 트리폴리 이동을 막지 않겠다는 내용의 협상을 제안했습니다. 양측은 합의한 뒤 각자 지원군을 기다리며 잠시 평화를 누렸습니다. 1108년 8월, 십자군은 예루살렘의 왕 보두앵 1세의 지휘 아래 안티오키아의 탕크레드(보에몽의 조카)까지 모여 트리폴리에 대한 총공세를 준비했습니다.

그렇게 1년간 트리폴리를 포위한 끝에 십자군이 이동 탑을 성벽으로 밀어붙이며 격렬하게 공격을 퍼붓자, 트리폴리 주민들은 기가 질려버렸습니다. 식량도 바닥난 데다 기대했던 이집트 함대마저 도착이 늦어져 저항을 포기한 것입니다. 십자군은 공격의 수위를 더욱 높였고 마침내 1109년 7월 트리폴리를 함락시켰습니다. 화려한 세공품과 도서관, 용감무쌍한 해군을 자랑하던 도시가 2천 일 만에 십자군의 말발굽 아래 짓밟히고 말았습니다. 그 결과 도서관에 있던 10만 권의 장서들은 '불경하다'는 이유로 약탈당하거나 불태워졌습니다.

십자군의 두 번째 목표는 바루트, 즉 오늘날 레바논의 수도인 베이루트였습니다. 1110년 2월부터 베이루트 주민 5천 명은 십자군의 이동 탑을 불태우는 등, 죽을힘을 다해 싸웠습니다. 그럼에도 결국 그해 5월 베이루트는 십자군에게 함락되었고, 십자군은 닥치는 대로 학살을 저질렀습니다.

이어서 십자군은 고대 페니키아인들이 시돈(오늘날 레바논의 사이다)이라 부르던 해안 도시를 포위했습니다. 십자군 전쟁 초기에는 용기를 발휘했던 시돈의 주민들도 이제는 싸울 의욕마저 상실한 상태였습니다. 베이루트 같은 신세가 될까 봐 두려웠기 때문입니다. 시돈의 주민들이 귀족 사절단을 보내 목숨을 구걸하자 보두앵 1세는 그 요청을 받아들였습니다. 그래서 1110년 12월 도시 시돈이 항복했을 때는 이전과 달리 학살이 벌어지지 않았습니다.

십자군은 가는 곳마다 '성 십자가'와 동행하여 전장의 후방에서 전사들을 격려하곤 했습니다. 그 효과 때문인지 이슬람 측은 십자군의 진격을 막지 못했습니다. 그리하여 불과 17개월 만에 이슬람 세계의 대표적인 세 도시, 즉 트리폴리와 베이루트, 시돈이 함락된 것입니다.

보두앵 1세의 지휘 아래 십자군은 시리아와 팔레스티나 지방을 정복하여 북쪽부터 남쪽까지 '십자군 국가'를 세웠습니다. 각각 에데사 백작령, 안티오키아 공작령,[31] 트리폴리 백작령, 그리고 예루살렘 왕령으로 갈라지되 전체적으로는 하나로 통일된 세계를 구축해 놓았습니다. 그중 예루살렘 왕국이 권위와 권력 면에서 최고로 인정받은 이유는 베이루트에서 가자에 이르는 여러 해안 도시를 지배하고 있었기 때문입니다.

예루살렘에서 멀지 않은 아르수프에서는 이런 일도 있었습니다. 아르수프의 이슬람 군대가 십자군의 공격을 멈추게 하려고 자신들이 생포한 십자군 기사 다베네스를 성벽 위로 끌어내 위협한 것입니다.

"철군하지 않으면 이 사람을 죽이겠다!"

그러자 순교할 준비가 되어 있던 다베네스는 이렇게 외쳤습니다.

"나는 상관하지 말고 공격하라!"

이슬람 측은 다베네스의 두터운 신앙심과 용맹한 태도에 감동

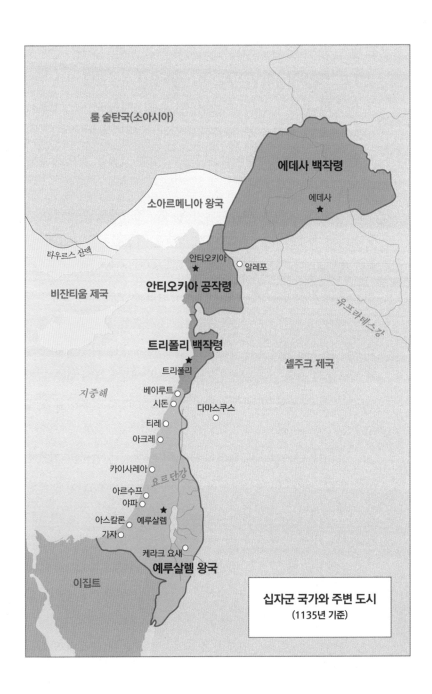

룸 술탄국(소아시아)

에데사 백작령

에데사 ★

소아르메니아 왕국

타우르스 산맥

안티오키아 ★
알레포 ○

비잔티움 제국

안티오키아 공작령

트리폴리 백작령

★
트리폴리

셀주크 제국

지중해

베이루트 ○
시돈 ○
다마스쿠스 ○

티레 ○

아크레 ○

카이사레아 ○

요르단강

아르수프 ○
야파 ○

아스칼론 ○ ★예루살렘

가자 ○

케라크 요새 ○

예루살렘 왕국

이집트

유프라테스강

십자군 국가와 주변 도시
(1135년 기준)

을 받아 풀어주었다고 합니다. 이러한 예를 보면, 십자군 전쟁 초기에는 무슬림이라면 가리지 않고 몰살시킨 십자군에 비해 무슬림 측이 더 인간적이었던 듯합니다. 그 배경에는 아마도 포로를 학살하기보다 몸값을 받고 풀어주거나, 몸값을 받을 수 없으면 노예로 팔아버리는 이슬람의 관습도 영향을 끼쳤을 것으로 보입니다.

탐욕스러운 능력자, 예루살렘의 왕 보두앵 1세도 초기에는 다른 십자군 제후들처럼 점령지에서 학살을 저질렀지만 곧 화합 정책이 필요하다는 사실을 간파했습니다. 당시 십자군은 팔레스티나 전역을 귀속시킨 뒤 상당수가 서유럽으로 되돌아간 상태였습니다. 에데사, 안티오키아, 트리폴리를 차지한 십자군도 자신들의 새로운 영지로 돌아가고 나니 예루살렘 왕국에는 겨우 200여 명의 기사들과 수백 명의 보병만 남았습니다. 예루살렘에 남은 그리스도교인들은 새로운 왕국의 입지를 공고히 다질 필요성을 느꼈습니다.

이 사태를 근본적으로 해결하기 위해 예루살렘 왕국의 지도자들은 유럽인들에게 예루살렘으로의 이주를 권장했습니다. 무슬림, 동방정교인, 유대인들이 살던 집이 이주자들의 거처로 제공되었습니다. 마치 미국 서부 개척시대에 서부로 가자는 광고가 유행했듯이 예루살렘 이주를 권장하는 광고가 서유럽 각지로 퍼져 나갔습니다. 이주자들에게는 재산과 세금 감면 혜택까지 주어졌습니다. 이런 정책에 힘입어 예루살렘은 대도시로 발전해 갔고, 인구도 늘어나 중세 파리 인구에 상응하는 3만 명에 달하게 되었습니다.

그리스도교의 차지가 된 예루살렘으로 매년 수천 명의 유럽 순례자들이 밀려들었습니다. 오늘날의 여행자들과 마찬가지로 그들도 먹고 잘 곳과 안내서가 필요했습니다. 12세기 예루살렘 안내서는 가장 가볼 만한 곳으로 성묘교회를 추천하고 있습니다. 성묘교회는 역사적으로 중요한 장소를 보존하고자 십자군이 재건축한 곳으로, 순례자들이 가장 많이 찾곤 했습니다. 안내서에는 순례자들이 꼭 들러야 할 기념품 가게까지 들어 있을 정도였습니다.

그러나 서유럽에서 온 이주민들의 힘만으로는 예루살렘 왕국에서 필요한 물품과 노동력을 원활히 공급할 수 없었습니다. 실제로 중동에는 무슬림뿐만 아니라 십자군이 속한 로마가톨릭 외에도 네스토리우스파, 동방정교회 같은 여러 그리스도교 종파와 유대교 등이 공존하는 다종교 문화의 전통이 있었습니다. 그리스도교 순례자를 약탈하던 이들은 주로 사막에 사는 부족과 튀르크족 정도였고, 오히려 예루살렘에서는 여러 종교의 순례자들이 평화롭게 공존해 왔던 것입니다. 예루살렘의 왕 보두앵 1세는 자신이 점령한 땅에 사는 이교도들도 자기편으로 만들기 위해 전쟁 중 파괴된 이슬람 사원과 유대교의 회당을 복구해 주었습니다.

여러 종교를 믿는 이들이 뒤섞여 살아가는 예루살렘 왕국에서는 잦은 분쟁 중에도 십자군과 이슬람 사이에 우정과 애정이 싹트는 경우가 있었습니다. 당시 공식적으로는 그리스도교와 이슬람 양쪽 모두 이교도와의 혼인을 금했지만 사랑에 빠진 이들이 나오면 종교 지도자들도 어쩔 수 없었으니까요. 주로 혼자 중동에 온 십자군 기사가 아리따운 중동 여인과 사랑에 빠져 결혼하는 일이 잦았다고 합니다.

이처럼 시간이 흐르면서 예루살렘에 주둔한 십자군과 거주민들 사이에 서서히 '평화롭게 공존하자'는 기류가 생겨납니다. 물론 예루살렘에 도착한 지 얼마 안 된 기사들이나 불순한 의도를 지닌 십자군 병사들 중에는 이교도를 괴롭히는 이들도 있었습니다. 그럴 경우 이미 정착해 있던 십자군이 대신 사과하고 보상하는 일까지 벌어졌습니다.

아직도 깨어나지 못한 이슬람 세력

1차 십자군이 처음 등장했을 때, 이슬람 측에서는 그와 같은 초유의 사태를 이해하지 못한 데다 내분까지 겹쳐 제대로 대처하지 못했습니다. 하지만 시간이 흐르면서 서서히 반격의 기운이 높아집니다. 중근동의 무슬림들도 자신들이 사는 땅에 쳐들어온 침략자들을 더 이상 지켜볼 수는 없었으니까요.

예루살렘이 십자군에 의해 점령당했을 당시, 예루살렘에서 북동쪽으로 220킬로미터 가량 떨어진 다마스쿠스에서는 무슬림들이 우마이야 사원에 모여 애도를 표했습니다. 이어 무슬림에게 매우 소중한 성소 두 곳이 모독을 당했다는 소식이 전해졌습니다. 알아크사 사원은 마구간으로, 바위 돔 사원은 그리스도교 성당으로 각각 바뀌었다는 것입니다. 이에 이슬람 측에서는 보복을 다짐했지만 그것을 실행에 옮길 만한 힘이 없었습니다. 아랍 역사가인 이븐 알아시르는 그 원인으로 '지도자들의 분열'을 지적합니다. 그리스도교인들이 이슬람의 영토를 장악해 갈 무렵 이슬람 지도자들은 자기들끼리의 분쟁에 빠져 이슬람 세계가 분열될 수밖에 없었고 그리스도교에 대항할 힘을 키우지 못했다는 얘기입니다.

사실 당시 이슬람 세계는 문화 면에서 매우 뛰어났을 뿐 아니라 과학이나 수학 분야에서도 많은 발전을 이루었습니다. 그렇지만 정치 분야에서는 안정적인 국가를 설립하지 못하고 강력한 군주들 여럿이 각자 도시국가를 통치하는 정도에 머물러 있었죠. 무함마드 사후 이슬람 세계는 초기부터 크게 두 갈래의 종파, 즉 '수니파'와 '시아파'로 양분되었습니다. 자칭 정통파라는 수니파가 전체 이슬람의 90퍼센트 정도를 차지하며, 십자군 전쟁 당시 바그다드와 알레포를 중심으로 활동하고 있었습니다. 한편 나머지 약 10퍼센트를 차지하는 시아파는 무함마드의 사촌 동생이자 사위인 알리를 지지하는 종파였습니다. 시아파는 칼리프의 조건으로 혈통을 강조했으며 이집트를 중심으로 활동 중이었습니다.

따라서 그리스도교 세력을 물리치기 위해서는 양분된 이슬람 세력을 한데 모을 수 있는 지도자가 필요했습니다. 그러나 예루살렘 왕국 초기까지는 그런 이슬람 지도자가 나타나지 않았고 이는 십자군 입장에서 보면 다행한 일이었습니다.

십자군 기사단
소개

✳

예루살렘 왕국 내에서 화합 정책을 추진하던 보두앵 1세가 1118년 시나이반도로 원정을 가던 중 식중독으로 죽음을 맞습니다. 왕의 지위에 걸맞게 화려한 장례식에는 애도하는 이들이 몰려들었고, 무슬림 참석자들조차 이 광경을 보고 감동할 정도였습니다. 보두앵 1세는 인간적으로 결점이 많았지만, 왕으로서는 예루살렘 왕국을 더욱 강력하고 성숙한 국가로 발전시켰다는 평가를 받고 있습니다. 그의 죽음으로 인해, 이슬람을 압도하던 십자군은 전력에 큰 손실을 입습니다.

그즈음 십자군 측에서는 3만 명이 넘는 예루살렘 주민들과 매년 몰려드는 수천 명의 순례자들을 보호하기 위한 특단의 대책이 필요했습니다. 그래서 탄생한 것이 바로 종교적 역할과 군사적 역할을 동시에 수행하는 '십자군 기사단'입니다. 십자군 기사단은 신앙 수호에 헌신하려는 평신도 기사들과 직업 전사들로 구성되었습니다. 그중 양대 기사단으로 일컬어지는 '구호 기사단'과 '성전 기사단(템플 기사단)'은 예루살렘 성지에서 그리스도교 군대의 중추적인 역할을 맡았고, 여기에 독일인이 주축이 된 '튜턴 기사단'과

한센병(나병) 환자처럼 절망에 빠진 이들을 돕는 '성 라자로 기사단' 등이 추가되었습니다.

이러한 십자군 기사단은 이른바 십자군 국가의 교두보 격인 성지 예루살렘의 방어를 책임졌습니다. 특히 '성전 기사단'은 근대적 방식으로 성립된 최초의 군대 조직이라는 평가를 받고 있습니다. 세속 기사들은 종종 약탈에 가담하는 등 무질서를 야기하고 군대의 계통을 무너뜨린 반면, 십자군 기사단은 엄격한 규율을 따르고 협력 체계도 뛰어났습니다. 십자군 기사단원들은 설사 적의 포로가 되어도 기사단이 몸값을 지불하지 않겠다는 규정을 받아들였기 때문에 죽을 각오로 싸움에 임했습니다. 역대 교황들은 기사단원의 영웅주의와 자기희생을 칭송했으며, 십자군 기사단은 뛰어난 전투 능력으로 예루살렘을 비롯한 십자군 국가를 상당 기간 동안 지켜냈습니다.

구호 기사단

맨 먼저 생긴 십자군 기사단은 바로 구호 기사단이었습니다. 십자군 전쟁이 일어나기 전인 1050년경, 아말피 공국의 몇몇 상인들은 성지 예루살렘 순례자들을 치료하기 위한 병원을 세웁니다. 예루살렘에 세워진 이 자선 병원은 청빈, 정결, 순명을 서원한 평수사들에 의해 운영되었습니다. 이곳에는 구호 기사 성 요한에게 봉헌한 경당[32]이 있어 '성 요한 기사단'이라 불렸고, '호스피탈러' 또는 '몰타 기사단'이라고도 불렸습니다. 이들은 1차 십자군 전쟁 때 십자군에 의해 포위된 예루살렘 안에서도 의료 봉사를 꾸준히 이어갔습니다.

이 기사단은 1113년 교황 파스칼 2세에게 독자적인 종교 단체로 인가받았고, 1154년에는 교황 아나스타시오 4세에 의해 교황청 직속 단체로 격상되었습니다. 이러한 특권 덕분에 기사단은 교회의 권위적인 틀을 벗어나 특별한 자유를 누릴 수 있었습니다. 구호 기사단이 운영한 예루살렘의 성 요한 병원은 매년 2천 명 가까운 환자들을 치료했으며, 특히 이웃한 아랍에서 발전된 의학을 받아들여 첨단 의료 기술을 제공했습니다. 예를 들어 물리치료, 식품 위생 관리, 정신적인 치유 등을 통해 환자들에게 정신적 · 육체적 건강을 찾아주었던 것입니다.

12세기 중반 예루살렘 왕국은 강력한 적들에게 둘러싸여 공격과 위협 속에 위태로운 나날을 보냅니다. 그러자 처음에는 예루살렘 방어와 같은 소극적 전투에 국한되던 구호 기사단의 활동 영역이 차츰 순례자 경호 임무 등으로 확대됩니다. 갑자기 늘어난 순례자들 주변에는 언제나 강도들이 들끓었기 때문입니다.

12세기 성지순례 안내서를 보면 "야파에서 예루살렘으로 향하는 길에는 숨진 순례자들의 유골이 즐비했다"라는 기록이 나옵니다. 또한 숨진 동료 순례자를 묻어주려 했다가는 그 무덤이 곧 자신의 무덤이 될 거라는 충고가 있을 만큼 순례길은 위험했습니다. 그래서 성 요한 병원의 구호 기사단에게 구호라는 주된 임무와 함께 무기를 들고 방어할 의무까지 생겨납니다. 창설 초기에는 주로 신앙심 가득한 귀족들이 참여했으나, 후기로 갈수록 물려받을 재산이 없는 차남이나 삼남 등 귀족 자제들이 기사단의 명성을 듣고

구호 기사단

입단하는 경우가 늘어났습니다.

　구호 기사단의 상징은 검은색 망토에 그려진 흰 십자가이며, 계속적인 확장을 통해 거대한 군사 조직이 되었습니다. 구호 기사단은 십자군 전쟁 기간 동안 이슬람 군대와 치열한 접전을 벌였고, 특히 난공불락의 케라크(알카라크 또는 크락 드 슈발리에) 요새를 사수한 전력으로 유명합니다.[33] 군사 조직으로 거듭난 구호 기사단의 정신은 이후 예루살렘과 성묘교회 방어를 위해 만들어진 성전 기사단에 그대로 이어집니다. 다만 구호 기사단은 병원의 구호 활동으로 시작되었다는 점에서 성전 기사단과 차이를 보입니다. 성전 기사단은 보호할 성전과 전투가 없으면 존재 가치가 사라지지만,

구호 기사단은 전투가 끝나도 의료 봉사를 할 수 있어 오랫동안 유지되었던 것입니다.

성전 기사단

1114년(또는 1118년)경 프랑스의 귀족이자 기사인 파앵의 위그 (Hugues de Payens)는 예루살렘 순례자들을 이슬람 약탈자로부터 보호하겠다는 소명 아래 동료들과 함께 군인 봉사 단체를 결성합니다. 이 같은 목적으로 창설된 성전 기사단은 최초의 기사 수도회였으며, 기사 수도회 중 가장 막강한 세력을 형성하게 됩니다.

'성전 기사단'이란 명칭은, 예루살렘의 왕 보두앵 2세가 기사단의 공식적인 주거지로 예전 '솔로몬 성전' 터 위에 세운 자기 궁전의 일부를 선사한 데서 유래했습니다. 성전 기사단은 잉글랜드의 상징이기도 한 '성 게오르기우스의 붉은 십자가'가 그려진 흰색 망토를 걸치고 다녔습니다. 초기에는 성전 기사단이 예루살렘 주재 라틴 총대주교의 축복을 받았다 해도 단원 수가 적고 아직 수도회 인가를 받지 못한 상황이어서 활동에 한계가 있었습니다.

성전 기사단은 성 베네딕도회의 규칙을 회칙으로 채택하고 청빈, 정결, 순명 등 세 가지 서원 외에 "용감한 십자군 병사로서 신을 위해 싸우겠다"라는 서원을 덧붙였습니다. 성전 기사단원들은 사람들의 적선에 의지해 살았으며, 청빈의 원리에 고취되어 자신들을 스스로 '그리스도의 가난한 전우들'이라 규정했습니다.

'청렴한 기사'라는 이미지를 강조하고자 말 한 마리에 기사 두 명이 함께 타는 상징을 사용했는데, 이 때문에 남색(男色)이라는 의심을 받기도 했습니다. 성전 기사단은 튼튼하게 무장하되 장식이나 금박은 일절 배제했습니다. 항상 머리를 짧게 깎았고, 체력 유지를 위해 잘 먹어야 한다고 강조했습니다. 두려움을 모르는 전사이자 신심 깊은 수도자로서 모범이 된 성전 기사 수도회의 명성 덕분에 많은 이들이 수도회 입회를 원했습니다.

1139년 교황 인노첸시오 2세는 성전 기사단에 세속법 의무를 대폭 면제해 주는 특권을 주었습니다. 이 특권 덕분에 성전 기사단은 모든 세속적·종교적 권위로부터 독립하여 오로지 교황 앞에서만 책임을 지게 되었습니다.

성전 기사단은 성지 예루살렘을 지키기 위해 생명까지 바침으

성전 기사단

로써 신앙심 두터운 영웅으로 여겨졌습니다. 세력이 점차 커져 중
근동 각지에 영토를 두고 활동했으며, 기사단원의 수는 최대 1만
명 안팎으로 평소 자신들의 요새를 지키다가 예루살렘 왕국의 왕
이나 영주의 요청이 있으면 하나로 뭉쳐 전투를 벌였습니다. 수도
회 기사단의 특성상 귀족뿐 아니라 평민이나 하층민도 입단할 수
있었고, 넓은 영토를 적은 인원으로 지키다 보니 항상 병력이 부
족해서 이교도까지 용병으로 받아들였습니다.

창립하고 20~30년 지났을 무렵, 성전 기사단은 교황, 군주, 귀
족 그리고 일반인들(자신의 재산을 기부하고 자식들을 기사단에 보낸)의 도
움을 받아 크게 성장합니다. 중근동에서 입지가 강화되면서 가난
과는 거리가 멀어졌고, 늘어난 입단자들의 재산을 관리하는 금융
업까지 발달하여 엄청난 양의 재정을 확보했습니다.[34] 성전 기사
단의 경제적·정치적 영향력이 커지자 일부 성전 기사단원들은
마치 자신들이 법 위에 있는 것처럼 구는가 하면, 십자군 전체의
이익보다 기사단 자체의 이익을 우선시하기도 했습니다.

영국의 역사 소설가 월터 스콧의 장편소설《부적》이나 영화
〈킹덤 오브 헤븐〉 등에서는 성전 기사단이 마치 이교도를 닥치는
대로 죽이는 광신도 이미지로 그려졌지만, 실제로 그렇게까지 과
격하진 않았습니다. 성전 기사단은 그리스도교인뿐 아니라 무슬
림 순례자까지 보호해 주었고 무슬림 용병이나 보조군을 동원하
는 등, 오히려 무슬림들과의 교류에 적극적인 편이었습니다.

성전 기사단은 때로 구호 기사단과 라이벌로 여겨지기도 했고,
안티오키아 공작령과 관련된 전투에서는 두 기사단이 서로 적으

로 만난 적도 있었습니다. 여하튼 성전 기사단은 구호 기사단과 더불어 이슬람 측에서 볼 때 가장 강력한 적으로 자리 잡았으며, 십자군 국가에 없어서는 안 될 엘리트 군사 세력으로 성장했습니다. 그 와중에도 두 기사단은 평수사가 아닌 사제들에게는 무기 사용을 금지함으로써 수도회의 본분을 지키고자 했습니다.

튜턴 기사단과 성 라자로 기사단

독일인이 중심이 된 '튜턴 기사단'은 앞에서 살펴본 두 기사단보다 조금 늦게 등장합니다. 3차 십자군 원정 중에 튀링겐의 백작을 따르던 독일 출신 전사들은 당시 신성로마 제국 황제 프리드리히 1세가 육로로 인솔한 부대에서 떨어져 나와 해로를 통해 성지 예루살렘에 도착합니다. 이들은 숙박에 필요한 천막을 만들기 위해 자신들이 타고 온 배의 돛을 이용했고, 돈을 모아 야전 병원을 운영했습니다. 성지의 권력자들과 교황들은 이 단체를 지지했으며, 1191년 2월에 교황 클레멘스 3세는 이 단체가 교황청의 특별한 보호를 받도록 승인했습니다.

이 단체의 원래 이름은 '예루살렘 소재 튜턴인들의 산타 마리아 구호자 형제들의 집'이라는 긴 명칭이었는데, 1198년 구호 기사단처럼 성지 보호를 위한 종교-군사적 기사단으로 변모하면서 간략하게 '튜턴 기사단' 또는 '독일 기사단'으로 불리게 됩니다. 공식적인 기사단 설립은 1199년 2월 교황 인노첸시오 3세에 의해 이루어지지만, 실질적으로 도움을 준 인물은 신성로마 제국 황제 프리드리히 2세였습니다. 튜턴 기사단은 프리드리히 2세 덕분에 교황

튜턴 기사단

호노리오 3세로부터 검은 십자가가 그려진 흰색 망토를 입을 수 있는 특권을 얻었습니다.

다음으로 '성 라자로 기사단'은 성지 예루살렘 외곽의 한 병원에서 시작됐습니다. 십자군 정복 이후 예루살렘에서는 당시 사회가 신의 형벌로 여겼던 한센병에 걸린 순례자들을 위한 특별한 병원이 건립되었는데, 감염에 대비하기 위해 도시의 성곽 바깥쪽에 자리하고 있었습니다. 예루살렘의 한센병 환자 병원은 이미 12세기 초에 교회가 딸린 수도원, 총회의실, 회랑, 식당, 그리고 환자들과 그들을 치료해 주는 기사들을 위한 두 개의 숙소까지 갖춘 상태였습니다.

성 라자로 기사단의 영적 원리는 그리스도가 최후의 만찬 날에

제자들의 발을 씻기면서 이야기한 '그리스도의 자비'였습니다. 그리스도교인이라면 모든 것에 앞서 다른 사람들, 특히 한센병 환자들처럼 멸시를 당하고 절망에 빠져 있는 이들을 돕는, 대가를 바라지 않는 봉사를 해야 한다는 것입니다. 이러한 가치관은 기부를 촉진시켰고, 서방 그리스도교 사회에 자선에 대한 관심을 불러일으켰습니다.

1244년 직전, 성 라자로 기사단은 이슬람의 재정복으로 인해 이미 심각하게 약화된 예루살렘 왕국을 군사적으로 방어하는 임무도 맡게 됩니다. 이러한 군사적 임무는 십자군과 한센병 환자들을 보살피는 일에 관심이 많았던 프랑스의 생 루이(St. Louis), 즉 '성왕(聖王)' 루이 9세(Louis IX, 재위 1226~1270)의 생각에서 나왔을 가능성이 높습니다. 성 라자로 기사단 덕분에 한센병을 비롯한 만성병에 걸린 십자군 기사들도 전사로서 존엄을 지키고 그리스도교 왕국을 섬기며 도움을 줄 수 있었습니다.

실패로 끝난
2차 십자군 전쟁

이슬람의 반격과
누르 알딘

✳

1차 십자군 전쟁이 끝날 때까지만 해도 이슬람 쪽에서는 십자군 전쟁을 종교 간의 충돌로 이해하지 못했기에, 십자군이 예루살렘을 약탈하면 떠날 거라고 생각했습니다. 그러나 십자군이 예루살렘 왕국을 비롯한 십자군 국가를 세우고 중근동 지역에 정착하자 비로소 사태의 심각성을 깨닫습니다. 이때부터 무슬림들은 십자군을 몰아내고 예루살렘을 재탈환할 날을 꿈꾸게 됩니다. 12세기 초반, 투쟁과 성전(聖戰)을 뜻하는 '지하드'의 깃발 아래 이슬람 세력이 모여서 십자군을 몰아내자는 움직임이 일기 시작합니다. 지하드는 7세기 무함마드 시대부터 사용된 개념으로, 십자군에 대항하는 과정에서 다시금 부각된 것입니다.[35]

이마드 알딘 장기의 십자군에 대한 반격

십자군에 대항하여 본격적인 '지하드'를 일으켜 성공한 첫 번째 인물은 이마드 알딘 장기(Imad ad-Din Zengi, 재위 1127~1146)였습니다. 장기는 바그다드의 아바스 왕조 칼리프의 신하였다가 셀주크 왕조가 있는 모술로 망명했으며, 셀주크 왕조 술탄에 의해 모술의 아미르 겸 아타베그(atabeg)[36]에 임명되었습니다.

장기는 셀주크 왕조의 혼란스러운 내부 상황을 정리한 뒤 십자군 세력의 확산을 저지하기 위해 치밀한 작전에 들어갑니다. 이미 시리아와 팔레스티나 지역의 대부분이 십자군 국가에 편입된 상태로, 함락되지 않은 이슬람 지역은 알레포와 하마, 홈스, 다마스쿠스 등 몇몇 도시뿐이었습니다. 장기는 무슬림들의 단합이야말로 십자군에 맞설 수 있는 근본 요소라 생각했으며, 일부 이슬람 토후들이 영토 보존을 위해 십자군과 결탁하자 이를 전체 이슬람에 대한 배신행위로 간주했습니다. 장기는 백성과 부하들까지 두려움에 떨게 만들 만큼 무자비했습니다. 예를 들어 자신이 농작물을 밟지 말라고 명했는데 어떤 부하가 실수로 농작물을 밟는다면 그를 가차 없이 처형해 버리는 식이었습니다.

장기의 가장 큰 목표는 십자군을 몰아내고 성지 예루살렘을 되찾는 것이었습니다. 그러려면 우선 시리아부터 통일해야 했습니다. 그중 알레포는 이슬람 세계에서 매우 중요하고 오래된 요새 도시였습니다. 대부분의 이슬람 도시가 그렇듯 알레포는 독립적인 도시국가였으며, 1차 십자군이 침입할 엄두도 내지 못했을 만큼 철옹성 같은 요새였습니다. 장기는 전략 요충지 알레포를 기반으로 삼아 십자군을 물리칠 계획을 세웁니다. 일단 막강한 군사력을 내세워 알레포 쪽에 방어를 제안, 1128년 조약 체결 후 알레포의 통치권을 획득합니다. 이로써 장기는 북부 시리아의 일인자가 되어 이슬람 지역의 단결을 꾀할 발판을 마련했습니다.

1130년경부터 장기는 다마스쿠스의 군주 부리(재위 1128~1132)

긴 칼을 들고 튀르크 군복을 입은 이슬람 군사들

에게 십자군과의 전쟁에 협력할 것을 권유하는 한편, 부리의 아들이 통치하던 하마와 근처 성들을 점령해 나갔습니다. 1138년에는 부리의 미망인과 결혼을 통한 동맹을 맺음으로써 홈스까지 얻었습니다.

1139년 다마스쿠스 부리 왕조의 군주가 피살되자 장기는 군대를 보내 다마스쿠스를 포위했으나 아타베그인 알딘 우누르의 저항에 부딪힙니다. 알딘 우누르가 예루살렘의 왕 풀크(Foulques d'Anjou, 재위 1131~1143)에게 지원을 받는 바람에 장기의 군대는 모술로 후퇴할 수밖에 없었습니다. 그럼에도 장기는 다마스쿠스의 이슬람 금요 예배 시간에 이름이 언급되는 등, 이 공격을 통해 다마스쿠스의 군주로 인정받는 성과를 거두었습니다. 아랍 역사가인 이븐 알아시르는 장기를 가리켜 "하늘이 무슬림에게 주신 선물"이라고 표현하기도 했습니다.

1144년 장기의 에데사 탈환

1144년 장기는 십자군에게 자신의 무자비함을 보여주기 위한 목표물로 에데사 백작령을 택했습니다. 알레포에서 190킬로미터 떨어진 에데사 백작령은 1098년 1차 십자군 전쟁 당시 정복된 첫 번째 영지로, 불로뉴의 보두앵에게 넘어간 후 거의 50년 동안 큰 공격을 받은 적이 없었습니다. 장기는 그런 에데사를 손에 넣을 기회만 호시탐탐 노렸습니다.

당시 에데사는 '악마 같은 전사'로 알려진 조슬랭 1세가 죽은 뒤, 그의 무능한 아들 조슬랭 2세가 통치하고 있었습니다. 장기는 에데사 군주가 아르투크 왕조의 카라 아르슬란을 지원하기 위해 군대를 이끌고 자리를 비운다는 소식을 듣자, 신이 주신 기회라고 생각했습니다. 그리하여 공격을 개시합니다. 이는 십자군 국가인 에데사 백작령이 건설되고 반세기 만에 이루어진 이슬람 세력의 반격이었습니다.

장기는 전투에 능한 기병을 중심으로 3만 대군을 이끌고 에데사를 포위했습니다. 그러자 도시 방어를 위해 남아 있던 십자군 기사들은 당황해서 황급히 성안으로 후퇴했습니다. 장기의 군사들이 쉬지 않고 성벽을 때려 부수는데도 저항하는 이가 없었습니다. 장기의 군사들은 하늘의 별처럼 많았고 물샐틈없는 포위와 공격을 이어갔기 때문입니다. 뒤늦게 조슬랭 2세가 예루살렘뿐만 아니라 자신과 대립 관계에 있던, 안티오키아의 군주인 푸아티에의 레몽(Raymond de Poitiers) 공작에게까지 원군을 요청했지만 대부분 지연되거나 거절당하고 말았습니다.

장기의 군사들은 에데사 성벽 아래쪽에서 지하 통로를 발견하고 파들어 가기 시작했습니다. 에데사의 그리스도교인들은 지하 통로를 방어하기 위해 안간힘을 썼지만 약 50년 동안 평화롭게 지낸 소수의 십자군 병사들이 감당하기에는 역부족이었습니다. 이슬람군이 지하 통로를 지탱하던 나무틀에 불을 붙이자 그 위의 성벽이 무너져 내렸습니다. 이 작전 덕분에 장기의 군사들은 빠르게 도시 안으로 들어갈 수 있었습니다.

도시로 진입한 이슬람군은 "눈에는 눈, 이에는 이"라는 중동의 관습에 따라 그리스도교인들을 학살했습니다. 수천 명의 남자와 여자, 아이들이 살해되었습니다. 역사가 기욤 드 티레에 따르면, 선량한 에데사 주민들은 목숨을 부지하기 위해 오래된 요새로 몰려갔지만 아무도 살아남지 못했다고 합니다. 요새의 문 앞에 너무 많은 사람들이 한꺼번에 몰려들어 질식사하거나 압사당하는 참극이 벌어졌던 것입니다. 살아남은 사람들 중에 몸값을 비싸게 받을 수 있는 여자와 아이들은 노예시장으로 보내졌습니다.

마침내 에데사를 손에 넣은 장기는 첫 번째 지하드를 성공시킨 이슬람 영웅으로 떠올랐습니다. 에데사 탈환 덕분에 무슬림들은 십자군이 무적이 아니라는 사실을 깨닫고 '할 수 있다'는 자신을 얻었으며, 장기는 이슬람 통합의 선봉에 서게 되었습니다. 역사적으로 볼 때 1099년 예루살렘 점령이 1차 십자군 원정의 정점이었다면, 1144년 장기의 에데사 재탈환은 침략자들에 대한 무슬림 측 반격의 시작점이자 승리로 가는 긴 여정의 출발점이었습니다.

에데사 점령에 성공한 장기는 더욱 오만해졌고, 백성과 측근들에게 항상 포악하고 두려운 존재로 군림했습니다. 1146년 어느 날 장기가 한 노예의 잘못을 과하게 질책하고 처형하려 들자, 생명의 위협을 느낀 노예가 장기를 살해하고 맙니다. 새롭게 떠오르던 이슬람의 영웅 장기는 이렇게 61세의 나이로 허망한 죽음을 맞이했습니다.

누르 알딘의 등장

장기가 살해된 후, 그의 영토는 두 아들에게 맡겨졌습니다. 모술을 중심으로 한 동부는 사이프 알딘 가지에게, 알레포를 수도로 하는 서부는 누르 알딘 마흐무드(또는 누레딘, Nur ad-Din, 재위 1146~1174)에게 돌아갔습니다. 특히 누르 알딘은 십자군을 축출하고 이슬람의 영토를 되찾기 위해 온 힘을 기울였습니다. 그의 메시지는 간결하고 강력했습니다.

"십자군이 그랬던 것처럼 우리도 신의 이름으로 지하드(성전)를 일으켜야 한다!"

더욱이 누르 알딘의 통치 방식은 무자비했던 아버지와 전혀 달랐습니다. 누르 알딘은 신앙심이 매우 깊었고, 당시 바그다드의 칼리프들이 호화로운 음식과 여자를 탐하던 것과 달리 유희를 전혀 즐기지 않았으며, 권력도 남용하지 않았습니다. 그리하여 백성들에게 많은 존경을 받았습니다. 아랍의 한 역사가는 그에 대해 "나는 지난 시절 군주들의 삶에 관한 책을 많이 읽었으나 뛰어난 칼리프들 가운데 누르 알딘만큼 덕망 있고 공정한 이를 보지 못했다"라고 기록하고 있습니다.

새로운 이슬람 지도자의 등장을 지켜본 서유럽의 그리스도교인들은 두려움에 빠졌습니다. 1144년 에데사를 빼앗기기 전까지만 해도 서유럽인들은 예루살렘 왕국을 비롯한 십자군 국가를, '십자군 기사단'의 보호를 받는 안전한 곳으로 믿어 왔는데 그 근간을 흔드는 일이 벌어진 것입니다. 그들에게 그리스도교 왕국으로 여기던 도시의 함락과 누르 알딘이라는 강력한 지도자의 등장은 날벼락과 같았습니다.

이슬람의 에데사 탈환은 또 다른 의미에서 서유럽인들을 충격에 빠뜨렸습니다. 바그다드를 중심으로 한 이슬람 세계로부터 십자군 국가를 지키는 성채 역할을 해주던 에데사를 잃는다면, 그 서쪽에 위치한 안티오키아가 직접적으로 적에게 노출되기 때문입니다. 그래서 에데사를 빼앗긴 것은 중근동의 십자군 세력에 타격을 주는 것은 물론이고, 서유럽 그리스도교 전체 입장에서도 무시할 수 없는 사건이었습니다.

1차 십자군의 성공을 신의 은총으로 여겼던 서유럽인들은 '불과 한 세기도 못 되어 어떻게 십자가가 초승달에 질 수 있을까?'라는 의문을 품게 됩니다. 이런 상황이 지속되면 단순히 멀리 있는 중근동의 영지 하나를 잃어버리는 데 그치지 않고, 자신들이 수행한 십자군 전쟁을 "신께서 원하신다"라는 확신마저 뿌리째 흔들릴 수 있기 때문입니다.

수도원장 베르나르두스가 제창한 2차 십자군

✳

1차 십자군 때와 달리 2차 십자군 결성을 독려한 사람은 일개 '은자'가 아니라 프랑스에서 손꼽히는 수도원의 원장이었습니다. 그가 바로 클레르보 수도원의 베르나르두스(Bernardus Claraevallensis, 1090~1153) 원장입니다. 당시 교황 에우제니오 3세(Eugenius III, 재위 1145~1153)는 로마의 혼란을 피해 비테르보에 피신해 있었기 때문에 십자군과 관련해 주도적인 역할을 할 수 없었습니다. 사실 수도원장 베르나르두스도 처음부터 2차 십자군에 찬성했던 건 아닙니다. 십자군 전쟁보다는 그리스도교 자체를 좀 더 성스럽게 만드는 일에 노력을 기울여야 한다고 생각했으니까요.

그런 베르나두스를 설득한 사람은 클뤼니 수도원의 원장인 '가경자(可敬者)'[37] 피에르였습니다. 수도원장 피에르도 에데사 백작령이 멸망했다는 소식을 듣기 전까지는 나름대로 열린 사상가로, 이슬람교를 그리스도교인에게 이해시키고자 코란을 라틴어로 번역한 적도 있습니다. 그러나 그리스도교 전체를 위험에 빠뜨릴 수 있는 위급한 상황이 닥쳐온 이상, 서유럽의 대표적인 두 수도원장은 또다시 전쟁을 벌일 수밖에 없다고 판단했습니다.

특히 베르나르두스는 뛰어난 수사학 실력을 발휘하여 참전을 부추기는 설교를 하고, 또 편지를 썼습니다.

> 지금, 우리의 죄로 인하여 십자가의 적들이 신성모독의 머리를 쳐들었고 그 칼날로 약속의 땅을 황폐하게 만들었습니다. 만약 아무도 그들을 막으려고 나서지 않는다면 그들은 이제 곧 살아 있는 신의 그 도시를 파괴하고, 우리 구원의 성소를 뒤엎고, '자주색 피를 지닌 티끌 없는 양'의 거룩한 장소를 더럽히게 될 것입니다. […] 그렇다면 여러분은 무엇을 할 것입니까. 오 십자가의 종이여!
>
> S. J. Allen/Emilie Amt, 《The Crusades》, 126쪽

베르나르두스는 한술 더 떠서 일식(日蝕)이나 화산 폭발, 기근 같은 자연 현상까지 이용해 종말이 멀지 않았음을 주장했으며 1096년에 그랬던 것처럼 이교도들의 땅을 정화하라고 부추겼습니다.

이에 감동한 사람들은 다시 십자군에 대한 열정으로 불타올랐습니다. 원정대의 옷에 꿰매줄 십자가가 동이 나서 손에 닿는 대로 헝겊을 찢어 부족분을 만들 정도였습니다. 이번 원정의 참가자들 역시 1차 십자군 때와 마찬가지로, 현세나 연옥에서의 벌을 모두 면제받는 전대사(全大赦)와 더불어 영적이고 물질적인 혜택을 받을 수 있었습니다. 십자군을 위한 모금 운동도 서유럽 전역으로 퍼져 나갔습니다.

베르나르두스의 설교와 대중들의 열광에 호응이라도 하듯, 이

번 원정에는 봉건 제후들을 넘어 서유럽의 왕들까지 자진해서 나섰습니다. 그들은 서방 그리스도교 세계에서 영향력이 막강한 두 나라, 즉 프랑스의 루이 7세와 독일의 콘라트 3세였습니다.

교황의 요청에 먼저 응답한 이는 프랑스 왕 루이 7세(Louis VII, 재위 1137~1180)입니다. 한 나라의 왕이 2~3년이나 나라를 비우고 목숨까지 잃을 수 있는 원정에 응한다는 것은 쉽지 않았지만, 신앙심이 깊었던 루이 7세는 에데사를 재탈환하고 1차 십자군의 위업을 계승하기로 결심했습니다. 그러나 그는 전

〈성 베르나르두스〉(후안 코레아 데 비바르, 16세기, 프라도 미술관)

쟁 경험이 거의 없었고 탁월한 군 지도자도 아니었습니다. 그리하여 루이 7세는 '아키텐 공국'의 영주이자 자신의 왕비인 엘레오노르(Éléonore d'Aquitaine)를 비롯하여 귀족 계급의 기사들과 귀부인들까지 대동하고 마치 궁중 행렬처럼 출발했습니다.

다음으로 '로마인의 왕'으로서 신성로마 제국 황제의 관을 쓰기

엘레오노르와 루이 7세의 결혼식 및 십자군 원정(14세기 삽화)

원했던 호엔슈타우펜 가문의 콘라트 3세(Konrad III, 재위 1138~1152)
가 참전을 결정했습니다. 그는 사실 처음에는 십자군 전쟁 참가에
소극적이었지만, 신의 섭리로 받은 권한을 그리스도의 대의를 보
호하기 위해 써야 한다는 수도원장 베르나르두스의 연설에 감명
받아 마음을 바꾸었습니다. 교황 에우제니오 3세는 본래 독일 왕
콘라트 3세가 서유럽에 남아 자신을 지켜주기를 바랐으나 차마
베르나르두스의 뜻을 거스르지는 못했던 모양입니다.

　수도원장 베르나르두스는 교황의 견고한 영적 지도 아래 서방
의 모든 그리스도교인이 단합하기를 바랐습니다. 2차 십자군은
이렇게 그리스도교 세계가 위에서 아래까지 하나 되어, 1차 때와
는 현격히 다른 진용을 갖추었습니다. 십자군의 목표는 에데사를
되찾는 데 그치지 않고 그것을 기반으로 시리아와 팔레스티나의

십자군 세력까지 확고히 정착시키는 데
있었습니다. 눈부시게 성장한 이탈리아
의 해양 도시국가들까지 가세해, 바다를
통해 십자군 국가에 물자를 보급해 주기
로 했으므로 목표 달성은 결코 꿈이 아닌
것처럼 보였습니다.

1147년 5월, 드디어 독일 왕 콘라트 3
세가 이끄는 약 2만 명의 군사들이 2차
십자군 원정길에 오릅니다. 그 중심에는
300명의 '성전 기사단'이 있었습니다. 독
일과 프랑스에서 출발한 원정대 행렬은
순례자들을 데리고 가야 하는 부담 없이

독일 왕 콘라트 3세

군사 도로를 통과했습니다. 당시 콘라트 3세의 처제가 비잔티움
황제 마누엘 1세 콤네노스(Manuel I Komnenos)의 아내였기 때문에,
출발 당시 십자군과 비잔티움의 관계는 1차 십자군 때보다 훨씬
좋았습니다. 그래서 2차 십자군은 비잔티움의 권유대로 발칸반도
를 가로질러 콘스탄티노플을 경유하는 경로를 선택했습니다.

그러나 독일 십자군은 비잔티움 영토에 들어서자마자 약탈, 강
도, 강간 심지어 살인까지 저지른 것은 물론 독일 왕의 젊은 조카
인 슈바벤의 공작 프리드리히(훗날의 프리드리히 1세 바르바로사)가 산
적들의 공격을 받은 데 대한 보복으로 수도원 하나를 불태워 버렸
습니다. 이런 과정을 거치며 십자군은 비잔티움 황제가 신중히 편
성해 놓은 제국 호위대와도 자주 충돌했습니다. 1147년 9월 독일

십자군이 콘스탄티노플 성벽 바깥에 집결했을 때 독일인과 그리스인의 갈등은 최고조에 달한 상태였습니다.

한편 독일 왕과 사이가 좋지 않았던 프랑스 왕 루이 7세는 1만 5천 명의 병사를 이끌고 원정을 떠났습니다. 그리고 상대적으로 독일 십자군보다 훨씬 더 규율을 잘 지켜가며 한 달의 시간차를 두고 콘스탄티노플에 도착했습니다. 발칸반도의 농민들은 이미 앞서간 독일 십자군에 식량을 거의 다 내준 상황이어서, 프랑스 십자군 병사들에게는 남은 식량에 대한 대가로 터무니없는 거액을 요구합니다. 따라서 프랑스인들은 독일인과 그리스인 양쪽 모두에게 적대감을 품게 되었습니다.

2차 십자군 원정
수난기

비잔티움 제국의 황제 마누엘 1세는 독일 왕 콘라트 3세와 결혼 동맹을 맺은 사이였으나, 1차 십자군이 자신들과 한 약속을 어기고 점령한 영토를 반환하지 않은 것에 여전히 화가 나 있었습니다. 게다가 튀르크군과 서로를 공격하지 않겠다는 밀약까지 맺어놓은 상태였습니다. 그래서 마누엘 1세는 2차 십자군을 위해 식량과 보급품을 준비해 주되 이번에는 모두 유료라 못 박고 1차 때와 마찬가지로 충성 서약을 요구했습니다. 독일 십자군이 이를 받아들이자 마누엘 1세는 식량을 제공했습니다. 아울러 물을 구하기 어려울 것이라는 경고와 함께 내륙을 직접 관통하지 말고 비잔티움의 해안길을 따라 진군하라는 충고도 곁들였습니다.

그러나 콘스탄티노플에 도착한 독일 십자군은 비잔티움 황제의 충고를 무시했습니다. 프랑스 왕의 군대를 기다리지 않고 곧바로 출발해 소아시아 지역을 가로질러 진군한 것입니다. 아무리 십자군 병사들이 정예군이라 해도 낯선 길에서 헤매다 보니 장점을 발휘할 수 없었습니다. 반면에 지형을 잘 알고 있던 튀르크군은 1차 십자군 전쟁의 격전지였던 도릴래움 평원에 매복해 있다가 십자

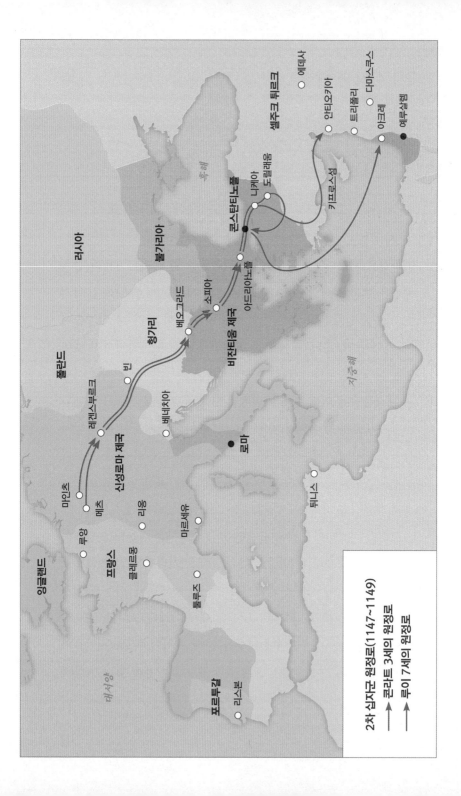

대서양

잉글랜드

루앙

프랑스
클레르몽

툴루즈

리스본

포르투갈

마인츠
메츠

리옹

마르세유

튀니스

신성로마 제국
레겐스부르크

빈

베네치아

로마

지중해

폴란드

헝가리

베오그라드

소피아

불가리아

아드리아노플

콘스탄티노플

니케아
도릴레움

비잔티움 제국

러시아

흑해

에데사

안티오키아

트리폴리

다마스쿠스

아크레

예루살렘

셀주크 튀르크

카프로스 섬

2차 십자군 원정로(1147~1149)
→ 콘라트 3세의 원정로
→ 루이 7세의 원정로

군의 허점을 노렸습니다.

전쟁 경험이 많지 않았던 독일 왕 콘라트 3세는 튀르크군의 집중 공격을 받아 엄청난 손실을 입었습니다. 더욱이 콘라트 3세 자신도 부상을 당해 에페소스로 후송되어 치료를 받아야 했습니다. 이 소식을 들은 비잔티움 황제 마누엘 1세는 직접 배를 타고 가서 콘라트 3세를 콘스탄티노플로 데려와 황궁에서 치료해 주었습니다. 콘라트 3세가 부상에서 회복된 후 두 사람은 좋은 친구 사이가 됩니다.

한편 독일 십자군보다 늦게 콘스탄티노플에 도착한 프랑스 왕의 십자군은 독일군의 참패를 교훈 삼아 해안을 따라 내려갔습니다. 그렇지만 프랑스 십자군 역시 1차 십자군 때처럼 튀르크군의 끊임없는 게릴라 작전에 시달리면서 엄청난 희생을 치렀습니다. 한번은 중무장한 프랑스 십자군 선발대가 본대와 멀어진 가운데, 본대에 있던 루이 7세와 엘레오노르 왕비를 태운 마차가 튀르크군에 노출되는 일이 있었습니다. 튀르크군의 기습에 십자군은 무너지고 말았습니다. 프랑스 왕과 왕비는 몸을 피했지만 수천 명의 군사들이 목숨을 잃었습니다. 루이 7세는 사태 수습을 위해 군 통수권마저 일시적으로 성전 기사단에 넘겨주어야 했습니다. 충격에서 벗어나지 못한 십자군은 1차 십자군이 세운 그리스도교 국가 안티오키아에서 걸음을 멈췄습니다.

1148년 3월, 2차 십자군이 지금의 시리아 땅에 도착했을 무렵 그들은 5천여 명밖에 남아 있지 않았습니다. 독일과 프랑스에서 온 수많은 병사들이 고국에서 멀리 떨어진 동방의 산야에서 목숨을 잃은 것입니다.

여기에 덧붙여, 프랑스 왕 루이 7세의 왕비 엘레오노르의 불륜설과 부부 싸움도 십자군의 사기에 악영향을 미칩니다. 엘레오노르는 안티오키아의 군주인 푸아티에의 레몽 공작의 조카였는데, 앞서 백부와 조카가 만나 격하게 반가워하는 모습이 통상적인 친척 관계 이상으로 가까워 보였습니다. 루이 7세가 두 사람 사이를 의심하고 들자, 진군하는 내내 남편의 무능한 모습에 실망했던 엘레오노르도 더 이상 참지 않았던 모양입니다. 결국 크게 싸운 두 사람은 십자군 원정을 다녀온 다음 이혼하고 말았습니다. 아랍 역사가들이 모두 독일 왕 콘라트 3세만 거론하고 프랑스 왕 루이 7세에 대해서는 일언반구도 없는 것을 보면, 십자군 전쟁에서 루이 7세의 비중은 크지 않았던 듯합니다.

다마스쿠스 공격과 예견된 실패

2차 십자군은 당시 서유럽 그리스도교 세계의 최고 지도자였던 독일과 프랑스의 왕이 이끌었음에도 1148년 6월에야 간신히 성지 예루살렘에 당도합니다. 이런 상태에서 십자군 지휘부는 또다시 잘못된 선택을 하고 말았습니다. 애초 목표였던 에데사 탈환을 포기하고 예루살렘에서 가까운 다마스쿠스를 공격하기로 결정한 것입니다. 에데사같이 작은 도시보다 다마스쿠스같이 큰 도시가 국왕의 격에 맞는다고 생각했던 걸까요. 그러나 이 결정은 2차 십자군에게 자살행위와 마찬가지였습니다.

다마스쿠스는 이미 고대부터 견고한 방비로 유명한 대도시였

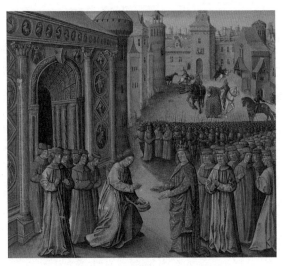

루이 7세를 맞이하는 푸아티에의 레몽 공작
(장 콜롱브의 세밀화, 1474년경, 프랑스 국립도서관)

습니다. 그래서 이슬람 세계가 아라비아반도 북쪽으로 세력을 확
장하던 시기에 이곳을 수도로 정했던 것이죠. 그런 대도시를 공
략하는 일이 쉬울 리 만무했습니다. 더욱이 다마스쿠스는 1139년
장기의 위협을 받은 이후 예루살렘 왕국과 동맹을 체결해 놓았는
데, 1148년 7월 십자군이 약속을 깨고 다마스쿠스를 공격한 것입
니다.

　이 같은 공격은 다마스쿠스의 아타베그인 알딘 우누르에게 엄
청난 충격을 주었고 누르 알딘에게도 선전포고나 다름없었습니
다. 만일 누르 알딘이 다마스쿠스를 손에 넣는다면 그것은 알레포
와 함께 다마스쿠스까지 통치하는 최초의 무슬림이 되고, 십자군

국가의 동쪽 전체가 이슬람 통치자의 지배를 받게 됨을 의미합니다. 그렇기 때문에 누르 알딘은 다마스쿠스에 지속적인 관심을 보였습니다.

2차 십자군의 공격을 받은 다마스쿠스는 이전의 우호적인 관계를 버리고 적대적으로 변했습니다. 지금껏 침공당한 전례가 없었던 다마스쿠스의 주민들은 공포에 떨었으며, 다른 지역 사람들과 마찬가지로 자신의 가족과 재산을 보호하고 싶어 했습니다. 누르 알딘에게 도움을 청하는 방법도 있었지만 그렇게 독립을 잃고 싶지는 않았습니다. 결국 다마스쿠스 주민들은 가족을 지키고 신앙을 위해 싸우다가 천국에 가기로 결심합니다. 그들의 항쟁을 이끈 지도자는 70대 초반의 원로 율법학자 알핀달라위였습니다. 다마스쿠스에서는 아직도 그의 무용담이 전해지고 있습니다.

> "존경하는 어르신, 어르신처럼 연배가 높은 분은 싸움을 하지 않으셔도 됩니다." […] 알핀달라위는 그 청을 물리쳤다. "나는 이미 팔린 몸이오. 신께서 날 사셨거든." 그는 경전의 구절을 인용했다. "신은 이슬람교도들과 그 재산을 사셨고 대신 그들에게 천국을 주신다."
>
> 아민 말루프, 《아랍인의 눈으로 본 십자군 전쟁》, 214쪽

그러나 다마스쿠스 주민들은 밤새 공포스러운 전투에 시달리고 나서 전의를 상실했습니다. 혈투 끝에 십자군은 다마스쿠스 역사상 처음이자 마지막으로 성벽 근처까지 쳐들어갔으며, 알핀달라위는 목숨을 아끼지 않고 전지전능한 신의 이름으로 싸움을 계

다마스쿠스를 포위한 2차 십자군(15세기 삽화, 영국 국립도서관)

속했습니다. 과수원에서 벌어진 며칠간의 전투에서 알핀달라위를 포함한 수천 명의 무슬림들이 목숨을 잃었습니다.

독립을 갈망하던 다마스쿠스 주민들이었지만 어쩔 수 없이 누르 알딘에게 도움을 청합니다. 누르 알딘의 지원군이 다가오자, 프랑스 왕 루이 7세는 '누르 알딘과 대결할 것인가, 후퇴할 것인가'를 두고 깊은 고민에 빠졌습니다. 다마스쿠스 통치권 문제로 의견이 갈린 십자군 국가의 지도자들이 예루살렘으로 되돌아가자고 주장했기 때문입니다. 다마스쿠스를 포기한다면 대단히 치욕적이겠지만, 십자군 국가의 부대 없이 단독으로 전투를 벌인다고 해도 질 게 뻔해 보였습니다. 결국 루이 7세는 후퇴를 결정했고,

이는 지도자로서의 무능함을 십자군과 이슬람 양쪽 모두에게 드러낸 셈입니다. 누르 알딘의 이슬람군은 퇴각하는 십자군을 공격해 큰 피해를 입혔습니다.

다마스쿠스 전투의 진정한 승리자는 의심할 여지없이 누르 알딘이었습니다. 그는 다마스쿠스의 안전과 자주성을 존중해 주겠다고 설득함으로써 피 한 방울 흘리지 않고 정복에 성공했습니다. 누르 알딘은 승리한 즉시 주요 생필품과 과일 거래, 야채와 물 배급에 대해서까지 거두던 세금을 없애겠다고 선포했습니다. 다마스쿠스 주민들은 환호했고, 모두 한 목소리로 외쳤습니다.

"누르 알딘의 치세가 계속되기를! 또한 그의 깃발이 늘 승리로 펄럭이기를!"

실제로 다마스쿠스는 누르 알딘과 그 후계자들 덕분에 역사상 가장 영광스러운 시대를 누리게 됩니다. 누르 알딘은 이처럼 북부 시리아에서 십자군의 위협을 물리치고 아버지대의 오랜 숙원이었던 다마스쿠스 정복을 이루어냈습니다.

십자군의
처참한 실패

1148년 9월 초, 독일 왕 콘라트 3세는 오랫동안 고국의 자리를 비워둘 수 없다는 이유로 귀국을 결정합니다. 그리고 신하들과 함께 예루살렘에 잠시 들렀다가 콘스탄티노플에 가서 크리스마스를 보낸 다음, 독일로 돌아가기 위해 아크레 항을 출발했습니다.

한편 프랑스 왕 루이 7세는 그토록 많은 노력을 기울인 것에 비해 아무 성과 없이 프랑스로 돌아가기를 꺼리며 좀 더 머물렀습니다. 그러나 결국 예루살렘엔 들르지도 못하고 이혼과 연이은 패배의 치욕만 안은 채, 1149년 4월 남은 군대와 함께 유럽으로 총총히 발길을 돌립니다. 루이 7세는 원정 실패의 책임이 십자군을 돕지 않은 비잔티움의 황제 마누엘 1세에게 있다며 복수를 별렀지만 실행에 옮기지는 못했습니다.

'2차 십자군 전쟁'은 대규모 원정 경험이 없는 지휘부의 무능함과 이에 따른 최악의 선택들로 인해 허무하게 끝나고 말았습니다. 지휘부는 1차 십자군의 예루살렘에 상응하는 뚜렷한 목표를 제시하지 못했을 뿐 아니라, 자신들의 자존심만 세우느라 힘도 합치지 못했습니다. 2차 십자군 전쟁을 통해 프랑스와 독일, 십자군과 비잔티움 제국은 각각 서로 간에 심각한 불화를 겪었고, 심지어 새로 도착한 십자군과 오래전부터 십자군 국가에 있던 병사들 사이에도 갈등이 빚어졌습니다.

2차 십자군을 적극적으로 주도했던 수도원장 베르나르두스는 자기 자신과 서유럽인들에게 무엇이 잘못됐고 그 이유가 무엇인지를 해명해야 했습니다. 그는 고대 이스라엘 민족으로부터 2차 십자군의 실패와 유사한 점을 끌어냈습니다. 즉, 이스라엘 민족은 이집트를 탈출해 광야로 들어갔지만 최종 목적지인 성지로 가는 데 완전히 헌신하지 않아서 고난을 겪었던 것입니다. 베르나르두스는 교황 에우제니오 3세에게 쓴 편지에서 이렇게 적었습니다.

> 전체 여정 중에서 유대인들이 이집트로 되돌아가려고 마음먹지 않았던 때가 있었습니까? 하지만 만약 유대인들이 완패당하고 "그들은 [⋯] 공포로 사라져 갑니다"(시편 72/73,19)라는 말씀이 이루어졌다면 똑같이 행동한 그들[십자군]이 비슷한 운명으로 고통 받는 것을 놀랍다고 해야 하겠습니까? 예전 사람들[유대인들]의 운명이 신의 약속과 상반된다고 누가 말할 수 있겠습니까?
>
> S. J. Allen/Emilie Amt, 《The Crusades》, 144쪽

베르나르두스가 설명한 내용은, 410년 로마가 서고트족 용병에게 점령당한 뒤 아우구스티누스가 《신국론》에서 그 상황에 대해 해명한 것과 유사합니다. 신에게는 좀 더 장기적인 계획이 있기 때문에 그리스도교회가 원하는 사업, 즉 그리스도교 국가나 거

룩한 전쟁이 실패하도록 내버려두었을지 모른다는 것입니다. 베르나르두스는 신이 온 세계의 구원을 바란다는 사실, 그리고 신이 계획한 일을 백성들을 통해 성사시키기 위해서는 얼마나 높은 수준의 선(善)이 필요한지를 깨달을 필요가 있다고 연설했습니다.

십자군의 후원자였던 로마 교황 에우제니오 3세도 실패에 대해 책임질 생각이 전혀 없다는 점에서는 베르나르두스와 마찬가지였습니다. 교황은 이렇게 말했다고 합니다.

"승리는 신께서 좋다고 여기시는 자들이 싸웠을 때, 패배는 신께서 좋다고 여기시지 않는 자들이 싸웠을 때."

그렇지 않아도 기존 십자군에 대한 무슬림의 증오가 고조된 상황에서 2차 십자군마저 실패함으로써 중근동 지역에 자리한 십자군 세력의 상황은 한층 더 악화되었습니다.

2차 십자군을 격퇴하고 이슬람 지도자로 급부상한 누르 알딘은 오직 이슬람 세력의 단합된 힘으로만 그리스도교인을 몰아낼 수 있다고 주장했습니다. 이번에는 1차 십자군 때와 반대로 이슬람 측에서 신의 가호로 승리를 얻었다고 기뻐하며 더욱 강하게 결속을 다지게 됩니다.

1149년 누르 알딘의 군대는 안티오키아 공작령의 요새인 인납(이나브)에서 중대한 승리를 거두었습니다. 이 전투에서 안티오키아의 군주인 푸아티에의 레몽 공작이 쉬르쿠흐(시르쿠)의 손에 목숨을 잃었습니다. 살라딘의 숙부인 쉬르쿠흐는 관례에 따라 군주 레몽의 목을 잘라 은상자에 넣은 뒤 바그다드의 칼리프에게 보냈습니다. 이는 이슬람 세계에서 최고의 치욕을 안겨주는 행위였습니다. 이후 해안 지역의 십자군 국가는 이슬람의 새로운 영웅 누르 알딘에게 심각한 위협을 받게 됩니다.

누르 알딘은 십자군에 맞서기 위한 과업의 첫 번째 목표로 '무슬림 진영 통합'을 내세웠습니다. 그는 다마스쿠스 부리 왕조의 아미르인 무지르 알딘이 십자군과 결탁한 사실을 알아내고 1151년부터 1년간 다마스쿠스를 포위했습니다. 무지르 알딘은 앞서 누르 알딘이 자신을 다마스쿠스의 통치자로 남아 있게 해준다는 조건하에 복속을 수락한 바 있습니다. 그런데 또다시 십자군에게 동조해 다마스쿠스 입성을 허락했던 것입니다.

1154년 4월 누르 알딘은 마침내 다마스쿠스를 무력으로 점령했습니다. 누르 알딘이 다마스쿠스에 입성했을 때 그곳의 무슬림들은 기쁨에 들떠 있었습니다. 부자와 가난한 자 할 것 없이 그의 승리와 장수를 기원했습니다. 누르 알딘이야말로 무슬림이 하나로 뭉치면 무슨 일이든 할 수 있다는 확신을 준 최초의 이슬람 지도자였기 때문입니다. 반면에 십자군은 시리아 지역의 주요 근거지를 잃는 바람에 군사적으로 큰 손실을 입었습니다. 누르 알딘은 수중에 넣은 다마스쿠스를 십자군 점령지인 예루살렘과 해안 지역을 탈환하기 위한 발판으로 삼았습니다.

물론 십자군도 일방적으로 당하고만 있었던 건 아닙니다. 1153년 예루살렘의 왕 보두앵 3세(Baudouin III, 재위 1143~1162)는 과거 1099년 이슬람군에게 빼앗겼던 해안 도시 아스칼론을 재점령하는 쾌거를 이룹니다. 십자군이 아스칼론을 재탈환한 사건은 십자군 대 이슬람의 전시 상황에서 새로운 변화를 예고합니다.

이후 누르 알딘과 보두앵 3세는 10년간 휴전을 유지했습니다. 보두앵 3세가 죽고 계승자가 휴전을 파기하자 누르 알딘은 반격에 나서 예루살렘과 일부 해안 도시를 제외한, 당시 십자군 수중에 있던 이슬람 지역의 상당 부분을 탈환합니다. 십자군 국가의 동쪽을 모두 차지한 셈이죠. 이로써 누르 알딘의 영토는 티그리스강에서부터 시리아 지역의 오론테스강에 이르게 됩니다.

보두앵 3세의 아스칼론 탈환과 누르 알딘의 다마스쿠스 획득은 앞으로 십자군과 이슬람 양 진영의 관심사가 이집트로 이동할 것임을 암시합니다. 누르 알딘이 남쪽의 부유한 영토 이집트까지 차지할 경우 예루살렘 왕국은 완벽하게 포위될 상황이었습니다.

〈십자군의 아스칼론 탈환〉(세바스티앙 멜키오르 코르뉘, 1841년, 베르사유 궁전)

이 중요한 시기에 하필이면 보두앵 3세가 갑자기 병에 걸려 30대의 젊은 나이로 숨을 거두고 맙니다. 젊고 유능한 왕을 잃은 예루살렘 왕국에는 이제 더 이상 그만큼 훌륭한 왕이 나타나는 행운이 찾아오지 않았습니다.

예루살렘을 둘러싼
지속적인 싸움

✳

예루살렘의 왕 아모리 1세의 이집트 침공

이집트를 선제공격한 인물은 예루살렘의 왕 아모리 1세(또는 아말릭 1세, Amaury I, 재위 1162~1174)였습니다. 보두앵 3세의 동생이자 계승자인 26세의 젊은 왕은 누르 알딘의 영향을 받아 자신도 검소하고 신실하며, 신앙 서적을 탐독하고 정의감에 불타는 이미지로 보이고 싶어 했습니다. 그러나 실제 아모리 1세는 형 보두앵 3세와 달리 우악스럽고 매력이 없었으며, 몹시 좁은 어깨를 들썩이며 경박스럽게 웃을 때면 듣는 이들이 당황할 정도였습니다.

아모리 1세는 타인과 관계를 맺는 일에도 무척 서툴렀고, 오래전부터 이집트를 정복하려는 야심까지 품고 있었습니다. 예루살렘의 병사들 대부분은 이집트를 공격하려는 지도자의 무모한 계획을 믿지도, 이해하지도 못했습니다. 그럼에도 아모리 1세는 자신의 꿈을 이루기 위해 이제까지 긴장 상태였던 비잔티움 황제와의 관계도 개선하려고 노력했습니다.

당시 이집트의 파티마 왕조는 시아파였기 때문에 수니파인 누르 알딘을 십자군만큼이나 적대시했지만, 이미 파티마 왕조의 칼리프는 권력을 상실한 상태였습니다. 이집트에서는 11세기 말 바드르 알자말리가 와지르직을 맡은 시기부터 칼리프 대신 와지르가 실질적인 권력을 행사했으며, 이 직책을 두고 권력층 내부에서 다툼이 일어나 정치적으로 불안정했습니다. 이런 상황에서 시리아의 누르 알딘이 이집트 문제에 개입하게 됩니다.

한편 예루살렘 왕국은 더 일찍부터 이집트 정치에 영향력을 행사하여, 파티마 왕조가 예루살렘 왕국에 조공을 바치기로 약속한 바 있었습니다. 그러던 중 1163년 이집트와 예루살렘 왕국 간에 위기가 찾아옵니다. 파티마 왕조의 와지르 자리를 두고 샤와르와 디르감이란 두 인물이 다퉜는데, 이때 쫓겨난 샤와르는 누르 알딘에게 피신했습니다. 그런데 와지르 자리에 오른 디르감이 앞으로는 예루살렘 왕국에 조공을 바치지 않겠다고 선언하자 혈기왕성한 예루살렘의 왕 아모리 1세가 이집트를 침공한 것입니다. 십자군은 카이로 부근의 빌바이스란 도시에 도착했지만 이슬람군이 범람한 나일강의 둑을 열어놓는 바람에 퇴각하고 말았습니다.

이와 같은 갈등 상황에서 누르 알딘은 군사적 · 전략적 측면에서 부담을 느껴 이집트 문제에 개입하는 것을 주저했습니다. 그렇지만 그는 가신인 쿠르드족 출신 쉬르쿠흐의 설득에 마음이 움직입니다. 1164년 쉬르쿠흐는 자신의 조카 살라딘을 대동하고, 이집트에서 피신 온 샤와르와 함께 이집트를 침공했습니다. 이 공격으로 카이로가 함락되고 디르감이 피살되었으며, 샤와르는 이집트의 와지르직으로 복귀합니다. 그러나 샤와르는 누르 알딘에게 약속한 보상금을 지불하지 않으려고 이번에는 십자군에 지원을 요

2차 십자군과 이슬람군의 싸움
(《고드프루아와 살라딘 이야기》의 세밀화, 14세기, 프랑스 국립도서관)

청하며 맞섰습니다.

십자군 입장에서 많은 액수의 보상금을 약속한 샤와르를 지원하는 것은 경제적 의미뿐 아니라 전략적 의미에서도 중요했습니다. 누르 알딘의 이집트 점령을 막는 일이었기 때문이죠. 이런 이유로 아모리 1세가 재차 이집트를 침공하여 빌바이스를 포위했으나 누르 알딘에게 저지당하고 맙니다. 이어서 십자군과 이슬람군 사이에 휴전이 체결되었고 양군은 이집트에서 철수했습니다.

1167년 쉬르쿠흐는 바그다드를 통치하는 아바스 왕조 칼리프의 지지에 힘입어 또다시 이집트를 공격하기 위해 누르 알딘에게 승인을 받았습니다. 이집트의 와지르인 샤와르는 위기에 처하자 또다시 예루살렘 왕 아모리 1세에게 지원을 요청했고, 십자군과 이슬람군 양측은 이집트 내부까지 들어가 전투를 벌였습니다. 그러나 양군은 뚜렷한 성과를 거두지 못한 채 휴전협정을 맺고 이집트에서 퇴각했습니다.

1168년 아모리 1세가 네 번째 이집트 원정을 감행하여 빌바이스를 함락시킨 뒤 카이로로 진군했습니다. 카이로 지도부가 항복을 생각하고 있을 무렵 십자군은 큰 실수를 저지릅니다. 카이로 인근의 도시에서 시아파 무슬림들을 무참히 학살한 것입니다. 십자군의 만행 소식에 이집트의 무슬림들은 항쟁을 결의했습니다. 이번에는 파티마 왕조의 칼리프 알아디드가 누르 알딘에게 원군을 요청할 수밖에 없었습니다. 마침내 기다리던 소식을 들은 누르 알딘은 자신의 장군들 중에서 가장 야심만만하고 능력이 뛰어난 쉬르쿠흐와 살라딘을 급파합니다. 이들이 대군을 이끌고 진격하자 십자군은 철수했습니다. 이 원정에서 십자군은 많은 희생만 치른 채 아무 성과도 얻지 못했습니다.

누르 알딘을 배신하고 십자군과 결탁했던 이집트의 와지르 샤와르는 칼리프 알아디드의 명에 따라 처형됩니다. 이어 1169년 쉬르쿠흐가 이집트 와지르에 임명되었으나 몇 주 뒤 사망하고, 그의 조카 살라딘이 와지르직을 위임받았습니다. 이처럼 이집트 파티마 왕조의 '시아파'가 십자군과 결탁하여 누르 알딘이 대표하는 '수니파' 통치자들에게 맞서 싸우거나, 앞에서 살펴본 것처럼 다마스쿠스가 예루살렘 왕국과 동맹을 맺은 것 등은 십자군 전쟁이 단순히 종교와 종교 사이의 전쟁만은 아니었음을 보여주는 뚜렷한 증거입니다.

누르 알딘의 이슬람 통합 노력

누르 알딘은 군대를 보내 이집트의 파티마 왕조를 접수함으로써 그간의 숙원 과업이었던 이슬람 지역의 통합을 달성합니다. 이제 누르 알딘은 본격적으로 지상 목표인 예루살렘 탈환에 나섭니다. 시리아 지역에서는 누르 알딘이 상당 지역을 탈환한 이후, 십자군 세력이 몹시 약화된 상태였습니다. 이슬람 군대와의 잇따른 전투로 우수한 전사들을 많이 잃었기 때문입니다. 누르 알딘은 이를 예루살렘 탈환의 호기로 보았습니다. 1174년 이집트의 와지르 살라딘과 예루살렘 공격에 합의하고 곧 실행에 들어가려던 그때, 누르 알딘이 갑자기 병에 걸려 사망하고 말았습니다.

십자군의 침략을 받아 자신들이 살던 마을에서 쫓겨난 중근동의 무슬림들은 모두 십자군에 대해 원한을 품고 있었습니다. 또한 2차 십자군의 실패를 지켜보며 그리스도교가 무적이 아니라는 사실도 알게 되었죠. 한편 콘라트 3세와 루이 7세의 군대가 서유럽으로 돌아가 버린 뒤, 십자군 국가에서는 성전 기사단과 구호 기사단 등 그리스도교를 보호할 목적으로 창립된 종교 기사단이 활약 중이었습니다. 따라서 이슬람 세력이 부족 간의 대결 의식에서 비롯된 이기주의를 극복하지 못했다면 십자군 국가의 운명도 달라졌을지 모릅니다. 이때 이슬람 쪽에서는 누르 알딘의 뒤를 이어 살라딘이 지하드의 기치를 내걸고 이슬람 세력 통합에 앞장섭니다.

리더십이 돋보인
3차 십자군 전쟁

이슬람의 구원자,
살라딘의 등장

✳

이집트의 지배자로 추대된 진짜 이유

살라딘은 무슬림들 사이에서 대단한 영웅으로 추앙받는 인물입니다. 살라딘의 서기관으로, 그의 절친한 친구이자 열렬한 숭배자였던 바하 알딘은 살라딘에 대해 이렇게 묘사했습니다.

"살라딘은 출정한 그 순간부터 지하드를 위해서가 아니면 단 한 푼도 헛되이 쓰지 않았다."

중세 이래 유럽에서도 살라딘은 관용적 태도 덕분에 '기사도 정신을 지닌 영웅'이라는 찬사를 받아왔습니다. 당시 그리스도교인 역사가는 살라딘을 "통찰력과 용기를 가진 인물"이라고 평가하며 그의 권력이 커질수록 자신들의 두려움도 커져간다고 고백하기도 했습니다.

살라딘은 1137년, 오늘날 이라크 중북부의 티크리트에서 쿠르드족[38]의 귀족인 나즘 알딘 아이유브의 장남으로 태어났습니다. 그의 본명은 '살라흐 알딘 유수프 이븐 아이유브'로, '욥의 아들이며 정의로운 신앙인 요셉'이라는 뜻입니다. 십자군 운동 당시 그에게 톡톡히 쓴맛을 보았던 그리스도교인들의 발음에 따라 오늘날에는 '살라딘'으로 불리고 있습니다.

살라딘의 아버지 아이유브는 아들이 태어난 직후 모술로 가서 한창 세력을 키워 나가던 장기의 휘하에 들어갔습니다. 그리고 장기의 뒤를 이은 누르 알딘 밑에서도 계속해서 출세 가도를 달렸습니다. 그 덕분에 살라딘은 당시 이슬람 정치 및 문화의 중심지였던 다마스쿠스에서 성장하면서 굳건한 이슬람 신앙과 금욕주의적 생활 방식을 체득합니다. 살라딘의 아버지 아이유브는 지략으로, 또 숙부 쉬르쿠흐는 뛰어난 용병술과 무용으로 많은 공을 세웠기 때문에 살라딘 역시 젊어서부터 누르 알딘의 측근이 되었습니다.

십자군 전쟁이 있기 전 이집트는 이슬람 시아파인 파티마 왕조가 다스리고 있었습니다. 파티마 왕조는 모로코에 이르는 광대한 영토뿐 아니라 시칠리아섬과 몰타섬까지 차지하여 번영을 누렸습니다. 앞에서 살펴본 것처럼, 예루살렘 왕 아모리 1세의 십자군이 이집트를 공격하자 수니파였던 누르 알딘은 시아파인 이집트를 구하기 위해 쉬르쿠흐와 그의 조카 살라딘을 파견했습니다. 살라딘은 총사령관 쉬르쿠흐의 부관으로서, 이집트군과 십자군을 상대로 네 차례에 걸친 치열한 전쟁 끝에 이집트를 정복합니다. 그런데 1169년 이집트 정복 후 두 달 만에 와지르가 되었던 쉬르쿠흐가 폭식을 하다가 급사하고 말았습니다.

권력의 공백이 생기자 이집트 지도부는 32세의 청년 살라딘을 이집트의 새 와지르로 추대합니다. 사실 교활한 이집트 지도부가 살라딘을 지지한 이유는 그가 순전히 숙부 쉬르쿠흐 덕분에 성공한, 우유부단한 젊은이라고 판단해서였습니다. 그러나 이집트 지도부의 기대와 달리 살라딘은 누르 알딘과 마찬가지로 십자군을 몰아내기 위해 시리아, 이집트 모두를 원하는 야심가였습니다. 그렇지만 그곳들을 직접 통치한다는 것은 곧 주군인 누르 알딘을 배신한다는 뜻이었기에 속내를 드러내진 않았습니다. 그 대신 살라딘은 이미 실권을 잃은 시아파 칼리프로부터 이집트를 빼앗기 위해 민첩하게 움직였고, 그 결과 순식간에 이집트 전역을 자신의 땅으로 만들었습니다.

우연의 일치인지 몰라도 살라딘이 권력을 장악하는 동안 관련된 지도자들이 많이 죽어갔습니다. 그들의 죽음이 살라딘과 연관 있다고 의심하는 이들도 많았지만, 죽은 이들의 사인에는 공통점이 없어 증거가 되지 못했습니다.

1169년 말 경쟁자들이 모두 적절한(?) 때 사라지자, 살라딘은 이집트의 유일한 통치자로서 아이유브 왕조(1169~1250)를 엽니다. 이렇게 살라딘이 주군인 누르 알딘과 맞먹는 영토를 지배하면서 이슬람 진영 내 위상도 확고해졌습니다. 이제 그는 명목상 아바스 왕조 칼리프의 통치 아래 있기는 해도 실질적으로는 수니파 군주로서 파티마 왕조를 종식시키고 아이유브 왕조를 창건하여 이집트를 다스리게 된 것입니다. 아바스 왕조 칼리프는 공식적으로 누르 알딘에게 시리아와 이집트 통치를 일임하는 한편, 살라딘의 위상도 인정했습니다.

시리아 통일 전쟁의 비밀

야심가인 살라딘은 소수민족인 쿠르드족 출신인 자신이 이슬람 제

아이유브 왕조의 전투 장면

국을 지배하려면 명분이 필요하다는 것을 잘 알고 있었습니다. 그래서 주군이었던 누르 알딘의 정책을 그대로 답습했습니다. 살라딘이 벌인 전쟁은 예루살렘을 비롯한 팔레스티나 전역에서 그리스도교인들을 몰아내려는 일종의 '역(逆)십자군 전쟁'이었습니다.

"십자군을 몰아내기 위해, 분열된 이슬람이여 단합하자!"

살라딘은 이렇게 외치면서 이슬람 세력의 나태함을 십자군과 대비시켜 무슬림의 자존심을 자극하곤 했습니다.

살라딘은 시리아 지역 무슬림들의 내부 문제의 심각성과 그곳을 차지하려는 십자군의 야욕을 간파했습니다. 그리하여 분열된 이슬람 지역을 통합하기 위해 시리아로 진출하기로 결심합니다.

아직 세력이 약했던 살라딘은 겉으로는 계속 누르 알딘에게 충성을 바치고 뒤로는 군대를 보내 수단과 요르단, 예멘 일대까지 영향력을 확장해 나갑니다. 누르 알딘은 살라딘의 세력이 지나치게 커진 것을 경계하여 그를 처벌하려고 했습니다. 1174년 5월, 누르 알딘은 직접 군대를 이끌고 살라딘이 있는 이집트로 쳐들어가려다 뜻을 이루지 못한 채 56세의 나이로 석연치 않은 죽음을 맞이합니다.

살라딘은 누르 알딘의 12세 아들 앗살리흐(알살리흐)가 후계자로 발표되었다는 소식을 듣고 다마스쿠스에 모인 토후들에게 편지를 보내, 자기야말로 누르 알딘이 아들을 믿고 맡길 만한 적임자라고 주장합니다. 그러고는 바로 이집트에서 군사를 일으켜 다마스쿠스로 진군하여 환영을 받으며 입성했습니다. 이어 앗살리흐의 이름을 내걸고 홈스와 하마까지 접수했습니다.

이에 두려움을 느낀 앗살리흐와 추종자들이 누르 알딘의 거점인 알레포로 후퇴하자, 살라딘은 다시 한번 자신이 앗살리흐의 보호자로서 적임자임을 자처합니다. 그러나 이미 만만치 않은 상대였던 앗살리흐는 살라딘의 입성을 거부하고 그 군대를 알레포 도성 밖에 머물게 했습니다. 앗살리흐는 알레포의 주민들 앞에서 살라딘에 대해 "신은 물론 사람들마저 무시하고 이 나라를 내게서 빼앗으려는 불충하고 배은망덕한 자"라고 규정하여 지지를 이끌어냈습니다. 또한 암살단인 아사신파[39]의 무사들에게 살라딘 제거를 명령, 암살자들이 도성 밖 살라딘의 막사로 숨어 들어갔습니다. 살라딘은 경미한 부상만 입었으나 큰 충격을 받고 물러났습니다.

1년 후 살라딘은 알레포 점령을 목적으로 다시 돌아옵니다. 이번에는 막사 주변에 호위병을 배치하고 발자국 탐지를 위해 석회와 잿가루를 뿌리는 등 보안에 만전을 기했습니다. 그렇지만 앗살리흐가 보낸 암살자들은 불가사의하게도 살라딘의 막사 안까지 침투하여 침대 옆에 "퇴각하지 않으면 다음번에는 기필코 죽이겠다"라는 경고문을 두고 갔습니다. 살라딘은 또다시 알레포에서 물러나야만 했습니다.

그 후 살라딘은 스스로 '이집트와 시리아의 왕'임을 선포하고 더 이상 어떤 군주의 지배도 받지 않겠다고 다짐했습니다. 이때부터 연대기 저자들은 그에게 '술탄'이라는 칭호를 썼으나 살라딘 자신은 불필요한 충돌을 피하기 위해서인지 술탄이란 직함을 절대로 입에 올리지 않았습니다.

1181년, 살라딘의 강력한 경쟁자이자 누르 알딘의 아들 앗살리흐가 갑자기 19세의 나이로 세상을 떠났습니다. 앗살리흐 역시 앞서간 할아버지와 아버지처럼 의문의 죽음을 맞이한 것입니다. 무슬림들 사이에서는 그가 독살되었다는 소문이 돌았습니다.

알레포 지배층은 살라딘이 알레포의 양도를 요구하자 거세게 반발하며, 살라딘의 입성을 막기 위해 트리폴리의 백작 레몽 3세에게 거금을 주고 도움을 청했습니다. 레몽 3세는 알레포와 맺은 동맹의 중요성과 함께, 이슬람 진영이 카이로와 다마스쿠스, 알레포까지 통합할 경우 십자군 국가 전체가 직면하게 될 위험을 직시했습니다. 따라서 레몽 3세는 알레포 지배층이 원하던 대로 지원을 해주었습니다. 알레포는 이처럼 십자군과 동맹을 맺음으로써 살라딘의 공격을 일시적으로 막을 수 있었습니다. 살라딘은 다음 해 11월, 또다시 알레포를 포위하고 3일간 무력시위를 벌였지만 직접 공격하지는 않았습니다.

살라딘은 알레포를 그대로 둔 채 더 북상하여 장기 왕조의 심장부인 모술을 포위했습니다. 그러나 한 달간 포위해도 별 성과가 없자, 이번에는 남쪽으로 행군하여 모술의 보급로를 차단하기 위해 신자르란 곳을 공격했습니다. 신자르는 15일간 저항했으나 결국 함락되었고, 살라딘이 채 말릴 틈도 없이 튀르크 병사들은 약탈을 자행했습니다. 살라딘은 간신히 신자르의 아미르와 그 장교들을 구출하여 명예롭게 대하며 모술로 보내주었습니다. 이와 같은 살라딘의 관용적인 태도는 추후 이슬람 전체를 통합할 때 큰 자산이 됩니다.

1183년 5월, 살라딘은 티그리스 강변의 견고한 성벽 도시 디야르바키르를 점령했습니다. 그곳에는 많은 보화와 무기가 있었고, 또 100만 권의 책을 보유했다고 알려진 도서관도 있었습니다. 살라딘의 와지르 카디 알파질은 도서관에서 택한 책들을 무려 낙타 70여 마리에 나눠 실었다고 전해집니다. 한편 살라딘은 아직 모술, 알레포를 얻지 못한 상태에서 무리한 확장을 피하기 위해 디야르바키르를 자신의 충실한 신하에게 맡겼습니다.

알레포의 장기 2세가 십자군과 동맹을 맺어 아이유브 왕조 통치하의 시리아를 습격한다는 소식이 들려오자, 살라딘은 이를 막기 위해 또다시 알레포로 향했습니다. 그리고 본격적으로 공격을 감행해 장기 2세의 군대를 물리치고 알레포를 점령했습니다. 드디어 살라딘은 회유와 무력을 총동원한 끝에 누르 알딘의 영토를 그대로 집어삼켜 시리아와 이집트까지 통치하게 된 것입니다. 더 나아가 서쪽의 북아프리카에도 군대를 보내, 살라딘의 아이유브 왕조는 동쪽으로는 시리아와 이라크 북부, 서쪽으로는 튀니지 일부까지 세력을 확장했습니다. 이로써 살라딘은 십자군 국가의 영토만 제외하고 북아프리카에서부터 이라크에 이르는 거대한 제국을 건설했으며, 80년간의 이슬람 분열을 종식시켰습니다.

예루살렘 왕국은 살라딘이 이집트를 차지했을 때부터 그를 경계 대상으로 삼았습니다. 그래서 비잔티움 제국과 연합하여 바다를 통해 공격하고자 이집트로 원정대를 보냈으나 뚜렷한 성과를 거두지 못했습니다. 그 후 누르 알딘이 죽고 나서 살라딘이 시리아까지 세력을 넓히자, 이번에는 십자군 국가에서 직접 군대를 파견해 견제에 나섰지만 살라딘의 엄청난 대군을 보고는 철수하고 말았습니다.

마침내 살라딘은 십자군 국가의 영토를 완전히 포위했습니다. 십자군 영토 안에 있던 그리스도교인들은 큰 두려움을 느낄 수밖에 없었습니다. 전쟁과 위협을 통해 이슬람 세계를 하나로 통일한 살라딘은 이제 십자군이 점령하고 있는 영토를 되찾을 기회만 노렸습니다.

하틴 전투와
살라딘의 예루살렘 탈환

이슬람을 통합한 살라딘은 누르 알딘의 정책을 이어받아 '지하드'의 기치를 내걸었습니다. 그리고 십자군을 물리치고 예루살렘을 탈환하기 위해 다마스쿠스에 전진기지를 세웁니다. 이와 관련된 전투들이 바로 대표적인 십자군 전쟁 영화 〈킹덤 오브 헤븐〉의 배경이 된 것입니다.

한편 살라딘의 이슬람군과 맞서게 된 예루살렘의 왕 보두앵 4세는 한센병을 앓는 몸으로도 전장에서 눈부신 활약을 펼쳤습니다. 그는 살해 위협에도 몸을 사리지 않을 만큼 용감했고, 50도가 넘는 더위에 자기 몸을 말에 묶고 전투에 나설 만큼 책임감도 강했습니다. 또한 살라딘과 대등하게 전략과 전술을 구사할 정도로 정치적·전략적 판단력도 뛰어났습니다.

1177년 살라딘이 대규모 병력을 이끌고 아스칼론 요새를 침공했을 때, 보두앵 4세는 수적 열세에도 불구하고 소규모 군대로 몽기사르 지역에서 기습 공격을 펼쳐 승리를 거두기도 했습니다. 예루살렘 왕국의 짧은 역사 안에서 보기 드물게 훌륭한 왕이었던 셈입니다. 그러나 보두앵 4세는 신체적인 한계 때문에 사리사욕만

〈몽기사르 전투〉(샤를 필리프 라리비에르, 1844년, 베르사유 궁전)

채우려는 왕국의 지배층을 완벽하게 통제하지는 못했습니다.

보두앵 4세는 살라딘이 우선적으로 이슬람 세력부터 통합하느라 십자군과의 직접적인 충돌을 피하던 시기에는 살라딘과 비교적 우호적인 관계를 유지했습니다. 아울러 십자군 왕국 초기에 지나치게 많은 통과세를 부과해 무슬림과 유대인, 동방정교인들의 원성을 샀던 부분도 보두앵 4세 때는 상황이 훨씬 나아졌습니다. 안달루시아에서 온 이슬람 여행자는 이 시기의 우호적인 분위기를 이렇게 표현합니다.

그리스도교인들은 지나치지 않은 세금을 무슬림들에게 부과했다. 그리고 그리스도교 상인들도 무슬림 영토를 지날 때에는 그 대가를 지불했다. 이들 사이의 협정은 완벽했으며 공정하게 지켜졌다. 전쟁 당사자들은 전투를 벌이고 있었지만 민간인들은 평화롭게 지냈다.

아민 말루프, 《아랍인의 눈으로 본 십자군 전쟁》, 263쪽

그러던 중 십자군의 군사 거점인 케라크 성의 영주 르노 드 샤티용(샤티용의 르노)이 무슬림 지역을 위협하는 일이 벌어져 보두앵 4세와 살라딘 간의 휴전이 깨지게 됩니다. 르노 드 샤티용은 원래 낮은 신분의 영주였지만 결혼을 통해 안티오키아 공작의 지위에 까지 오른 인물로, 그전에도 충동적으로 비잔티움 제국과 전투를 벌였다가 패해 안티오키아를 위험에 빠뜨린 적이 있었습니다. 이어서 이슬람과 전투 중 알레포에 끌려갔을 때는 그의 아내가 몸값을 지불하지 않아 무려 16년이나 포로 생활을 했을 뿐 아니라 공작의 지위마저 잃었습니다. 그 사건을 계기로 르노 드 샤티용은 이슬람을 증오하게 되었고, 풀려나서도 복수심에 불타 무슬림들

케라크 요새 ⓒ 林高志

을 무자비하게 다루었습니다.

르노 드 샤티용은 또 한 번 결혼 동맹으로 요르단강 동쪽 울트레주르뎅의 영주가 되었고, 케라크 요새와 몬트레알 요새를 얻었습니다. 다마스쿠스와 이집트, 그리고 오늘날 사우디아라비아의 해안 지역인 히자즈를 잇는 통로를 위협하던 케라크 요새는 이슬람 세력에게 눈엣가시 같은 존재였습니다.

"성격이 잔인하고 허풍이 심하며 정치적인 음치"였던 르노 드 샤티용은 살라딘과 맺은 조약을 여러 차례 어겼으며, 무슬림을 공격하여 보두앵 4세에게 엄중 경고를 받기도 했습니다. 1183년 홍해에 함대를 진수해 무슬림 순례자들이 탄 선박을 격침시켰을 뿐 아니라 메카와 메디나를 약탈하려다 살라딘의 군대에 저지당한 적도 있었습니다. 심지어 르노 드 샤티용이 살라딘의 누이를 유린하는 사건까지 벌어졌습니다. 이에 살라딘은 "코란에 맹세코 저놈의 목을 직접 치겠다!"라고 보복을 다짐하면서 휴전이 깨져버린 것입니다.

그러나 예루살렘 왕 보두앵 4세는 몸이 너무 아파서 거동조차 버거웠고, 충분한 병력을 동원하기도 어려운 상황이었습니다. 십자군 내부에서 살라딘과의 전투에 반대하는 목소리가 나왔기 때문입니다. 한 예로, 르노 드 샤티용의 극단적인 행동을 멸시하던 트리폴리의 백작 레몽 3세 역시 살라딘과의 화해를 지지했습니다. 레몽 3세는 아랍어도 유창한 데다 이슬람의 경전까지 열심히 읽었던 인물로, 매부리코에 피부도 가무잡잡해서 서유럽 태생답게 큰 덩치만 아니라면 시리아의 토후처럼 보일 정도였습니다. 아랍 역사가인 이븐 알아시르는 레몽 3세에 대해 이렇게 적고 있습니다.

> 그 시기 프랑크인들 가운데 그처럼 담대하고 학식 깊은 인물은 없었다. […] 그러나 그는 야심이 너무 컸고 왕이 되고 싶은 욕심에 가득 차 있었다. 그는 섭정을 다졌으나 곧 권력에서 밀려났다. 그 일이 얼마나 원통했는지 그는 살라딘에게 친서를 보내 자신의 편에 서서 그가 프랑크인들의 왕이 되게 도와달라고 했다. 살라딘은 그의 청을 기꺼이 들어주어 무슬림에게 포로로 잡혀 있던 트리폴리 기병들을 즉시 석방하였다.
>
> 아민 말루프, 《아랍인의 눈으로 본 십자군 전쟁》, 262~263쪽

이와 같은 '십자군 국가' 내부의 분열은 1차, 2차 십자군 때 있었던 그리스도교라는 통일된 의식이 소멸됐음을 상징적으로 보여줍니다.

1185년, 살라딘과의 초대형 전투를 앞두고 있던 보두앵 4세가 병으로 세상을 떠났습니다. 보두앵 4세는 죽음을 직감하며 누이인 시빌라 공주에게 섭정까지 맡겼건만, 어린 아들과 함께 살던 시빌라 공주는 망나니 같은 기 드 뤼지냥(뤼지냥의 기)과 사랑에 빠지고 말았습니다. 기라는 인물은 사실 잉글랜드 왕 리처드 1세('사자심왕'으로 알려진)의 부하였는데, 잘못을 저지르고 추방당해 예루살렘에 순례차 와 있었습니다.[40] 보두앵 4세에 이어 시빌라 공주의 어린 아들이 왕위에 올랐지만 얼마 못 가 사망하게 됩니다.

예루살렘 왕국의 관리들이 공주의 남편인 기가 왕위에 오르는 것을 반대하면서 지도부 내의 갈등이 증폭되었습니다. 시빌라 공주는 갈등을 무마하기 위해 기와 이혼까지 하고 여왕이 되었으나, 다시 기와 재결합하고 왕위를 넘겨줘 버립니다. 결국 기회주의자인 기 드 뤼지냥은 약삭빠르게 예루살렘 왕국의 왕위를 차지했습니다.

'하틴의 뿔'에서 승패를 가른 '이것'

1187년 6월, 예루살렘 왕국의 왕이 된 기 드 뤼지냥은 살라딘을 무찌르겠다고 호언장담했습니다. 그러고는 종교 기사단을 중심으로 중근동의 그리스도교 세력을 총동원하여 살라딘 군대에 맞서기 위해 나섰습니다. 그 규모는 중무장 기사만 무려 1,200명으로 총 2만 명에 달했습니다. 물론 그 원정에도 십자군의 군사행동 때마다 함께했던 '성 십자가'가 빠질 리 없었습니다.

한편 살라딘은 자신이 직접 이끄는 1만 2천 명의 기병들만으로는 예루살렘을 점령하기 벅차다는 사실을 잘 알고 있었습니다. 그래서 예루살렘 주변에 있던 지방 토후들에게 도움을 청하여 전례 없이 3만 명에 달하는 최대 규모의 이슬람 병력을 끌어모았습니다. 이집트인, 튀르크인부터 심지어 아랍 베두인 용병까지 참가했을 정도였지요. 만일 예루살렘 공략에 실패하면 살라딘도 절체절명의 위기에 몰릴 상황이었습니다. 그래서 전략과 전술에 뛰어난 살라딘은 함대를 파견해 항구를 봉쇄함으로써 예루살렘 왕국으로 보내는 서유럽의 보급품부터 차단했습니다.

양측 군대는 갈릴리 호수 근처 하틴 지역에 위치한 두 개의 언덕, 즉 '하틴의 뿔'이란 별칭이 붙어 있는 장소에 진을 쳤습니다. 하틴 전투에서 승패를 가른 것은 개개 병사의 전투력이 아니라 어디까지나 전장을 지휘한 총사령관의 전투 감각이었습니다. 사실 병사 한 사람 한 사람의 전투력이라면, 중근동에 정착하여 무슬림을 무찌르는 일이 목표였던 십자군 측 성전 기사단이나 구호 기사단의 단원들이 단연 뛰어났을 겁니다.

그러나 예루살렘의 왕 기는 허풍만 떨었지, 이와 같은 대규모 전투 경험이 전혀 없었습니다. 더욱이 하틴 지역은 물이 없는 곳으로 '수원(水源)' 확보가 필수였는데, 이처럼 기본적인 전술조차 놓친 것입니다. 십자군 지도자 중 유일하게 이성적인 트리폴리의 백작 레몽 3세가 "물을 확보하고 수비전을 펼쳐야지, 이렇게 싸우면 안 된다"라고 강조했음에도 기 왕은 충고를 받아들이지 않고 무조건 돌격했습니다.

이와는 대조적으로 기 왕의 어리석음을 간파한 살라딘은 적을 불리한 상황에 몰아넣은 다음 궤멸시키는 전법을 썼습니다. 그리하여 밤새 연기와 소음으로 십자군을 괴롭히는 전술을 택했습니다. 십자군의 주력부대는 물도 마시지 못하고, 잠도 자지 못해 신경쇠약인 상태에서 이슬람 군대의 공격을 받아 궤멸되고 말았습니다. 레몽 3세와 이블랭의 발리앙이 이끄는 부대는 갈릴리 호수 쪽으로 진격하여 탈출했으나, 망설이던 기 왕과 상당수의 부대는 탈출을 포기하고 투항했습니다. 반면에 살라딘 군대가 입은 피해는 미미했습니다.

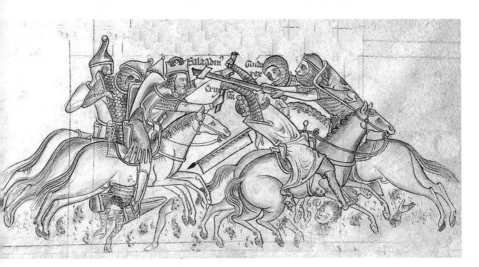

하틴 전투에서 성 십자가를 빼앗는 살라딘(매튜 패리스의 삽화, 13세기)

살라딘에게 투항한 십자군 포로들 중에는 기 왕과 그의 형제를 비롯하여 케라크 요새의 영주 르노 드 샤티용, 주바일·베이루트·시돈 지역의 영주들, 그리고 성전 기사단과 구호 기사단의 기사들이 있었습니다. 이때 십자군 최고의 성유물인 '성 십자가'도 살라딘의 수중에 들어가게 됩니다.

포로로 잡힌 십자군 지도자들은 술탄 살라딘에게 인도되었습니다. 살라딘은 포로들이 심하게 갈증을 느끼고 있는 모습을 보자 찬물을 한 잔 갖다 주라고 명했습니다. 기 왕은 먼저 물을 마시고 나서 르노 드 샤티용에게 잔을 건넸습니다. 그러자 살라딘이 기 왕에게 말했습니다.

"내가 물을 권한 사람은 당신이오. 나는 저자에게 물을 주도록 허락하지 않았소."

그렇지 않아도 르노 드 샤티옹에 대한 복수를 맹세했던 살라딘은 그동안 르노가 조약과 휴전협정을 어기거나 무시했던 사례를 열거하고 나서 곧바로 처형해 버립니다. 이를 지켜본 기 왕은 무자비한 살라딘이 자신도 죽일 것 같아 공포에 떨었지만, 예상과 달리 얼마 후 풀려납니다. 살아 있어도 별로 해가 되지 않는 존재라고 판단했기 때문일까요. 그러나 살라딘은 포로들 가운데 성전 기사단원들은 남김없이 죽였습니다. 이슬람 병사가 몸값을 받아내려고 숨겨둔 포로까지 직접 사들여서 죽였을 정도입니다.

기 왕의 막사를 지키던 150명의 성전 기사단원들은 엄청난 규모의 이슬람군을 세 번이나 격퇴했을 만큼 뛰어난 용장들이었습니다. 그들의 존재 자체가 이슬람 세계에 위협으로 느껴졌고, 무슬림들 입장에서는 그들이 침략의 선봉장이었습니다. 다만 같은 종교 기사단이라 해도 구호 기사단에 대해서는 전투와 의료 활동을 병행한다는 이유로 적개심이 덜했습니다. 그럼에도 구호 기사단 일부를 포함, 약 230명의 종교 기사단원들이 죽임을 당했습니다. 그 외에 몸값을 낼 수 없는 수천 명의 평민 병사들은 노예시장에 팔렸습니다.

하틴에서 살라딘의 군대가 거둔 승리는 이슬람 역사상 중요한 사건으로 기록되었고, 살라딘은 이슬람의 영웅으로 떠올랐습니다. 살라딘의 목표인 예루살렘 탈환을 위한 성공적인 출발이었던 셈입니다. 그 반면 십자군은 하틴 전투에서 대부분의 정예군이 목숨을 잃는 바람에 향후 살라딘의 군대와 대적하기 어려워집니다.

살라딘의 예루살렘 탈환

살라딘은 하틴 전투 승리에 이어 아스칼론을 비롯한 해안 일대를 탈환한 뒤 예루살렘 정복에 나섰습니다. 예루살렘 왕국은 그곳을 지키던 기사들 대부분이 기 왕을 따라갔다가 소수만 살아 돌아온 상태였습니다. 단 한 차례 전투로 인해 전쟁을 벌일 능력뿐 아니라 방어할 능력마저 잃고 만 것입니다. 그럼에도 십자군 진영은 남아 있던 몇몇 성전 기사단원들과 함께 병력을 최대한 동원해 전투태세에 들어갑니다.

포로로 잡혀 있던 이블랭의 발리앙은 살라딘에게 예루살렘의 가족을 구해와도 좋다는 허락을 받고 예루살렘으로 돌아왔습니다. 풍전등화 같은 상황에 놓인 예루살렘 주민들에게 발리앙의 등장은 실낱같은 희망을 안겨주었습니다. 예루살렘의 주교는 발리앙에게 "신에게 한 맹세를 지키는 것이 인간과의 약속을 지키는 것보다 우선"이라며 살라딘과의 약속을 어겨도 된다고 충고했습니다. 결국 발리앙은 살라딘에게 편지를 보내, 약속을 지키지 못한 것을 사과하며 자기 가족만은 살려달라고 간청했습니다. 살라딘은 약속을 어긴 발리앙의 청까지 받아들여, 그의 가족들이 바다 쪽으로 피할 수 있게 배려해 주었습니다.

발리앙은 가족들이 떠나간 것을 확인하고 나서 예루살렘 시민 30명을 임명한 후, 급히 징집하여 상당수의 군사들을 모았습니다. 십자군과 살라딘의 군대는 예루살렘을 차지하기 위해 격전을 벌였습니다. 약세에 몰린 십자군 측은 패전의 조짐이 보이자 살라딘에게 예루살렘을 양도하겠으니 그리스도교인들의 안전을 보장해 달라고 요구했습니다.

그러자 살라딘은 "나는 너희들이 1099년 예루살렘을 점령했을 때 무슬림 주민들에게 행했던 그대로 살인, 포획, 응징을 행할 것이다"라고 답함으로써 무력 탈환의 의지를 보였습니다. 이어서 공성기(攻城器)를 비롯한 각종 무기를 동원해 '헤로데의 문'이 있는 성벽의 취약한 부분을 허물어뜨렸습니다.

다급해진 십자군 측에서는 탁월한 협상가 발리앙을 살라딘에게 특사로 파견합니다. 살라딘이 무너진 성벽을 가리키며 발리앙에게 물었습니다.

"가진 것도 없는 자가 어떻게 협상을 하겠다는 말인가?"

그러자 발리앙은 최후의 카드를 꺼내들었습니다.

"예루살렘의 무슬림들을 모두 죽이고 우리도 죽겠소!"

이 말을 들은 살라딘은 생각에 잠겼습니다. 예루살렘을 정복하여 이슬람의 통합 군주가 되길 원하는데, 만약 온갖 부족이 드나드는 상업도시 예루살렘에서 그런 살육이 벌어진다면 살라딘의 무모한 공격 때문에 또 무슬림들이 죽었다는 얘기가 퍼져 나갈 테니까요. 결국 살라딘은 '자비롭고 위대한 군주'라는 이미지를 선택합니다. 아직까지 이슬람을 완전히 통합하지 못한 상태에서 강력한 십자군이 다시 쳐들어와 이슬람의 경쟁 세력과 결탁한다면 자신의 지위도 장담할 수 없었기 때문입니다. 살라딘은 자신의 세력을 굳히기 위해서는 절대적 권위와 명성이 필요하다고 판단했습니다.

관용을 베푼 살라딘

1187년 10월, 살라딘은 늠름한 모습으로 성스러운 도시 예루살렘에 입성했습니다. 예루살렘을 수복한 살라딘의 군대는 1099년 십자군이 예루살렘에서 저지른 만행과는 대조적으로 학살이나 약탈을 자행하지 않았습니다. 그래서 십자군이든 동방정교회의 그리스도교인이든 신변의 위험을 걱정할 필요가 없었습니다. 당대 유럽 사료에는 다음과 같이 기록되어 있습니다.

> 살라딘은 (예루살렘 탈환 전쟁 수행 중) 예루살렘의 유럽인들에게 이 도시를 방비할 충분한 기회를 주었다. 또한 그는 그들로 하여금 예루살렘 시 주변 15마일 내에 있는 토지를 경작하도록 허가하고 그들의 농작물에 대해 제재를 가하지 않기로 약속했다. 또한 그는 예루살렘을 탈환했을 때 십자군 측의 가난한 포로 7천 명에 대해서는 몸값을 받지 않고 풀어주었다. 이 점은 십자군이 1099년 예루살렘을 점령했을 당시 보여주었던 행위와는 판이한 것이다.
>
> 김능우·박용진 편역, 《기독교인이 본 십자군, 무슬림이 본 십자군》, 58~59쪽

일부 과격한 무슬림들은 십자군이 저지른 만행에 대한 앙갚음으로 성묘교회를 부수자고 주장했습니다. 그러나 살라딘은 그들을 돌려보내고 나서 오히려 교회의 경비를 강화한 다음 그리스도교인들도 원하면 언제든지 순례를 올 수 있다고 선언했습니다. 그런 한편으로 전쟁에 참가했던 무슬림들도 만족시킬 필요가 있었습니다. 그래서 부하를 시켜, '하틴의 뿔'에서 빼앗은 커다란 성 십

〈예루살렘의 살라딘〉(알렉상드르 에바리스트 프라고나르, 19세기, 캠페르 미술관)

자가를 말로 끌고 다니면서 이슬람이 십자군을 몰아냈다는 일종의 퍼포먼스를 연출했습니다. 그리스도교 성당으로 변했던 바위 돔 사원에 걸려 있던 십자가는 치워졌고, 왕궁과 마구간으로 변했던 알아크사 사원은 벽에 장미수가 뿌려진 뒤 무슬림 사원의 본모습을 되찾았습니다.

그 후 살라딘은 그리스도교인들에게 관용을 베풀었습니다. 그는 예루살렘 약탈을 일절 금하고 예루살렘의 그리스도교인들을 보호하기 위해 군을 파견했습니다. 실제로 살라딘의 군대는 성묘 교회도 파괴하지 않았고, 십자군 통치자들의 무덤도 범하지 않았습니다. 그뿐만 아니라 예루살렘의 그리스도교인들이 약간의 몸값만 내면 도피할 수 있게 허가해 주었고 특히 환자나 노인, 아이들의 경우는 무료로 보내줬습니다. 예루살렘 점령 후 다시 돌아온 무슬림들 사이에서 "예루살렘 총대주교는 막대한 재산을 가지고 떠나는데, 그런 자에게까지 낮은 몸값을 받고 호위병을 붙여줘야 하는가"라는 비판이 등장했을 정도라고 합니다.

살라딘은 자신이 관용을 베풀었던 이유와 관련하여 아들에게 다음과 같이 충고합니다.

"한번 흘린 피는 결코 멈추지 않는다. 관용과 애정으로 사람들의 신망을 얻어라."

이슬람 역사가들의 기록에 따르면, 살라딘이 예루살렘을 점령한 것은 금은보화가 탐나서도 아니요, 복수 삼아 한 일은 더욱 아니었습니다. 그 자신의 설명대로, 다만 "신과 신앙에 대한 의무"에서 비롯된 일이었습니다. 이슬람 입장에서 살라딘이 거둔 승리의 의의는 성지를 침략자들로부터 해방시켰다는 것뿐 아니라, 피와 파괴를 동반하지 않고 증오 없이 행해졌다는 데 있습니다. 살라딘은 자신을 비롯한 무슬림들이 성지에서 무릎 꿇고 기도드릴 수 있다는 사실만으로 흡족해했습니다.

이와 다르게 살라딘이 다른 요소들까지 고려하여 관용을 베풀었다고 주장하는 역사가들도 있습니다. 살라딘의 근본 목표는 이슬람의 통합인데, 유력한 적을 말살시켜 버리면 오히려 그 목표를 이루기 어려울 수도 있기 때문이라는 겁니다. 살라딘은 아직 이집트의 술탄이자 통합군 사령관에 불과했고, 그의 군대도 정규군이 아니라 40일 정도 종군한 후에 돌아가는 방식으로 운영되었습니다. 그러므로 계속 예루살렘에 주둔해서 수비하는 것도 쉽지 않은 상황이었습니다.

여하튼 예루살렘은 살라딘에 의해 88년 만에 다시 이슬람 세력의 휘하에 들어왔습니다. 그사이 방치되어 있던 이슬람 사원에도 이슬람교의 성직자 이맘(지도자)이 돌아왔습니다. 십자군이 예루살렘을 함락당한 사건은 단순히 한 도시를 잃은 데 그치지 않았습니다. 살라딘은 예루살렘을 점령한 후 내륙에 있는 십자군 요새를 공격했고 그때마다 쉽게 승리를 거두었습니다. 이제 시리아와 팔레스티나 지역에서 그리스도교 측에 남은 도시는 멀리 북쪽에 떨어져 있는 안티오키아, 그리고 트리폴리와 티레 항구 등 세 곳뿐이었습니다. 중근동의 그리스도교 세력은 말 그대로 풍전등화 같은 운명에 놓인 것입니다.

이어서 항구도시 티레마저 기나긴 포위 끝에 결국 항복하기로 결정했을 때, 마침 몬페라토의 코라도 후작(Corrado del Monferrato, 훗날 예루살렘의 왕 콘라드 1세)이 도착했습니다. 그의 뛰어난 전투 실력과 용맹함은 이미 널리 알려져 있었습니다. 그런 코라도 후작이 하틴 전투의 패배 소식을 듣고, 십자군 서약을 지키고자 달려온 것입니다. 코라도 후작은 항복을 철회시킨 다음, 티레를 이슬람군의 공격으로부터 지켜냈습니다. 이 덕분에 십자군 패잔병들이 해안가에 요새를 구축함으로써 지원군이 상륙할 수 있는 교두보가 만들어졌습니다.

다른 곳도 아닌 '성지 예루살렘'이 적의 수중에 들어갔다는 소식은 서유럽 전역을 전율케 했습니다.

예루살렘 재탈환에 나선
3차 십자군 전쟁

✳

살라딘의 예루살렘 점령 소식은 서유럽의 그리스도교 국가들에 빠르게 퍼졌고, 이 일로 교황 우르바노 3세가 충격을 받아 사망하는 등 악재가 겹쳤습니다. 그 뒤를 이은 교황 그레고리오 8세(Gregorius VIII, 재위 1187)는 짧으면서도 파란 많은 재임 기간을 보내는데, 그는 자신이 성지 예루살렘을 탈환한다면 교황의 권위도 함께 높아지리라 확신했습니다. 그리고 예루살렘이 함락된 데는 서유럽 지도자들의 책임도 있다는 것을 역설했습니다.

> 우리는 이러한 일들이 난폭한 신의 부당함으로 초래된 것이 아니라 자신의 직무를 태만히 한 인간들의 죄악에 의해 일어난 것으로 생각해야 합니다.
>
> W. B. 바틀릿, 《십자군 전쟁, 그것은 신의 뜻이었다!》, 322쪽

그레고리오 8세는 성직자들부터 모범을 보여야 한다며 엄격한 금식을 요구했고, 각국의 왕들이 중근동의 전투에 전념할 수 있도록 유럽 전역에 7년간의 휴전을 명하며 다음과 같이 외쳤습니다.

(좌) 교황 그레고리오 8세
(우) 교황 클레멘스 3세

"십자군에 참전하라! 참전하지 못하는 자는 정화와 금식, 기도로 십자군에 기여하라!"

그레고리오 8세와 후임 교황 클레멘스 3세(Clemens III, 재위 1187~1191)의 새로운 십자군 파병 요청에 따라 그리스도교 선교사들은 전 유럽을 다니며 전쟁에 참가하라고 선동했습니다. 선교사들은 아랍인에게 구타당해 피 흘리는 예수의 형상을 그려, 이슬람의 사도 무함마드가 예수를 살해했다는 상상을 불러일으킴으로써 신앙심을 자극했습니다. 그런가 하면 유럽 강국의 왕들은 봉건영주들을 통합하기 위한 목적으로 교황과 선교사의 외침에 적극 호응했습니다. 특히 전쟁 중이던 잉글랜드와 프랑스도 휴전을 맺고 교황 앞에서 십자군 참전을 서약합니다.

그 결과 서유럽의 신앙과 기사도적 미덕이 바탕이 된 3차 십자군 원정대가 탄생했으며, 이는 중세 역사상 최대 규모의 군사 이동이었습니다. '바르바로사(붉은 수염)'란 별명으로 유명한 신성

로마 제국 황제 프리드리히 1세(Friedrich I Barbarossa, 재위 1155~1190)
를 비롯하여 '존엄왕'이란 별칭의 프랑스 왕 필리프 2세(Philippe II
Auguste, 재위 1180~1223), 그리고 성난 사자처럼 맹렬한 기세를 떨쳐
'사자심왕(獅子心王)'[41]이라 불린 잉글랜드 왕 리처드 1세(Richard I
the Lionheart, 재위 1189~1199)가 참가한 십자군이 예루살렘을 향해 출
정한 것입니다. 교황권과 신성로마 제국이 지독한 경쟁 관계였던
점을 고려하면, 신성로마 제국 황제의 참전만으로도 당시 상황이
얼마나 심각했는지 짐작케 합니다.

　그러나 3차 십자군은 이처럼 강한 전력을 갖추고도 시작 단계
부터 삐걱거렸습니다. 잉글랜드와 프랑스 왕이 군대의 지휘권을
놓고 다투는 바람에, 기다리다 못한 황제 프리드리히 1세가 단독
으로 출발해 버렸기 때문입
니다.

신성로마 제국의 '붉은 수염' 프리드리히 1세

3차 십자군 지도자들 중 유
일하게 프리드리히 1세만
십자군 참전 경험이 있었습
니다. 프리드리히 1세는 과
거 2차 십자군 당시 20대
젊은 장군이었는데도 아드
리아노플(오늘날 튀르키예의

프리드리히 1세 바르바로사

에디르네)에서 산적 무리를 무찔러서 발칸반도에 명성을 떨쳤습니다. 그로부터 약 40년 뒤, 신성로마 제국 황제로서 70세를 바라보는 프리드리히 1세는 여전히 정력적이고 강인했으며 그리스도교 세계의 최고 군주답게 아무 망설임 없이 다시금 여정을 시작했습니다.

1189년 3월, 프리드리히 1세는 교황의 특사가 참여한 가운데 마인츠 대성당에서 아들인 슈바벤 공작 및 왕국의 많은 고위직 인사들과 함께 '순례자의 서약'을 엄숙히 맹세했습니다. 프리드리히 1세는 전투에 능했을 뿐만 아니라 전쟁의 필요성을 설득하는 능력도 탁월했습니다. 그의 영도 아래 같은 해 4월 신성로마 제국의 십자군 원정대가 소집되었으며, 그로부터 한 달 후 원정대는 다시 한번 발칸반도를 지나는 육로를 택해 출발했습니다.

프리드리히 1세는 두 명의 군주에게 외교 전갈을 보내어 협력을 요청했습니다. 한 명은 비잔티움의 황제이자 헝가리 왕이며 세르비아의 군주인 이사키오스 2세 앙겔로스(Isaakios II Angelos, 재위 1185~1195)였고, 다른 한 명은 살라딘의 적으로 알려진 룸 술탄국의 술탄이었습니다. 십자군 원정대는 빈을 거쳐 오늘날 헝가리, 세르비아, 불가리아 지역을 통과했습니다. 이동하는 동안 비잔티움 제국과의 관계가 점점 더 악화되어 프리드리히 1세는 비잔티움에 대한 공격까지 진지하게 고려했을 정도입니다.[42] 이사키오스 2세는 프리드리히 1세가 자신의 위치를 위협할지도 모른다고 우려해 살라딘과 비밀조약을 맺었기 때문에 십자군이 동방으로 진격하는 것을 최대한 방해했습니다.

십자군 원정대는 비잔티움 제국이 협력은커녕 방해를 하는 바람에 오랜 시간을 지체했고, 겨울이 끝날 때쯤에야 선박으로 다르다넬스 해협을 가로질러 진군할 수 있었습니다. 앞서 협력을 약속했던 룸 술탄국의 술탄도 프리드리히 1세를 배신하여 원정대의 낙오자들을 계속 약탈했습니다. 이에 따라 프리드리히 1세는 경로를 변경, 신하의 예를 지키는 아르메니아 군주들의 도움을 받아 타우루스산맥을 넘어가기로 결정합니다.

그러나 프리드리히 1세는 1190년 6월 10일, 타우루스산맥에서 흐르는 살레프강(괴크수강)의 상류를 건너다 익사하고 말았습니다. 찌는 듯한 더위를 식히려고 작은 시내에 몸을 담갔다가 차가운 강물 때문에 심장마비를 일으킨 것입니다. 물이 기껏해야 허리께밖에 오지 않았는데 말입니다. 프리드리히 1세의 죽음에 대해 여러 가지 추측이 난무했고, 움베르토 에코 같은 작가는 《바우돌리노》라는 소설에서 풍부한 상상력을 발휘하기도 했습니다. 또 많은 역사가들은 그의 죽음을 순교자의 전설로 미화했습니다.[43]

프리드리히 1세의 갑작스러운 죽음으로 인해 그를 따르던 신성로마 제국의 십자군은 전쟁을 계속할 의지와 열의가 사라졌고, 지도자를 잃은 채 귀국할 수밖에 없었습니다. 3차 십자군 전쟁은 이렇듯 처음부터 서방 세계의 예상을 벗어났습니다.

1191년 아크레 공방전

3차 십자군이 동쪽으로 진군하는 동안, 팔레스티나에서는 지중해 연안으로 밀려나 있던 십자군 국가의 잔존 세력이 다시 한번 결집하여 살라딘의 대군을 상대했습니다. 하틴 전투에서 포로가 되었던 예루살렘의 왕 기 드 뤼지냥은 살라딘에게 살려달라고 읍소한 끝에 "두 번 다시 나에게 칼끝을 겨누지 말라!"라는 조건을 듣고 풀려났습니다. 살라딘은 왕의 권위를 인정하는 편이 자신에게도 유리하다고 생각해서 왕들을 살려두었던 것 같습니다.

기 왕이 팔레스티나에 남은 마지막 그리스도교 도시 티레로 왔지만, 티레를 지키던 몬페라토의 코라도 후작은 그를 왕으로 인정하지 않고 성 밖에서 지내게 했습니다. 굴욕을 당한 기 왕은 1189년 8월에 피사와 시칠리아의 십자군 함대가 도착하자, 살라딘과의 약속을 어기고 400명의 기사와 7천 명의 보병을 모아서 무슬림이 장악한 해안 도시 아크레를 공격합니다. 기 왕은 아크레에 새로운 국가를 건설하겠다는 꿈을 안고 무모한 공격을 감행했던 것입니다.

기 왕의 십자군 부대가 육지에서 아크레 전체를 포위하고 공격을 가했지만, 아크레의 무슬림들은 살라딘이 수리한 성채를 중심으로 매우 격렬히 저항했습니다. 무슬림들은 던지던 돌이 떨어지자 시체의 일부를 절단해서 던지기도 했다고 전해집니다.

서유럽에서 온 배들이 해안가에 속속 도착해 십자군 측의 공격에 가세했습니다. 이슬람 측에서는 이집트 함대가 아크레 항구까지 바닷길을 트는 데 성공했지만 손실 또한 엄청났습니다. 살라딘은 대규모 구원 부대를 파견하여 아크레 성을 공격하는 십자군의 배후를 또다시 포위, 공격했습니다. 그러나 살라딘의 막강한 군사력도 적을 쉽사리 굴복시키지 못했고 2년 동안이나 지루한 공방

〈존엄왕 필리프 2세〉
(루이 펠릭스 아미엘, 1837년, 베르사유 궁전)

전이 이어졌습니다.

기 왕의 군대가 위기에 처했을 때, 드디어 1만 명에 달하는 3차 십자군 선발대가 아크레에 도착했습니다. 그들은 네덜란드, 플랑드르 지방에서 온 바이킹의 후예들로 이루어진 용맹한 부대였습니다. 그 리더는 '무적의 기사'라고 불리는 아베의 제임스(James of Avesnes)로, 출중한 리더가 이끄는 선발대 덕분에 십자군은 살라딘의 군대와 전면전을 벌여서 승리했습니다. 그러나 살라딘의 텐트를 점령하자마자 파티부터 벌이는 등, 여러 부대가 뒤섞인 십자군이다 보니 통제가 안 되었다고 합니다. 그 반면 살라딘은 강력한 리더십을 발휘하여 군대를 추스른 다음 방심한 십자군을 공격해서 전세를 역전시켰습니다. 이에 십자군 선발대의 리더인 아베의 제임스가 다시 나서서 참호를 파고 주특기인 수성 전략으로 버티자, 살라딘도 그 수비벽은 뚫지 못했습니다.

열세에 몰린 살라딘은 모든 이슬람 토후들에게 편지를 보내 지원군을 보충했습니다. 결국 참호전이 지속되자 십자군은 여자들까지 갑옷을 입고 싸워야 할 정도였고 식량마저 떨어져 절체절명의 위기를 맞았습니다.

1191년 4월, 다행히 프랑스 왕 필리프 2세가 십자군 부대를 이끌고 아크레 인근에 도착했으며 6월 초순에는 1만 7천 명에 달하는 잉글랜드 왕 리처드 1세의 본대도 아크레에 도착했습니다. 리처드 왕은 아크레로 오는 도중 키프로스섬을 점령한 뒤 25척의 갤리(galley)선에 병사들과 전쟁 물자까지 가득 싣고 왔습니다. 그 모습을 본 아크레의 십자군은 기쁨의 함성을 질렀고 요란하게 폭죽을 터뜨렸습니다.

사기가 오를 대로 오른 십자군은 거구이며 매우 용맹한 34세 리처드 왕의 지휘하에 아크레 성을 공격하기 시작했습니다. 리처드 왕은 이미 공성전을 예상하고 이동형 공성탑인 헬레폴리스(Helepolis)까지 분해해서 가져온 상태였습니다. 그러나 이슬람군의 반격도 만만치 않았습니다. 그들의 반격 무기는 1차 십자군 전쟁 때도 위력을 보인 '그리스의 불'이었습니다. 비잔티움 제국의 무기를 모방하고 개량해서 만든 그리스의 불은 물을 뿌려도 잘 꺼지지 않는 액체 불꽃으로, 리처드 왕이 가져온 헬레폴리스 세 대를 모두 불태워 버렸습니다.

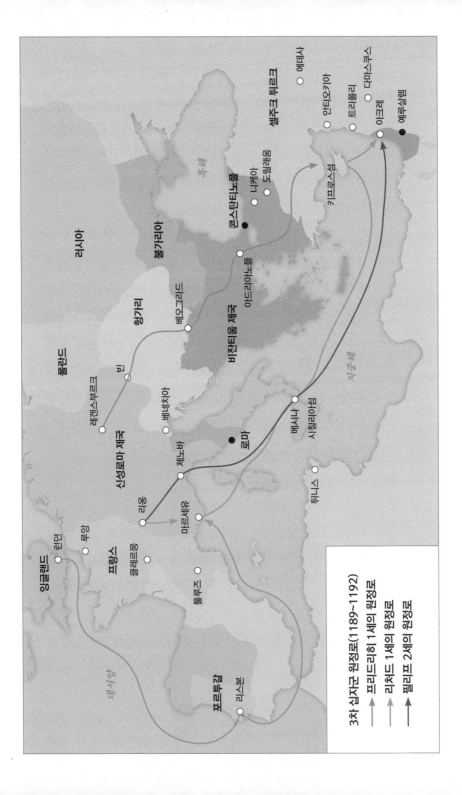

3차 십자군 원정로(1189~1192)
→ 프리드리히 1세의 원정로
→ 리처드 1세의 원정로
→ 필리프 2세의 원정로

잉글랜드
런던
루앙
프랑스
클레르몽
툴루즈
포르투갈
리스본
대서양

폴란드
헝가리
레겐스부르크
빈
베오그라드
신성로마 제국
베네치아
제노바
로마
마르세유
튀니스
시칠리아섬
메시나

러시아
불가리아
비잔티움 제국
아드리아노플
콘스탄티노플
니케아
도릴레움
흑해
키프로스섬
지중해
셀주크 튀르크
에데사
안티오키아
트리폴리
다마스쿠스
아크레
예루살렘

리처드 왕의 부대는 어쩔 수 없이 공병대를 투입하여 성벽의 주 춧돌을 하나씩 빼서 구멍을 만든 후 성으로 침입했습니다. 결국 십자군은 5주 만에 살라딘의 이슬람 군대를 완전히 몰아냈습니다. 새롭게 합류한 리처드 왕과 필리프 2세의 십자군은 전투적인 측면에서 볼 때 공성전과 동시에 살라딘 군대의 공격을 막아내는 방어전도 실행할 만큼 체계화된 군대였습니다.

술탄 살라딘은 십자군에 포위된 도시 아크레를 구할 희망을 완전히 잃고 뜨거운 눈물을 흘렸습니다. 그의 측근들은 건강을 걱정했고 의사들은 진정제를 처방해 줄 정도였습니다. 살라딘은 아크레 포위를 풀기 위해 모든 진지에 전면 공격 명령을 내리라고 지시했습니다. 그러나 이슬람 토후들이 "어찌하여 무슬림 군대를 무익한 위험으로 내모시는 겁니까?"라고 항의하며 말렸습니다. 당시 십자군은 수로 보나 힘으로 보나 월등해서 이슬람군의 어떠한 공격도 자살행위나 다름없는 상황이었기 때문입니다.

1191년 7월, 십자군 전쟁 역사상 최대 공방전이었던 아크레 전투는 십자군의 승리로 끝났습니다. 그러나 승리하자마자 프랑스 왕과 잉글랜드 왕의 불편한 관계가 다시 시작되어 십자군에게 부담을 주었습니다. 프랑스의 필리프 2세와 잉글랜드의 리처드 왕은 이전에 리처드가 아버지 헨리 2세와 맞설 때는 더없이 가까운 친구 사이였지만, 리처드가 왕이 된 후 필리프 2세의 동생과 약속했던 결혼을 파기하면서 둘 사이가 틀어져 버렸습니다. 필리프 2세는 리처드 왕과는 대조적으로 몸집이 작고 병약했으며 신경질적이어서, 인기가 없고 휘하 영주들에 대한 영향력도 약했습니다.

〈아크레 전투에서의 사자심왕 리처드 1세〉
(필립 제임스 드 루테르부르, 1807년경, 레스터 박물관 및 미술관)

결국 전투 내내 리처드 왕의 그늘에 가려져 있던 필리프 2세는 아크레 탈환을 확인하자마자 십자군 참전 서약을 지켰다는 핑계를 대면서 전리품만 챙겨 프랑스로 돌아가 버립니다.[44]

필리프 2세가 돌아간 이유에 대해 두 가지 설이 있습니다. 하나는 사자심왕 리처드 1세의 탁월한 전략과 용맹함에 감탄한 프랑스 기사들이 리처드 왕의 지휘를 받겠다고 자청해서, 필리프 2세가 자존심이 상했다는 주장입니다. 더 신빙성 있어 보이는 다른 하나는 필리프 2세가 정치적인 야망 때문에, 즉 리처드 왕이 십자군에 참가하는 동안 노르망디를 탈환하기 위해 먼저 떠났다는 주장입니다. 여하튼 이제 3차 십자군을 지휘할 수 있는 인물은 카리스마와 풍부한 자금력까지 두루 갖춘 잉글랜드의 '사자심왕'뿐이었습니다.

전천후 '군사 천재' 사자심왕 리처드 1세

3차 십자군 전쟁에서 명성을 떨친 리처드 1세지만 그의 젊은 시절은 불운했습니다. 부왕 헨리 2세는 리처드의 형을 신뢰해서 왕위 계승자로 지정했고, 형이 죽은 다음에도 동생들과 왕위 쟁탈전을 벌여야 했죠. 그가 왕위에 오르는 것을 싫어한 아버지 헨리 2세와는 전투까지 치렀습니다. 이때 프랑스 왕 필리프 2세는 잉글랜드를 약화시키기 위해 일부러 리처드의 편을 들었습니다. 리처드의 어머니는 프랑스 루이 7세와 이혼하고 잉글랜드 헨리 2세와 재혼한 아키텐의 엘레오노르였습니다. 리처드는 어머니와 함께 생활하면서 잉글랜드보다 프랑스 문화에 더 친근감을 느꼈고 영어도 사용하지 않았습니다. 더욱이 노르망디의 통치권을 가지고 있었기 때문에, 그를 프랑스인으로 착각한 이들도 많았습니다.

젊은 시절부터 대부분의 시간을 전쟁터에서 보낸 리처드는 사자심왕, 즉 '사자의 심장을 가진 왕'이라는 별명처럼 매우 용맹했습니다. 이슬람 측 역사가들도 리처드의 용맹함을 칭송하는 경우가 많았기에 '사자심왕'이라는 별명을 적군인 이슬람 병사들이 붙였다는 얘기도 있습니다. 여하튼 리처드는 그때까지 '총사령관은 후방에서 지휘한다'는 상식을 뒤집고 종종 선두에 서서 덴마크식 도끼를 휘두르곤 했습니다. 사자의 용맹함을 숭상하던 이슬람군이 리처드의 모습에 두려움을 느낀 나머지 길을 내주기도 했답니다.

그렇지만 리처드 왕이 용맹하기만 했던 건 아닙니다.《십자군》을 쓴 토머스 F. 매든은 리처드 왕을 훌륭한 군사 지휘관이자 "중세를 통틀어 최고의 군사 전략가"라고 평가합니다. 실제로 리처드는 대단위 군사 작전에 정통했으며 뛰어난 군인 정신의 상징이었습니다. 큰 키에 붉은색이 섞인 금발, 당당한 풍채와 강한 체력을 지닌 그는 이상화된 기사처럼 대담무쌍했습니다. 게다가 교양 있고 말씨도 세련된 데다 라틴어 시를 지을 정도로 지적인 재능도 겸비한 인물이었습니다.

영국 국회의사당 앞에 있는 리처드 1세의 동상

또한 리처드는 경험상 '원정의 성패는 재정의 안전성이 좌우한다'는 사실을 깨닫고, 3차 십자군 원정을 14개월 동안 준비하며 영지와 재산, 심지어 통치권까지 매각해서 최대한 자산을 마련했습니다. 뛰어난 리더였던 리처드는 십자군에 참가하고 싶다고 해서 무조건 병사들을 받아주진 않았습니다. 철저한 훈련을 통해 통제 가능하고 조직력이 좋은 정규군을 양성했던 것입니다.

리처드는 십자군 지도자 중에 예외적으로 보급과 병참의 중요성을 제대로 이해한 전략가이기도 했습니다. 그는 오랜 기간 준비한 끝에 배 216척을 이끌고 잉글랜드에서부터 8천 킬로미터를 항해했으며, 동지중해 해안에서 적의 해운을 초토화시킨 바 있습니다. 또 지중해를 통해 아크레로 향하던 중에는 '보급로' 마련을 위해 키프로스섬을 점령했습니다. 그곳에 보급기지를 확보한 덕분에 군을 정비하고 완벽하게 식량을 조달하면서 전투를 벌일 수 있었습니다.

십자군 전쟁에서 리처드가 보여준 야전 사령관으로서의 역량은 당대 최고였습니다. 적의 작전을 간파하여 과감히 대처하는 전략과 전술의 대가였고, 공성전의 천재였습니다. 그를 전장에서 직접 만났던 살라딘의 서기관 바하 알딘은 "리처드가 항상 격전의 한복판에 있는 동시에 모든 곳에 출몰한다는 사실, 그리고 그렇게 몸소 격전을 치르면서도 독수리같이 예리하게 작전을 지시할 수 있다는 사실"에 놀라워했습니다. 리처드는 불리한 지형의 한계를 명확히 인식해, 십자군이 예루살렘으로 남하할 때는 속도가 느릴지언정 안전을 확보하며 나아갔습니다. 적의 아킬레스건을 언제 어떻게 공격할지 알았으며 전투가 개시되기 전에 이미 승리할 상황을 조성했습니다. 십자군이 감정에 치우쳐 현실적이지 않은 선택을 하려 들 때마다 리처드는 이성적인 판단으로 자신의 부대를 위험에서 구해냈습니다.

리처드 왕은 솔선수범해서 일하는 모범적인 리더였습니다. 자신이 준비하지 못한 것은 다른 병사에게도 시키지 않았다고 전해지며, 리처드의 모범에 따라 그의 십자군 부대에서는 왕이든 귀족이든 기사든 하인이든 모두가 직접 돌과 바위를 날랐습니다. 그는 자기 몸의 안전에는 무관심했지만, 군대의 안전에는 항상 만전을 기했기 때문에 부하들은 리처드 왕을 깊이 존경하고 진심으로 충성을 바쳤습니다. 한 역사가는 리처드 왕이 잔혹함과 자비로움, 자만심과 용기를 모두 갖췄다고 평가했습니다.

리처드 왕과
살라딘의 리더십

✳

이슬람 포로를 학살한 리처드 왕

리처드 왕은 아크레를 점령했을 때 투항하면 살려주겠다고 약속한 뒤 2,700명의 이슬람군을 포로로 잡았는데, 이 포로들 문제로 살라딘과 협상을 시작했습니다. 리처드 왕은 포로를 돌려주는 조건으로 다음과 같이 요구했습니다.

"금화 20만 디나르(금으로 약 850킬로그램)를 지불하고, 살라딘이 가져간 성 십자가를 반환하라!"

살라딘은 이 조건에 동의했고 기한을 한 달로 정했습니다. 그런데 몸값 조달에 어려움을 겪어 기한을 맞추지 못하게 되자 살라딘은 일단 포로들의 몸값 일부만 지불하고 나중에 마저 지불하겠다며 재협상에 나섰습니다. 리처드 왕은 살라딘의 조건을 받아들이는 대신 이슬람 측에 1천 명 이상의 주요 포로들을 풀어달라고 요구했습니다. 살라딘이 이 요청을 거절하고 다시 재협상에 들어가자 리처드 왕은 그가 일부러 시간을 끈다고 생각했습니다.

1191년 8월, 결국 인내심이 폭발한 리처드 왕은 일부러 살라딘의 군대가 볼 수 있도록 아크레 인근 높은 언덕에서 이슬람군 포

리처드 1세의 이슬람군 포로 학살
(장 콜롱브의 세밀화, 1474년경, 프랑스 국립도서관)

로 2,700명을 동시에 처형해 버렸습니다. 어쩌면 많은 수의 포로
를 먹이고 유지하는 것이 벅찼거나, 또는 '살라딘이 돈을 주지 않
아서 우리 형제가 죽었다'는 소문으로 이슬람이 분열되기를 노렸
을지도 모릅니다. 어쨌든 리처드 왕은 아크레를 방어하던 이슬람
병사들에게 투항하면 살려주겠다는 확약까지 해놓고 비무장 포로
들을 살해한 것입니다. 이 만행으로 인해 무슬림은 십자군에게 더
욱 분노하게 됩니다.

　포로 학살을 저지른 리처드 왕에 대해 후대의 윈스턴 처칠 경은
다음과 같이 평했습니다.

정치에서는 어린아이처럼 미숙했다. 군사적 재능으로 얻은 이점을
어리석은 외교술로 내던지고 말았다.

W. B. 바틀릿, 《십자군 전쟁, 그것은 신의 뜻이었다!》, 348쪽

리처드 왕의 학살이 미친 영향을 고려하면 처칠의 평가에 공감
이 갑니다. 관대하다고 널리 알려진 살라딘조차 포로 학살에 대해
극도로 분노했고, 그 결과 그리스도교 포로들은 한동안 남녀를 가
리지 않고 끔찍한 고문을 당하다 죽어야만 했습니다.

예루살렘으로 진격하는 리처드 왕

1191년 8월 말, 리처드 1세는 자신의 십자군 부대를 아크레 외곽
에 집결시킨 다음 예루살렘으로 행군하기 시작했습니다. 그 왼쪽
에서는 살라딘이 이끄는 이슬람 군대가 나란히 남하하고 있었습
니다. 이때 전쟁 경험이 풍부한 살라딘의 나이는 54세, 그보다 젊
지만 전투라면 누구보다 자신 있던 리처드는 34세였습니다.

그동안 십자군과의 전투에서 승승장구하던 살라딘은 강적 리
처드 왕의 등장으로, 자신이 죽으면 누구도 이슬람 군대를 통합할
수 없다고 각성한 듯합니다. 살라딘은 이제 '하늘 아래 두 개의 태
양은 없다'는 사실을 침략자인 십자군에게 보여주어야 했습니다.
그러나 당장은 침략자들로부터 팔레스티나 해안 지대 통제권을
빼앗을 도리가 없을뿐더러 그 군대를 물리친다는 것은 더욱 어렵
다는 사실도 알고 있었습니다. 살라딘은 어떤 대가를 치르더라도
십자군이 예루살렘으로 진출하는 것만은 막고 싶었습니다. 그만

큼 예루살렘을 잃는다는 것은 무슬림들에게도 큰 상처가 되기 때문입니다.

리처드 왕이 예루살렘으로 남하하기 전에 가장 먼저 한 일은 부대원 2만 명에게 열흘치 식량과 물을 공급한 것이었습니다. 그는 사막에는 강이 별로 없을 뿐 아니라 우물에는 무슬림이 독을 풀었을 거라고 추정하여 충분한 물을 나눠주었습니다. 추가로, 기사 6천 명에게는 말을 먹일 건초와 물도 함께 배급했습니다. 이를 위해 엄청난 양의 식량과 물이 필요했지만, 리처드 왕은 미리 꼼꼼히 챙김으로써 병참의 측면에서도 뛰어난 능력을 발휘했습니다.

리처드 왕은 해안가에서부터 예루살렘으로 진격해 가면서 이제까지 볼 수 없었던 독특한 진군 방식을 취했습니다. 보병, 기병, 수송대가 삼중 구조를 이루어 이동했고, 수송 보급품을 실은 함대가 해안선을 따라 공격진과 동행했습니다. 지금까지 십자군 기사들은 전략적인 고민에 앞서 무조건 공격하다가 죽는 것을 영예로 여겼고, 그러다가 전열에 균열이 생기면 이슬람군이 빈틈을 노려 십자군의 보급품을 강탈해 가곤 했습니다. 이에 대비하기 위해 리처드 왕은 대열의 맨 앞에 성전 기사단을 세우고 맨 뒤에 구호 기사단을 세워, 십자군을 이중으로 보호한 것입니다. 또한 자신이 가장 통제하기 쉬운 잉글랜드군을 곳곳에 배치해서 체계적이고 조직적으로 이동하게 만들었습니다.

살라딘은 이번에도 걸핏하면 궁수 부대를 보내 십자군을 괴롭혔습니다. 리처드 왕은 그와 같은 기습 공격으로 인한 압박감을 덜기 위해 보병들을 위험한 왼쪽과 안전한 오른쪽에 교대로 배치했습니다. 살라딘이 곳곳에 매복시켜 놓은 병력도 끈질기게 십자군을 공격했지만, 리처드 왕은 용맹한 기사들을 앞세워 격퇴시켰습니다.

한동안 살라딘의 이슬람 군대는 육박전 대신 화살만 소나기처럼 쏘아댔습니다. 화살은 너무 먼 거리에서 날아와 위력은 없었으나 십자군의 갑옷과 흉갑에 빽빽이 박혔습니다. 어떤 병사들은 화살이 열 대나 꽂혀 고슴도치 같은 모습이 됐는데도 대열을 이탈하지 않고 행군했습니다. 리처드 왕의 잘 훈련된 부대는 불만도 토로하지 않고 지독한 피로와 위험을 이겨내고 있었습니다. 그들의 놀라운 인내심은 이슬람 군대의 찬탄까지 자아낼 정도였습니다.

그러나 아무리 용맹한 십자군이라 해도 무기를 들고 사슬 갑옷까지 입은 채로 무려 40도까지 치솟는 한낮의 무더위를 감당하기는 힘들었습니다. 병사들은 뜨거운 열기 때문에 여러 번 정신을 잃었고 운 좋게 배로 옮겨지면 회복할 수 있었지만, 그러지 못하면 쓰러진 자리에서 그대로 숨을 거둘 정도였습니다. 십자군이 행군하는 길에는 가시덤불과 잡초가 무성했고, 독사와 독충들을 몰아내느라 흔들어대는 수천 개의 냄비, 솥, 방패, 투구 소리 때문에 잠도 제대로 잘 수 없었습니다. 말과 인간의 배설물이 뒤섞여 나는 악취까지 더해지자 인내심 강한 십자군 병사들도 결국 불쾌감을 호소했습니다. 이에 리처드 왕은 새벽부터 정오까지만 행군하고, 하루 행군하면 다음 날은 쉬게 하는 식으로 병사들의 고통을 덜어주고자 했습니다.

사상 최대 아르수프 전투

1191년 9월, 리처드 왕은 살라딘과 조약을 맺기 위해 사신을 보냅니다. 하지만 살라딘으로서는 조약 내용을 받아들이기 어려웠습니다. "살라딘이 이끄는 이슬람군의 전면 철수와 팔레스티나 전역을 프랑크족에게 반환할 것"을 요구했기 때문입니다. 협상 결렬 직후 살라딘이 이끄는 이슬람군과 리처드 왕이 지휘하는 십자군은 아르수프 근처의 숲에서 정면으로 충돌했습니다. 아르수프는 아크레에서 예루살렘을 향해 내려가다 보면 거치게 되는 해안 도시 중 하나로, 전략적으로 매우 중요한 곳이었습니다. 살라딘에게 빼앗긴 예루살렘 탈환이 최대 목표였던 리처드 왕은 아르수프를 무조건 손에 넣고자 했습니다. 양쪽 모두 한 발짝도 물러설 수 없는 입장이었습니다.

이전까지는 항상 매복했다가 기습 공격하는 살라딘의 전술이 큰 성공을 거두었습니다. 하지만 이번 전투에서는 잘 훈련된 십자군의 대응으로 번번이 기습에 실패하자, 초조해진 살라딘은 처음으로 근접전을 명령했습니다. 아주 가까이에서 화살을 쏘지 않는 한 십자군 기사들의 두꺼운 갑옷을 관통할 수 없었기에 살라딘은 기사들의 말을 쏘는 쪽을 택했습니다. 이런 전술에 맞서 리처드 왕은 민첩한 경기병(輕騎兵)들을 시켜 살라딘의 기마 궁수들을 막고, 제2방어선에는 방패를 든 보병 부대를 밀집대형으로 배치해 적들이 말에 접근하지 못하게 했습니다.

살라딘의 병사 3만여 명이 달려들어 본격적인 전투가 벌어졌습니다. 살라딘의 기병들은 원거리에서 화살을 쏘거나 투창을 던

사자심왕 리처드와 살라딘의 아르수프 전투
(귀스타브 도레의 삽화, 19세기)

지는 식으로 지속적인 공격을 가했으나 리처드 왕의 십자군은 꿈쩍도 하지 않았습니다. 리처드 왕은 오로지 밀집대형을 유지한 채 이슬람군을 향해 전진하라고 명령할 뿐이었습니다. 극한의 열기와 눈을 어지럽히는 아지랑이 사이로 부상자의 비명이 들리고, 귀를 찢을 듯한 북소리와 징소리가 울려 퍼지면서 지독한 혼란이 계속되었습니다.

리처드 왕은 풍부한 백병전 경험을 통해, 강한 공격으로도 적군을 무너뜨리지 못하면 오히려 공격군의 사기가 급격히 떨어진다는 사실을 알고 있었습니다. 상대방의 공격 전술이 모두 실패했을 때가 바로 최상의 반격 시점인 것입니다. 그래서 리처드 왕은 적극적인 공격을 하지 않고 방어적인 전술로 시간을 끌었습니다. 구호 기사단이 이슬람군의 집중 공격을 받아 여러 차례 지원을 요청했지만, 리처드 왕은 냉정하게 기다리라는 명령만 전달할 뿐이었습니다. 상대를 치기 위한 순간은 확실히 압도적이어야 했기 때문입니다.

마침내 구호 기사단이 더 이상 버티지 못하고 무너지려는 찰나, 리처드 왕은 기병대 전체에 돌격 명령을 내렸습니다. 이제까지 기병들을 지키고 있던 보병 부대가 길을 활짝 열어주자, 중무장한 기사들이 함성을 지르며 이슬람군에게 덤벼들었습니다. 리처드 왕은 직접 공격의 선봉에 나섰고 늘 그렇듯 덴마크식 도끼를 휘둘렀습니다. 그의 용맹무쌍함은 이슬람의 기록에도 잘 나타나 있습니다.

> 사납고 비범한 왕은 사방에서 아랍인의 머리를 잘랐다. 아무도 그의 칼을 피할 수 없었다. 그가 돌아서서 칼을 휘두를 때마다 널따란 길이 났다. 그는 연신 검을 휘두르면서 아랍인들을 베어나갔는데, 그 모습은 마치 낫을 든 농부가 곡식을 베는 것과 같았다.
>
> 제임스 레스턴, 《이슬람의 영웅 살라딘과 신의 전사들》, 315쪽

이슬람군이 전의를 상실하고 급히 퇴각하자, 리처드 왕의 군대

는 그들을 쫓아가며 도륙했습니다. 리처드 왕은 이슬람군이 거짓 후퇴 작전을 즐겨 쓴다는 사실도 알고 있었으므로 병사들에게 전투가 벌어진 평원 끝의 숲속으로는 따라 들어가지 말라고 명령했습니다. 대승을 거둔 환희의 순간에도 냉철함을 잃지 않았던 것입니다.

라이어널 랜던의 자료 〈리처드 왕의 편력기(The Itinerary of King Richard I)〉에 따르면, 격렬한 전투에 지친 병사들이 밤새 휴식을 취하고 나서 다음 날 전장을 살펴보니 32명의 이슬람 아미르와 7천 명에 달하는 이슬람 병사들이 죽어 있었다고 합니다. 그 반면 십자군의 병력 피해는 700여 명으로, 이슬람군이 참패를 당한 것입니다. 일반 병사의 손실이야 어떻게든 보충한다고 쳐도, 당시 아미르들은 이슬람 토후로서 자기 병력의 지휘관도 겸했기에 이슬람군의 지휘 체계는 큰 타격을 입었습니다. 아무리 살라딘이 술탄이라 해도 죽은 아미르의 후계 문제를 해결해 주거나 영주의 장례를 치르기 위해 귀환하겠다는 부대의 요청까지 무시할 수는 없었습니다.

아르수프 전투에서의 참패로 크게 낙담한 살라딘은 한동안 아무것도 먹지 못할 지경이었습니다. 하틴 전투에서 세웠던 위신이 산산조각 나고 말았기 때문입니다. 그의 부관 중 한 사람은 "리처드는 무적"이라 말했고, 이슬람군은 리처드 왕을 가리켜 '멜렉 리처드(Melek Richard)'라 부르게 되었습니다. 멜렉은 히브리어로 '대왕'이란 뜻입니다.

리처드 왕은 십자군 전쟁 역사상 그 누구도 이루지 못한 과업을 달성했습니다. 야생마 같은 다국적 부대를 하나의 지휘 체계 아래 통합시킨 것입니다. 이처럼 중앙 통제에 성공한 예는 중세의 전쟁사를 통틀어 보기 드물었습니다. 살라딘의 등장 이후 짙은 어둠이 드리웠던 십자군 국가에 사자심왕 리처드 1세는 한 줄기 희망의 빛이 되었습니다.

살라딘과 리처드 왕의 '브로맨스'

3차 십자군 전쟁을 다룬 소설이나 영화를 보면 살라딘과 리처드 왕이 만나는 장면이 자주 등장합니다. 월터 스콧의《부적》을 원작으로 한 〈사자왕 리처드와 십자군들(King Richard and the Crusaders)〉이란 오래전 영화에도 전쟁을 시작하기 전에 서로 위협하는 장면이 나옵니다.

먼저 리처드 왕이 칼을 쫙 빼서 옆에 있는 쇠사슬을 끊으며 협박합니다.

"항복하지 않으면 너희들은 이 쇠사슬과 같은 운명에 처할 것이다!"

그는 자기 행동을 보고 살라딘이 겁에 질리길 기대했을 겁니다. 하지만 살라딘은 담담한 표정으로 자신이 두르고 있던 비단을 풀어서 하늘로 던져 올리며 묻습니다.

"혹시 대왕께서는 이런 것도 할 수 있소?"

그러고는 순식간에 초승달 모양의 칼을 꺼내 공중에서 내려오는 비단을 단번에 잘라놓습니다. 이 광경을 본 사람들은 입이 떡 벌어졌습니다. 리처드 왕이 잘 들지 않는 무딘 칼을 준비했다면 살라딘은 아주 날카롭고 잘 다듬어진 칼을 준비한 셈입니다. 어쩌면 영화감독은 십자군 전쟁 당시 한 수 위였던 아랍의 문화를 강조하고 싶었는지도 모릅니다.

영화와 달리 실제로 두 영웅이 직접 마주친 적은 없었습니다. 사실 리처드 왕은 술탄 살라딘의 소문을 듣고 매료되어, 아크레에 도착하자마자 만나고 싶어 했다고 합니다. 그래서 살라딘의 남동생 알아딜(Al-Adil)에게 전령을 보내 만남을 주선해 달라고 요청했습니다. 살라딘은 곧바로 답신을 보내왔습니다.

"왕들은 협정을 맺고 나서야 만나는 것이오. 서로 낯을 익히고 음식을 함께 먹고 나서 전쟁을 한다는 것이 온당키나 하오?"

(좌) 〈사자심왕 리처드 1세〉(메리 조제프 블롱델, 1841년, 베르사유 궁전)
(우) 〈술탄 살라딘〉(크리스토파노 델 알티시모, 16세기, 우피치 미술관)

그러나 살라딘은 동생 알아딜이 리처드 왕을 만나는 것은 허락했습니다. 다만 각자 병사들을 거느리고 만난다는 조건을 달았지요. 리처드 왕과 살라딘은 직접 만나는 대신 사신이나 편지를 통해 교류했습니다. 교류가 연달아 이루어질 정도로 서로 인정하고 존경했을 뿐만 아니라, 각각 상대방 진영에서 가장 훌륭한 인물이라며 칭찬도 아끼지 않았습니다. 이와 관련하여 만화처럼 믿기 힘든 일화도 있습니다.

　　리처드 왕이 병에 걸리자 살라딘은 자신의 의사에게 치료받을 것을 권유하는 한편, 약으로 쓰라며 눈 속에 넣어 시원하게 만든 과일을 보내기도 했습니다. 라이어널 랜던의 〈리처드 왕의 편력기〉에 따르면, 살라딘이 전투 도중 말을 잃고 땅에 서서 싸우는 리처드 왕을 보고 "왕의 체통에 어울리게 말에 올라 싸우시라" 하며 날쌘 아랍 말 두 필을 보내준 적도 있다고 합니다. 리처드 왕의 입장에서는 기병으로 싸우든 보병으로 싸우든 상관없었지만, 그래도 살라딘이 선물한 말을 타고 더욱 용맹하게 싸움을 계속했습니다. 이렇게 이해하기 힘든 살라딘의 행동에 대해 영웅들 간의 동병상련이라고 해석하기도 합니다. 또는 양측 모두 왕권 강화를 위해 취한 전략적 태도일 수도 있습니다. 살라딘이 예루살렘의 기왕을 살려준 행동과 같은 맥락이라고 이해하면 될 듯합니다.

　　리처드 왕 또한 살라딘을 매우 높게 평가하면서 예우했고, 사절단으로 찾아온 살라딘의 일족도 정중히 대했습니다. 또 살라딘의 조카 알카밀(Al-Kamil)에게는 기사 작위를 선물로 주었습니다. 더욱이 리처드 왕은 살라딘에게, 자신의 누이와 살라딘의 동생 알아

딜을 결혼시킴으로써 이슬람과 그리스도교가 화해하고 예루살렘
은 결혼 선물로 삼자는 제안도 건넸습니다. 예루살렘을 공동 영지
로 지정해 평화스러운 공존을 모색하자는 의미였습니다. 일부 역
사가는 이처럼 리처드 왕이 알아딜을 "내 형제"라고 부르며 돈독
하게 지낸 것은 살라딘에게 대항하는 데 그 동생을 이용하려던 속
셈 때문이라고 말합니다. 그럼에도 살라딘은 리처드 왕의 제안을
유쾌한 농담이라며 받아주었지만, 이를 이해하지 못한 참모들의
결사반대로 실제 성사되지는 못했습니다.

예루살렘 공격

아르수프 전투에서 승리한 리처드 왕은 예루살렘에서 가장 가까
운 항구도시 야파와 아스칼론을 점령하고 이슬람의 공격에 대비
해 주변의 성채들도 복구했습니다. 예루살렘까지 한 발짝밖에 남
지 않은 상황이었습니다. 십자군은 예루살렘을 향해 진군을 이어
갔고, 살라딘은 이슬람군 지휘관들을 소집해 다음과 같이 연설했
습니다.

> 자네들은 이슬람을 사수하려는 군사들이다. 무슬림들의 피와 재산,
> 그리고 후손은 그대들에게 달려 있다. 만일 자네들이 도망한다면
> 적은 이 지역에 들어와 무슬림들을 죽이며 재산을 약탈하고 어린애
> 들과 여인들을 잡아갈 것이며 이슬람 사원에서 십자가를 숭배하고
> 코란과 이슬람 예배를 폐할 것이다. [⋯] 그대들은 무슬림들에게서
> 식록(食祿)을 받아왔으니 이제 그들을 적으로부터 지켜주고 그들

중 연약한 자들을 도와주어야 할 것이다. 모든 지역의 무슬림들은 그대들에게 의지하고 있다. 평안이 있기를!

김능우·박용진 편역, 《기독교인이 본 십자군, 무슬림이 본 십자군》, 60~61쪽

이제 십자군의 눈앞에는 예루살렘으로 가는 길이 활짝 열려 있는 듯했습니다. 기사들과 병사들은 곧 예루살렘을 탈환할 수 있으리라 믿고 기뻐했지만 리처드 왕은 고민이 점점 더 깊어졌습니다. 당시 예루살렘은 이슬람 세력에 둘러싸인 섬과 같은 형국이었습니다. 해안 도시들이야 지중해 통행권을 장악한 이탈리아 도시국가로부터 해상으로 물자와 병력을 보급받아 버텨냈으나, 내륙 도시인 예루살렘은 불가능했습니다.

그나마 1차 십자군 때는 이슬람 세력이 분열되어 어부지리로 예루살렘을 점령했지만, 3차 십자군의 사정은 전혀 달랐습니다. 살라딘이라는 위대한 술탄이 등장한 이후 이슬람 세력이 하나로 통합되어 있었기 때문입니다. 살라딘이 동원할 수 있는 병력은 최대 20만까지도 가능해 보였고, 그렇다면 설사 리처드 왕이 예루살렘을 점령해도 십자군 부대가 유럽으로 돌아간 뒤 이슬람군이 공격해 오면 다시 내주는 수밖에 없었습니다. 그래서 리처드 왕은 몇 개월쯤 예루살렘을 탈환하는 게 과연 무슨 의미가 있을까 싶었던 것입니다.

1191년 10월, 고민 끝에 리처드 왕은 예루살렘으로 진격하는 대신 살라딘과의 평화 협상에 나섰습니다. 협상을 통해 예루살렘을 되찾는다면 살라딘이 조약을 어기지는 않을 거라 믿었으니까

Chapter 4 ✳ 리더십이 돋보인 3차 십자군 전쟁 210

요. 협상 대표로 이슬람 측에서는 살라딘의 동생 알아딜이 나왔고, 이때 알아딜과 리처드 왕의 누이 사이에 혼담이 오갔습니다. 리처드 왕은 '성 십자가 및 베이루트까지의 해안 영토 반환, 예루살렘 자유 순례'를 두고 협상을 벌였습니다.

한편 살라딘 역시 예루살렘을 호락호락 내줄 마음은 없었습니다. 그는 리처드 왕과 협상하는 동시에 티레의 통치자인 몬페라토의 코라도 후작과도 접촉했습니다. 코라도 후작은 리처드 왕이 자신의 영토를 빼앗을지 모른다고 의심한 나머지, 살라딘에게 동맹을 맺자는 제안까지 해올 정도였습니다. 살라딘은 그 제안을 받아들이진 않았으나 리처드 왕과 협상할 때 압력을 가하는 수단으로 이용했습니다. 리처드 왕은 코라도 후작의 태도에 엄청나게 화가 났습니다. 그리고 살라딘이 협상에 쉽게 동의할 생각이 없음을 알고 전략을 바꾸었습니다. 우선 살라딘의 영지인 이집트에서 예루살렘으로 가는 도중에 있는 도시, 즉 아스칼론과 가자 등을 점령함으로써 이슬람의 보급로를 차단해 버린 것입니다.

1191년 11월경 살라딘은 당시 토후들의 반발에 부딪혀 일시적으로 이슬람 연합군을 해산해야 했습니다. 리처드 왕은 이 기회를 틈타 12월 중순에 일단 예루살렘 서쪽의 구릉지대까지 진격했다가 이내 군대를 되돌렸습니다. 본격적으로 예루살렘을 점령하려던 게 아니라 협상에서 유리한 조건을 점하기 위한 일종의 무력시위로 추정됩니다. 이후 1192년 1월 리처드 왕은 예루살렘 인근 베이트누바에서 해안 도시 아스칼론까지 물러났습니다.[45]

구호 기사단과 성전 기사단은 그 뜻을 이해했지만, 예루살렘을

살라딘의 군대
(《고드프루아와 살라딘 이야기》의 세밀화, 14세기, 프랑스 국립도서관)

되찾으리라 기대했던 프랑스 부대를 비롯한 많은 병사들은 리처드 왕의 퇴각에 크게 실망했습니다. 그럼에도 리처드 왕은 끓어오르는 혈기를 분출할 요량으로 몇 개월 동안 아스칼론에 튼튼한 요새를 새로 짓는 데 몰두합니다. 요새가 완공될 무렵, 살라딘은 평화협정 전까지 해당 요새의 돌담 하나 남기지 말고 완전히 부술 것을 요구했습니다.

리처드 왕의 갑작스러운 귀환과 협상

1192년 4월 부활절, 리처드 왕은 아크레에서 예루살렘 왕위를 결정하기 위해 제후들을 소집합니다. 그 후 얼마 되지 않아 헤리퍼드의 사제 로버트가 아크레에 도착해서 리처드 왕에게 잉글랜드의 불안정한 정치 상황에 대해 전했습니다. 지난해 가을에 잉글랜드 귀족들이 반란을 일으켜 리처드 왕이 섭정으로 세운 내각이 붕괴되었다는 얘기였습니다. 또 본국에서도 끊임없이 전령을 보내, 리처드 왕의 동생 존과 그 일파의 불온한 움직임을 알리며 하루빨리 귀국할 것을 종용했습니다. 더욱이 프랑스의 '존엄왕' 필리프 2세가 리처드 왕의 동생 존과 짜고 왕위를 빼앗으려 한다는 소문까지 들려왔습니다.

리처드 왕이 떠나는 것을 망설인 이유는 자신이 떠나는 즉시 그리스도교인들끼리 예루살렘의 왕위를 놓고 내전을 벌일지 모른다는 우려 때문이었습니다. 프랑스 왕과 십자군 국가의 제후들로부터 지지를 받고 있던 몬페라토의 코라도 후작은 계속해서 왕위를 요구했습니다. 결국 리처드 왕도 십자군 지도자들의 견해에 동의하게 됩니다. 그리고 왕위를 잃은 기 드 뤼지냥에게는 보상으로 키프로스섬을 주었습니다.

그런데 코라도 후작은 1192년 4월 예루살렘의 왕 콘라드 1세 (Conrad I)로 즉위하자마자 암살단인 아사신파의 자객에게 암살을 당했습니다.[46] 그 배후에 살라딘이 있다거나, 콘라드의 즉위를 꺼린 리처드 왕이 사주했다거나 하는 소문이 돌기도 했습니다. 평소 리처드 왕의 태도를 보면 그랬을 가능성은 매우 낮지만, 이런 주장은 나중에 리처드 왕에게 큰 해를 입히게 됩니다.

그 와중에 살라딘과의 협상은 여전히 진척이 없었습니다. 살라딘은 예루살렘에 마냥 버티고 앉아 시간을 보냈습니다. 1192년 6월 리처드 왕은 살라딘과의 협상에서 유리한 위치를 차지하기 위해 다시 한번 예루살렘으로 진격을 명합니다.

한편 리처드 왕에게 연이어 패한 살라딘은 전쟁의 흐름을 바꾸기 위해 이집트에 지원단을 요청했습니다. 그러나 리처드 왕은 대규모 대상단이 이집트에서 예루살렘으로 출발한다는 정보를 미리 입수하고 반격에 나섰습니다. 1192년 6월, 예루살렘 근처에 있던 리처드 왕은 500명의 기사와 1천 명의 최정예 보병을 거느리고 가서 이집트 대상단을 전광석화 같은 속도로 공격했습니다. 기습을 당한 무슬림들은 제대로 전투도 못 해보고 도망치기 바빴습니다. 결국 1,300명이 넘는 이슬람 병사들이 죽고 500명 정도가 포로로 잡혔습니다. 무엇보다 리처드 왕은 낙타 4,700마리, 당나귀와 노새 수천 마리를 비롯하여 금은, 무기, 의약품, 향료, 의복, 텐트 등을 약탈함으로써 전리품도 챙기고 전력도 더욱 강화할 수 있었습니다.

살라딘은 자신의 전력을 보강하기 위해 지원단을 요청했다가 오히려 숙적인 리처드 왕의 부대를 도운 셈이 되자 비탄에 빠졌습니다. 재위 기간 중 가장 힘겨운 시간을 보내야 했지요. 그는 자신도 큰 상처를 입었으나 무엇보다 병사들과 주변의 사기가 꺾이지 않도록 신경을 썼습니다. 살라딘은 자신이 심각한 잘못을 저질렀다고 시인했습니다. 그리고 자신과 무슬림들은 이곳에 머무르려고 왔지만 십자군의 왕들은 조만간 끝날 원정에 한번 참가하는 데 만족해할 거라고 설명했습니다. 아울러 프랑스 왕이 동방에서 100일 머물고 떠난 것처럼 잉글랜드 왕도 멀리 있는 자신의 왕국으로 돌아가 버릴 거라는 희망도 함께 전했습니다.

이 시기에 십자군 지도부 내에서 예루살렘 공격을 둘러싸고 갈등이 표출되는데, 이는 이슬람 진영에는 다행스러운 일이었습니다. 리처드 왕은 식수 부족 때문에(살라딘이 우물에 독을 풀었으므로) 예루살렘 정복은 어렵다고 주장하며 그 대안으로 이집트 원정을 제안했습니다. 이집트 원정은 살라딘으로 하여금 예루살렘을 포기하게 함으로써 '순례자들'의 목적을 간접적으로 이루어줄 것이란 설명을 덧붙였습니다.

십자군은 오랜 토론 끝에 이집트 원정을 결정했지만, 프랑스군을 대표하는 부르고뉴 공작은 원정을 거부했습니다. 결국 의견이 갈린 십자군은 예루살렘을 공격하지 못한 채 해안가로 퇴각했으며, 리처드 왕은 결말이 나지 않는 협상에 우울해하며 아크레에 머물렀습니다. 그는 프랑스와의 재대결을 앞두고 있는 자신의 군대가 궤멸할 것을 걱정하여 본국으로 귀환하기로 합니다.

야파 전투

1192년 7월, 리처드 왕의 귀국 계획을 전해 들은 살라딘은 6만 2천여 명의 대군을 동원해 항구도시 야파를 포위했습니다. 리처드 왕만 없다면 소수의 병력이 지키고 있는 야파 요새를 점령하는 일은 식은 죽 먹기라고 생각했기 때문입니다. 그러나 야파의 십자군 수비대는 아크레에 머물던 리처드 왕에게 지원을 요청하는 한편, 자체적으로도 대열을 정비해서 맹렬히 저항했습니다.

한편 야파의 필사적인 지원 요청을 들은 리처드 왕은 신의 도움을 청하며 군대를 소집하여 달려갔습니다. 군대는 둘로 나뉘어 기사단 중심의 주력부대는 내륙을 통해 남쪽으로, 리처드 왕은 수십 척의 배를 이끌고 해로를 따라 야파로 향했습니다. 해안가에 도착한 리처드 왕은 최측근 기사들과 함께 가장 먼저 바다로 뛰어들었고, 그 뒤를 이어 나머지 기사들과 보병들이 상륙했습니다. 야파를 이미 점령했다고 방심하여 약탈에 몰두하던 이슬람 병사들은 리처드 왕 부대의 기습 공격에 혼비백산했습니다. 리처드 왕은 수많은 이슬람군을 자신의 덴마크식 도끼로 찍어내면서 마침내 성전 기사단 건물 내부에 도달했습니다. 리처드 왕이 도착하자 야파의 십자군 수비대는 용기백배하여 이슬람 공격군을 물리쳤습니다. 살라딘은 '십자군 지원군의 도착'을 알리는 잉글랜드 깃발을 보고 망연자실했습니다.

육로로 남진했던 십자군 주력부대까지 합류해 야파의 수비대는 2천 명 이상으로 늘어났지만, 여전히 수적으로는 이슬람군이 압도적인 우위를 점하고 있었습니다. 살라딘은 여러 차례 기습 공격을 하며 리처드의 부대를 괴롭혔으나 용맹한 리처드 왕의 부대는 죽기까지 싸우겠다는 각오로 모든 공격을 막아냈습니다. 소수의 병력으로 야파를 지켜낸 것은 리처드 왕이 거둔 수많은 승리 중에서도 단연 돋보였습니다.

재개된 평화 협상

양편 모두 격전을 치른 뒤 잠시 쉬는 동안 평화 협상을 재개했습니다. 살라딘은 야파 전투에 패하면서 리처드 왕과 십자군을 쉽게 이길 수 없다는 사실을 인정했습니다. 리처드 왕은 리처드 왕대

야파 전투에서의 리처드 1세
(19세기 후반 삽화, 영국 국립도서관)

로 불안정한 잉글랜드의 정치 상황 때문에 한시라도 빨리 고국으로 돌아가길 원했습니다. 1192년 8월이 되자 리처드 왕의 인내심은 한계에 이르렀습니다. 그는 건강도 많이 나빠진 데다, 예루살렘 탈환에 나서지 않는다는 이유로 많은 기사들한테 비난을 사고 있었습니다. 게다가 예루살렘의 왕 콘라드 1세의 암살자로 지목되어 잉글랜드로 떠나야 할 형편이었으니 더 이상 지체할 수 없었습니다. 리처드 왕은 이블랭의 발리앙을 살라딘에게 보내서 다음과 같이 위협했습니다.

"예루살렘을 포기하겠다. 그럼에도 만약 강화 협상에 응하지 않으면 나와 십자군은 여기에 영원히 머무르는 수밖에 없다!"

살라딘 입장에서도 리처드 왕과 십자군이 계속 머무르는 것은 대단히 부담스러운 일이었습니다. 살라딘은 자신의 후계자들까지 십자군과 싸우느라 토후들의 병력을 동원할 경우 아직 불안정한 아이유브 왕조가 위태로워질 수도 있다고 생각했습니다.

1192년 9월, 마침내 리처드 왕과 살라딘은 평화조약을 체결했습니다. 십자군은 살라딘이 그렇게 원했던 아스칼론을 되돌려주고 이슬람 세력의 예루살렘 지배를 인정했습니다. 그 대신 살라딘은 십자군이 점령한 해안 도시들을 침공하지 않겠다고 약속했으며 예루살렘을 순례하는 그리스도교인들의 안전도 보장해 주기로 했습니다.

살라딘으로부터 통행증을 발급받은 십자군 전사들이 성묘교회에서 마지막 미사를 드리기 위해 예루살렘으로 들어갔습니다. 살라딘은 예를 갖춰 주요 인물들을 맞이하고 식사에까지 초대함으로써 참배의 자유를 보장한다는 굳은 의지를 확인시켜 주었습니다. 그러나 리처드 왕은 살라딘의 초대를 거절했습니다. 리처드 왕은 자신이 예루살렘을 그리스도에게 돌려드린다고 서약했기 때문에 그 서약을 완수하기 전에는 예루살렘에 입성하지 않을 것이라고 말했습니다. 아마도 승리자로서 의기양양하게 입성했어야 할 예루살렘에, 초대받은 몸으로 가고 싶지는 않았던 모양입니다. 평화조약이 맺어지고, 양쪽 다 무사히 포로들을 교환했습니다. 이 조약은 실제로 효과가 있어서 향후 26년간이나 지켜집니다.

살라딘과 평화조약을 맺은 리처드 왕은 같은 해 10월, 팔레스티나를 떠나 고국으로 향합니다. 이로써 3차 십자군 전쟁은 막을 내

리게 됩니다. 이 전쟁에 대한 평가는 다양하지만 십자군 입장에서
보면 일단 성공적이었습니다. 살라딘의 막강한 공격을 막아냈고,
십자군 국가들 간의 내부 불화를 잠재웠으며, 해안 도시들을 되찾
았을 뿐 아니라 막강한 이슬람 지도자와 평화조약을 맺었기 때문
입니다. 비록 예루살렘을 되찾지는 못했어도 팔레스티나의 그리
스도교인들에게 새로운 기회를 제공한 것입니다.

리처드 왕의 험난한 귀환

리처드 왕이 아크레에서 배를 타고 잉글랜드로 돌아가는 귀국길
은 마치 호메로스의 《오디세이아》를 방불케 할 만큼 파란만장했
습니다. 항해에 어려움을 겪다가 비잔티움 황제 이사키오스 2세
의 제국령에 도착해서는 공격을 받을까 봐 순례자로 위장했고, 이
탈리아 아퀼레이아 부근에서는 풍랑을 만나 배가 난파되기도 했
습니다. 리처드 왕은 어쩔 수 없이 극소수의 부하들만 데리고 비
밀리에 유럽 대륙을 횡단해야 했습니다.

　허기와 병에 시달리던 리처드 왕은 십자군 참전 중에 자기가 모
욕했던 오스트리아 공작 레오폴트 5세[47]에게 생포되었습니다. 리
처드 왕의 부하들은 고문을 당하고 리처드 왕 자신은 뒤른슈타인
성에 갇히는 신세가 되고 맙니다.

　1193년 2월, 리처드 왕은 신성로마 제국 황제 하인리히 6세
(Heinrich VI, 재위 1191~1197)에게 호송되어 트리펠스 성에 수감되었
습니다. 처음에는 황제로부터 왕의 권위에 걸맞은 예우를 받았지
만, 프랑스 왕 필리프 2세의 사주를 받은 보베 주교가 선동하면서

부터 형편없는 대우를 받다 마침내 신성로마 제국 법정에까지 서게 되었습니다. 죄목은 키프로스섬 정복, 살라딘과의 협상, 아사신파 자객에게 살해당한 예루살렘의 왕 콘라드 1세 암살 배후 등 다양했습니다.

용맹함뿐만 아니라 지적인 면에서도 뛰어났던 리처드 왕은 스스로를 열렬히 변호하여 법정을 감동시켰고, 자신의 정당함을 밝히고자 결투 재판까지 제의했으나 모두 몸을 사려 무산됐습니다. 하인리히 6세는 이탈리아 남부를 지키기 위한 군자금 목적으로 리처드 왕에게 보석금 15만 쾰른마르크(금으로 약 35,100킬로그램)를 선고했습니다. 이는 당시 잉글랜드 연간 소득의 2~3배에 달하는 엄청난 금액이었습니다. 잉글랜드 대법관이 달려와 하인리히 6세

하인리히 6세, 리처드 왕을 사면하다(12세기 후반 삽화)

와의 협정을 도운 후, 리처드 왕은 귀빈에 가까운 대접을 받게 됩니다. 그러나 거액의 보석금 마련이 난항을 겪으며 구금 기간이 길어졌습니다.

이 기회를 이용해 리처드 왕의 동생 존은 형 리처드가 이미 죽었다는 소문을 퍼뜨렸고, 용병 부대를 이끌고 런던으로 진격하여 섭정위원회에 복종을 강요했습니다. 또한 십자군 전쟁에 참가하는 시늉만 하고 귀국한 프랑스 왕 필리프 2세는 리처드 왕이 다스리던 노르망디를 침공했습니다. 리처드 왕의 동생 존과 필리프 2세는 리처드 왕의 석방을 막기 위해 온갖 방법을 동원했습니다. 존은 리처드 왕의 보석금을 지불하기는커녕 그를 돌려보내지 말아달라며 뇌물까지 바쳤다고 합니다.

리처드 왕의 재판 소식을 듣게 된 어머니 아키텐의 엘레오노르가 사방팔방으로 손을 쓰고 나서야 비로소 리처드 왕은 석방되어 귀국길에 오를 수 있었습니다. 그의 석방 소식을 들은 필리프 2세가 리처드 왕의 동생 존에게 "사탄이 풀려났소"라고 알리자 존은 바로 파리로 도주했습니다. 다시 잉글랜드 왕위를 되찾은 리처드 왕은 어머니의 간청으로 동생 존을 용서했고, 두 형제가 힘을 합쳐 필리프 2세에게 보복했습니다.

살라딘의 최후

리처드 왕이 잉글랜드로 귀환한 후 살라딘은 4년 동안 떠나 있었던 시리아의 다마스쿠스로 돌아갔습니다. 살라딘은 자신이 쇠약해져 감을, 죽어가고 있음을 느꼈습니다. 이제 더는 하틴 전투에서 보여주었던 카리스마 넘치는 영웅의 모습이 아니었습니다. 토후들에 대한 권위는 약해진 반면 그를 비방하는 목소리는 날로 더해갔습니다.

살라딘은 원래 건강에 문제가 있어 수년 전부터 다마스쿠스와 카이로의 용하다는 의사들에게 정기적으로 관리를 받아왔습니다. 십자군과 치열하게 대치하던 중에도 수차례 말라리아가 재발해서 며칠씩 누워 있곤 했습니다. 시간이 지날수록 살라딘의 몸은 빠르게 쇠약해져, 다마스쿠스로 귀환하고 얼마 지나지 않아 다시 병상에 누웠습니다. 그리고 병세가 악화된 끝에 1193년 56세의 나이로 숨을 거두었습니다.

살라딘의 임종 당시 일화에 따르면, 그의 곁을 지키던 신학자가 "그분은 유일신이신 알라이시며 자비와 동정의 신이시라"라는 구절을 읽자 살라딘이 "그 말이 맞다"라고 중얼거리며 슬며시 미소를 지었다고 합니다. 일세를 풍미했던 그가 남긴 유언은 "이제야 유수프(살라딘의 본명)가 자신의 감옥에서 해방되는구나"였다고 전해집니다. 살라딘의 죽음은 전 이슬람 지역에 큰 충격을 안겨주었습니다. 사람들은 그의 장례 행렬을 보고 울부짖으며 애도했고, 무리를 지어 조문하러 왔습니다.

무슬림들에게 살라딘은 십자군과의 전쟁에서 최대의 승리를 가져다준 인물입니다. 그는 예루살렘 탈환을 비롯한 여러 전투에서 승리함으로써 그 뒤를 이은 이슬람 지도자들이 이슬람 지역에서 십자군을 축출하는 계기를 마련해 주었습니다.

살라딘은 탁월한 군사 지도자인 동시에 뛰어난 정치가이기도

했습니다. 물론 그렇다고 해서 포로 수백 명을 처형하거나 노예로 팔아넘기는 등, 그 당시로서는 당연시되던 전제군주 노릇까지 굳이 마다했던 것은 아닙니다. 하지만 그 밖의 여러 면에서 상당히 관대하고 합리적인 면모를 보여주었습니다. 예루살렘을 탈환한 후 그 도시에 남겨진 과부와 고아들을 부양하도록 돈을 준 일화는 살라딘의 뛰어난 인류애를 잘 보여줍니다. 전투에 임해서는 단호하면서도 교활한 작전을 구사했지만, 때에 따라서는 타협과 외교라는 대안도 적극 이용할 줄 알았습니다.

평소 살라딘은 금욕적인 생활을 유지했고, 종교적 의무를 항상 앞세웠으며, 결코 정무를 게을리하는 법이 없었습니다. 살아생전 굉장히 검소했던 탓에 술탄이었음에도 장례 치를 돈조차 없어 일가친척의 지원을 받았다고 전해집니다. 이런 후일담은 종종 그의 검소함과 청렴함을 보여주는 증거로 쓰입니다.

살라딘의 최고 라이벌이었던 사자심왕 리처드 1세뿐만 아니라 많은 서유럽인들이 그에게서 미래의 이상적인 군주상을 보았습니다. 그리하여 단테는 《신곡》에서 이교도인 살라딘을 지옥으로 보내지 않고 비그리스도교인 중 훌륭한 이들이 머무는 특별 구역에 소크라테스와 함께 머물도록 했습니다.

그렇지만 놀랍게도 정작 이슬람권에서는 살라딘이 꽤 오랜 세월 잊혀 있었습니다. 무슬림들은 본래 관대한 성격의 살라딘보다는 무자비할지라도 막강한 권력자였던 지도자들(장기 또는 후기 십자군에 등장하는 바이바르스 등)을 십자군 전쟁의 영웅으로 칭송했습니다. 그러나 근현대에 들어서면서 살라딘이 다시 이슬람 역사 속의

다마스쿠스에 있는 살라딘의 동상 ⓒ Dosseman

영웅으로 재조명되고 있다고 합니다. 그가 다시 추앙받는 이유는
바로 아바스 왕조의 분열 이후 정치적으로 나뉘어 있던 파티마 왕
조의 시아파와 튀르크인들 중심의 수니파를 통합하고 십자군에게
침략당했던 중근동 일대를 탈환한 점이 재평가되었기 때문입니다.
　오늘날 팔레스타나 지역에서 기득권을 되찾으려고 끊임없이 투
쟁 중인 무슬림들의 마음속에 살라딘은 희망의 상징이자 신화적
존재로 살아 있습니다. 아랍 세계는 지금도 또 다른 살라딘을 기
다리고 있는 듯합니다.

✠

추악한 원정의 끝,
4차 십자군 전쟁

교황 인노첸시오 3세가 설계한
4차 십자군 전쟁

✳

3차 십자군 전쟁 후 성지순례는 가능해졌지만, 그리스도교인 입장에서 보면 성지 예루살렘은 여전히 이슬람 세력의 수중에 있었습니다. 1202년, 교황은 예루살렘을 되찾고 아크레로 수도를 옮겼던 예루살렘 왕국을 재정비하기 위해서 새로운 십자군을 제창했습니다. 십자군 역사상 가장 야만적이고 수치스러운 전쟁으로 기록된 4차 십자군 전쟁이 시작된 것입니다.

이 전쟁을 주도한 이는 1198년에 교황으로 선출된 인노첸시오 3세(Innocentius III, 재위 1198~1216)로, 역대 교황에 비해 파격적으로 젊은 나이였습니다. 인노첸시오 3세는 대귀족 가문 출신의 법학자였으며, 많은 금욕주의 저작물의 저자이자 노쇠한 전임 교황 첼레스티노 3세(Caelestinus III, 재위 1191~1198)가 해결하지 못한 어려운 상황을 타개해 줄 인물로 기대를 모았습니다. 인노첸시오 3세가 교황이 될 무렵, 신성로마 제국에서는 서구 주도권을 놓고 교황과 다투던 황제 하인리히 6세가 세 살짜리 아들을 남기고 사망하자 황위 계승을 둘러싼 싸움이 일어났습니다. 또한 유럽은 각종 전쟁에 휘말렸으며 그리스도교는 이단인 카타리파, 즉 알비파[48]의 위협을 받고 있었습니다.

인노첸시오 3세는 교황으로 선출된 직후부터 예루살렘 재탈환을 강력하게 주장했습니다. 새로운 교황의 목표는 그리스도교 세력 전체를 동원해 이전의 십자군을 능가하는 대규모 십자군을 만드는 것이었습니다. 또한 예루살렘을 단순히 무력 행사의 표적으로 보지 않고

교황 인노첸시오 3세

'하느님의 나라'를 상징하는 존재로 간주했습니다. 2차 십자군 전쟁 당시 클레르보 수도원의 베르나르두스처럼, 교황 인노첸시오 3세 역시 이전 십자군 원정의 실패가 참가자들의 세속적인 이해관계와 탐욕에서 기인했다고 믿었습니다. 그는 냉철하고 일관되게 이러한 주장을 펴는 한편, 새로운 십자군을 이끄는 일은 교황인 자신만이 할 수 있으며, 십자군은 그리스도교 세계의 미래를 보장하는 원대한 계획의 일부라고 생각했습니다.

11세기에 활동한 교황 그레고리오 7세 이후 12세기에 등장한 교황들도 대부분 교황 군주국가의 확립이라는 목표에 헌신했습니다. 그러나 그들은 그레고리오 7세만큼 열정적이지는 않았으며 교회의 일상적인 행정 업무 쪽에 더 관심을 쏟았습니다. 12세기 중반 이후로는 교황청 업무 시 법률 전문가의 중요성이 매우 커지

다 보니 주로 노련한 교회법 전문가들이 교황에 선출되었습니다. 인노첸시오 3세가 교회법 학자였던 것도 우연이 아니었지요. 이 같은 사실은 11세기 이전의 교황들이 대개 그리스도교 영성 전문 가인 수도사였던 것과 명확한 대조를 이룹니다.

12세기에 활동한 교황들은 관료제적인 정부를 발달시켰는데, 그것은 당시 세속 정부들보다 훨씬 앞선 수준이었습니다. 이를 통해 교황청은 더욱 부유해지고 효율적으로 운영되었으며 또한 강력해졌습니다. 교황들은 이전보다 더 막강하게 주교 선임에 영향력을 행사했으며, 법률을 제정하고 교황의 지도력을 과시하기 위해 종교회의를 자주 소집했습니다. 이런 과제를 가장 유능하고 성공적으로 수행한 인물이 바로 인노첸시오 3세입니다.

인노첸시오 3세는 교황 착좌 연설에서 '그리스도의 대리자(Vicarius Christi)'를 자처하며 교황이 지배하는 이상적인 세계를 꿈꿉니다. 이 꿈을 이루기 위해 1215년 로마에서 4차 라테란 공의회를 소집하여 교황의 강력한 지도력을 천명했습니다. 그는 교황의 주도하에 신앙의 기본 교리를 재확인하고, 로마가톨릭 문명권 아래 전체 그리스도교 세계를 통합하여 그레고리오 7세가 간절히 바라던 "세상의 올바른 질서"를 확립하고자 했습니다. 그 계획은 교황 인노첸시오 3세가 피렌체의 집정관에게 보낸 편지에 잘 나타나 있습니다.

그분께서는 '하늘'이라는 이름으로 불리는 보편 교회의 창공에도 두 개의 커다란 영예직을 두셨으니, 더 큰 것은—낮과 같이—영혼을 지배하고, 더 작은 것은-밤과 같이-육신을 지배합니다. 이것들이 바로 교황의 권위와 왕의 권한입니다.

게다가 달은 그 빛을 태양으로부터 받고 실제로 크기와 질과 상태와 효과에서 태양보다 작은 것과 같이, 왕의 권한은 교황의 권위로부터 자신의 품위의 광채를 받습니다.

하인리히 덴칭거, 《신경, 신앙과 도덕에 관한 규정·선언 편람》, 283쪽

이렇게 교황 인노첸시오 3세는 달이 태양으로부터 빛을 얻는 것처럼 황제와 국왕은 교황보다 아래 있다고, 서열 정리를 확실히 했습니다. 황제나 국왕의 세속적인 지배권에 대해서는 의문을 품지 않았으나, 그들이 '죄를 범할' 경우 언제든 교황인 자신이 나서서 견책할 수 있다고 확신했습니다. 이는 교황이 세속적 영역에 간섭할 근거를 마련한 것으로, 인노첸시오 3세는 자신이 신의 대리자로서 종교적 원리에 의해 국가를 지배하는 '신정정치'의 야심을 품고 있었습니다. 교황은 이제 아무런 거리낌 없이 세속 통치자들을 견책하고 또 교회를 지배하게 됩니다.

교황 인노첸시오 3세가 꿈꾼 신정정치의 계획 중 하나가 바로 예루살렘 재탈환이었습니다. 그동안 번번이 실패로 끝난 예루살렘 재탈환에 성공한다면 그리스도교 국가를 교황의 권위 아래 두고 통치할 발판이 마련되는 것입니다.

아이유브 왕조의 분열

살라딘이 세웠던 아이유브 왕조는 살라딘 사후에도 이집트에서

는 1250년까지, 시리아에서는 그보다 10년 더 명맥을 유지했습니다. 살라딘의 아들들은 아이유브 왕조 왕국을 분할해 통치했습니다. 장남 알아프달 알리, 그리고 알아지즈 우스만과 알다히르(앗자히르)가 각각 다마스쿠스, 이집트, 알레포 지역을 소유했습니다. 그러나 세 아들은 통치자로서 무능했고, 그 약점을 이용해 그들의 숙부이자 살라딘의 동생인 알아딜이 세력을 강화했습니다. 알아딜은 영토를 둘러싼 조카들의 갈등을 중재해 주다가 결국 본인이 직접 아이유브 왕조를 통합하고 술탄의 자리에 오릅니다.

교황 인노첸시오 3세는 살라딘의 세 아들과 그들의 숙부 알아딜 간의 알력으로 아이유브 왕조가 분열된 것을 보고, 십자군을 결성해 예루살렘을 탈환할 적기라고 판단했습니다. 그렇지만 교황의 십자군 소집령에도 유럽 각국의 왕들은 선뜻 나서지 않았습니다. 그동안의 경험상, 십자군 전쟁에 들어가는 자금이 막대하다는 것을 알고 있었기 때문입니다. 당시 십자군 원정을 위해 '살라딘 십일조(十一租)'라 불리는 엄청난 세금이 부과되었지만, 왕들의 국고에는 전혀 도움이 되지 않았습니다.

더욱이 역대 교황들은 왕과 제후들에게 아무 권력도 주지 않고 오로지 십자군 전쟁 수행만을 명령했던 것입니다. 아울러 교황은 군주들이 얼마나 충실하게 임무를 수행했는지를 모든 지역의 재속 성직자뿐 아니라 성전 기사단과 구호 기사단까지 동원해서 감시했습니다. 그 와중에 잉글랜드의 리처드 1세가 죽고 왕위를 계승한 동생 존과 프랑스 왕 필리프 2세는 서로 싸우느라 여념이 없어서 십자군에 참가할 형편이 아니었습니다.

결국 예루살렘 왕국을 통치했던 마지막 왕 앙리 2세 드 샹파뉴[49]의 동생 티보(Thibaut) 백작, 티보의 사촌이자 블루아 백작 루이(Louis), 플랑드르 백작 보두앵 6세 드 에노(훗날 '라틴 제국'의 왕 보두앵 1세) 등 일부 영주들만이 예루살렘 재탈환 임무를 완수하기 위해 나섰습니다. 이들은 왕은 아니라도 유럽에서 막강한 세력을 자랑하는 제후들로서 모두 20대의 젊은이였으며, 사자심왕 리처드 1세가 동방에서 시작한 일을 완수하기를 열망했습니다. 이에 힘입어 교황은 칼을 들고 싸울 수 없는 이들은 금식하며 기도할 것, 성직자들도 수입의 일부를 바칠 것 등을 지시하며 십자군의 열기를 고조시켰습니다.

예루살렘이 아닌
이집트로

※

4차 십자군 전쟁은 막이 오르기 전부터 많은 문제점을 드러냈습니다. 첫 번째 문제는 원정의 목적지가 예루살렘이 아니라 '이집트'였다는 사실입니다. 살라딘이 등장한 이후 이집트는 모든 이슬람 세력의 중심지로 떠올랐습니다. 이집트는 이슬람의 요새로서 이슬람 군대의 물자와 병사를 대는 공급원이었으며, 십자군에게는 동부 지중해 연안의 눈엣가시 같은 존재였습니다. 따라서 이집트의 중립화는 성지 예루살렘 점령을 위한 열쇠로 인식되었고, 비록 실현은 못 했지만 리처드 1세도 이집트를 공격하려 했던 것입니다.

십자군은 이집트로 가서 이슬람 주력을 격파해야 예루살렘을 차지할 수 있고 또 오랫동안 지켜낼 수 있다고 생각했습니다. 이와 더불어 팔레스티나 지역을 공격하지 않으니 리처드 왕과 살라딘의 1192년 평화조약을 존중하는 셈이었고, 당시 부유했던 이집트를 점령해 전리품까지 챙길 수 있으니 금상첨화였을 겁니다.

그러나 이 계획은 시작부터 난관에 부딪혔습니다. 사실 이집트로 가는 가장 손쉬운 방법은 배로 이동하는 것이었습니다. 비잔티움 제국의 붕괴로 소아시아를 횡단하는 육로 이동이 불가능해졌기 때문입니다. 더욱이 십자군 전쟁을 돌이켜 보면 육로로 갔을 때는 실패가 잦았던 반면, 3차 십자군 전쟁 때 리처드 왕이 바다를 통해 들어가서는 좋은 결과를 얻었기 때문에 그 방식을 따르려던 것입니다. 그런데 4차 십자군으로 나선 제후들에게는 리처드 왕처럼 많은 십자군 병력과 군량을 싣고 갈 배가 없었습니다.

자체적으로 배를 구하지 못한 십자군은 해군력이 강한 나라의 도움을 받기로 했습니다. 십자군은 이동에 필요한 선박을 확보하기 위해 해양 도시국가인 베네치아 공화국에 도움을 청했습니다. 베네치아는 과거 십자군에 참가한 전통도 있고 선박을 만드는 노하우도 축적된 나라여서 십자군 이동을 맡기에 최적의 조건을 가지고 있었습니다.

베네치아는 비잔티움 제국으로부터 무역 특권을 확보하는 데도 열의를 보였습니다. 다만 라이벌 국가인 피사와 제노바가 이미 장악하고 있는 시리아의 해안 지역 상권보다는 오히려 이집트 항구도시와의 교역에 관심이 더 많았습니다. 당시 베네치아는 아시아와의 무역을 통해 후추나 보석류를 수입해서 유럽에 판매하고 있었는데, 시리아 상인들과 가격 경쟁 중이던 값비싼 동방 후추가 나일강을 통해 이집트 항구에 도착했기 때문입니다. 게다가 베네치아는 이집트의 아미르인 알카밀과 실용주의 및 상업적 이해에 입각한 협정을 맺은 상태였습니다. 이집트의 술탄 알아딜은 베네치아인들에게 알렉산드리아나 다미에타 같은 나일강의 항구를 이용할 수 있는 권한과 안전을 보장했고, 그 대가로 베네치아는 서

유럽의 이집트 침공을 절대 지지
하지 않겠다고 약속했던 것입
니다. 이러한 상황에서 베네
치아는 십자군 원정을 지원
하는 데 소극적일 수밖에 없
었습니다.

엔리코 단돌로

　이때 십자군의 요청에 적극
적으로 응답하고 나선 인물이 있
었습니다. 바로 베네치아의 최고 통
치자, 즉 '도제(Doge)'⁵⁰인 엔리코 단돌로
(Enrico Dandolo)였습니다. 그는 80대 중반의 나이에 도제로 선출되
었는데, 눈도 잘 보이지 않아서 말을 타고 움직일 때면 시종이 필
요할 정도였습니다. 하지만 경제, 사법, 정치 등 모든 분야에서 탁
월한 업적을 남겼습니다. 이처럼 능력 있는 지도자가 성 마르코 대
성당에 모인 시민들에게 십자군의 필요성을 역설하고 나선 것입니
다. 엔리코 단돌로는 십자군의 요청을 이용해서 라이벌인 피사와
제노바에 역전할 기회를 노렸습니다.

　엔리코 단돌로는 십자군에게 9개월분의 식량과 500척에 달하
는 대함대를 제공해 주는 대가로 프랑스 왕실 수입의 약 2배에 달
하는 8만 5천 쾰른마르크(금으로 약 19,890킬로그램)를 지불할 것, 그
리고 전리품도 동등하게 나눌 것을 요구했습니다. 한시가 급했던
십자군은 그 제안을 받아들여 약속한 날짜까지 출항 준비를 마치
기로 계약하고, 교황도 이를 승인했습니다. 십자군과 베네치아는

조약을 비밀에 부칠 생각이었습니다. 능숙한 협상가였던 베네치아 측은 이집트 아이유브 왕조와의 약속 및 십자군과의 약속 모두 파기하지 않을 자신이 있었습니다.

같은 그리스도교 국가인 '자라'를 공격한 십자군

그런데 십자군과 베네치아의 계약에 문제가 생겼습니다. 4차 십자군을 주도적으로 준비하던 프랑스의 티보 백작이 갑자기 병으로 세상을 떠난 것입니다. 그 바람에 십자군의 모병 계획에도 차질이 생겨, 출항 날짜에 모인 십자군은 원래 계획의 3분의 1에 불과한 1만여 명뿐이었습니다. 그뿐만 아니라 십자군은 베네치아에 지급하기로 했던 금액도 다 모금하지 못해 약속보다 훨씬 모자란 5만 1천 쾰른마르크만 지불했습니다. 베네치아로서는 손해가 이만저만이 아니었습니다. 십자군을 실어 나를 배를 만들기 위해 온 나라가 상업 활동까지 중단하고 힘을 쏟아부었기 때문입니다. 베네치아인들은 손해를 감수할 사람들이 아니었습니다. 자국민들의 불만이 극에 달했을 때, 엔리코 단돌로는 십자군에게 빚을 갚을 수 있는 해결책을 제시합니다.

십자군이 베네치아에 반기를 들었던 자라(오늘날 크로아티아의 자다르)를 함께 공격해 준다면, 채무 기한을 연장해 주겠다는 것이었습니다. 아드리아해의 항구도시 자라는 가톨릭 신자인 헝가리 왕의 지배하에 있었으며, 이 지역 교역권을 두고 베네치아와 번번이 부딪치곤 했습니다. 그런데 십자군은 놀랍게도 베네치아의 제안을 받아들입니다. 빚을 갚지 않으면 이집트는커녕 바다로 한 발짝도 움직이지 못하는 데다, 십자군에 참가한 병사들 사이에서도 불만의 목소리가 터져 나왔기 때문입니다. 전쟁에 타고 나갈 배는 없지, 배를 타려면 빚부터 갚아야 하지, 게다가 병사들은 불만에 가득 차 있지, 십자군은 진퇴양난에 처한 상황이었습니다.

이렇게 해서 4차 십자군 전쟁의 두 번째 문제가 발생합니다. 십자군 전쟁과 아무 관련도 없을뿐더러 같은 그리스도교인이 사는 도시, 더욱이 교황에게 충성 서약까지 한 '자라'를 침공한 것입니다.[51] 십자군은 예루살렘을 되찾겠다는 대의명분을 핑계 삼아 돌이킬 수 없는 잘못을 저지르고 말았습니다.

1202년 11월, 십자군이 베네치아 군대와 함께 대규모 함대를 이끌고 자라에 도착하자 그곳 주민들은 성벽에 십자가 휘장을 걸어 그리스도교 도시임을 명백히 밝혔습니다. 엄청난 병력을 막아 낼 수 없음을 직감한 자라가 사절단까지 보냈지만 베네치아 군대와 십자군은 아랑곳하지 않고 공격을 개시했습니다. 결국 자라는 일주일 만에 항복했습니다. 성안에 들어간 십자군은 조금이라도 값어치가 있는 물건은 빼앗고, 가져갈 수 없는 것은 파괴해 버렸으며, 전리품들을 베네치아와 나눠 가졌습니다.

교황 인노첸시오 3세도 이 같은 사실을 뒤늦게 알게 됩니다. 4차 십자군의 열정적 후원자였던 교황은 언젠가부터 십자군 원정이 자신의 손을 벗어나 엉뚱한 방향으로 진행되고 있음을 직감했습니다. 특히 교황의 대리자였던 추기경 페트루스 카푸아누스(Petrus Capuanus)가 십자군과 함께 독자적으로 행동한다는 사실 때문에 더욱 불안했습니다. 그러던 차에 교황 자신에게 충성을 맹세한 도시를, 자신이 만든 십자군이 침략했으니 인노첸시오 3세가 느낀 참담함과 배신감, 분노는 이루 말할 수 없었습니다. 결국 교황은 십자군과 베네치아를 모두 파문하는 강력한 징계를 내렸습니다. 그러나 십자군의 지휘관인 제후들이 교황에게 재빨리 사절과 뇌물을 보내 용서를 구하자, 교황 인노첸시오 3세는 베네치아에 대한 파문은 유지하되[52] 십자군에 대한 파문은 거둬들였습니다. 마치 자라 정복이 단순히 십자군에게 필요한 배를 얻기 위한 대가인 양 행동한 것입니다.

4차 십자군의
콘스탄티노플 침략

✳

자라 약탈의 상처가 채 아물기도 전에 4차 십자군은 세 번째 잘
못을 저지릅니다. 예루살렘 재탈환과 상관없는 또 다른 제안, 즉
그리스도교 국가인 '비잔티움 제국'을 쳐달라는 요청을 승낙한
것입니다. 이 제안을 한 인물은 바로 비잔티움 제국에서 도망쳐
나온 앙겔로스 가문의 전 황태자 알렉시오스 4세(Alexios IV, 재위
1203~1204)였습니다.

자신의 나라를 쳐달라는, 이 '황당한' 요청을 이해하려면 그전
에 비잔티움 제국에서 벌어졌던 궁정 음모부터 알아볼 필요가 있
습니다. 이야기는 1195년으로 거슬러 올라갑니다. 그 당시 비잔티
움 제국의 황제는 알렉시오스 4세의 아버지인 이사키오스 2세였
습니다. 그리 훌륭한 통치자가 아니었던 이사키오스 2세는 과도
한 세금을 부과하다 자신의 형이 일으킨 쿠데타로 인해 황제 자리
에서 쫓겨났습니다. 그리고 눈까지 뽑힌 채 아들 알렉시오스와 함
께 유배됩니다.

이사키오스 2세 부자를 쫓아내고 황제 자리에 오른 알렉시오스
3세는 동생의 눈을 뽑고 안심했는지 조카인 알렉시오스를 석방하

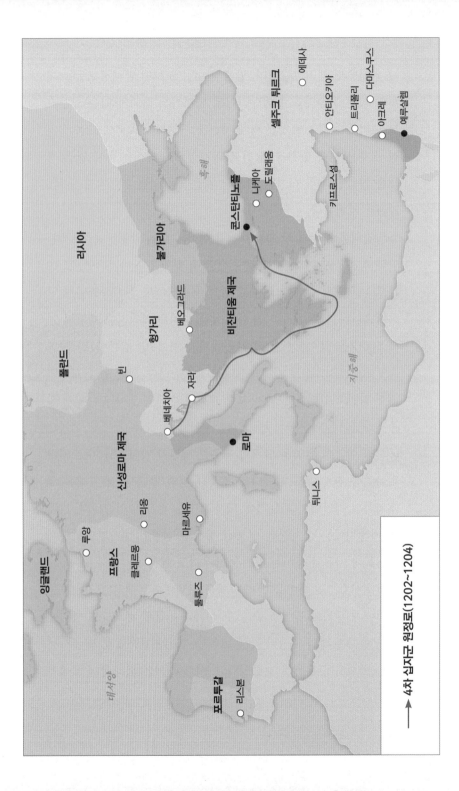

→ 4차 십자군 원정로(1202~1204)

고 원정에도 데려갔습니다. 탈출 기회를 엿보던 알렉시오스는 피사의 상선에 올라타고 이탈리아로 넘어가서 누이가 있는 궁전으로 도피했습니다. 빼앗긴 황제 자리를 되찾고자 외국에 도움을 청한 경우는 간혹 있었지만, 전 황태자 알렉시오스는 좋지 않은 상대를 골랐습니다. 비잔티움 제국의 운명을 하필 4차 십자군에게 맡겼던 것입니다.

비잔티움 제국의 전 황태자이자 미래의 황제 알렉시오스 4세는 만약 십자군이 콘스탄티노플을 공격해 황위를 찾아준다면, 그 대가로 1만 명의 군대를 내주고 십자군 전쟁에도 참가하겠다고 약속했습니다. 그뿐만 아니라 예루살렘 성지에 비잔티움 제국의 기사 500명을 상주시키고, 십자군에게 은화 20만 쾰른마르크(은으로 약 46,800킬로그램)도 지불하겠다고 밝혔습니다. 또한 동방 교회의 대표 격인 비잔티움 교회를 서방 교회의 수장인 로마 교황에게 복종시키겠다는 약속까지 했습니다.

사실 이러한 제안을 뒤에서 조종한 나라가 있었으니 바로 베네치아였습니다. 당시 비잔티움 제국의 황제 알렉시오스 3세는 베네치아의 라이벌인 제노바에 많은 특권을 주고 있었습니다. 그래서 베네치아는 십자군을 이용해 통상의 거점인 콘스탄티노플에 자신들과 마음이 통하는 정권을 세우려고 했던 것입니다.

알렉시오스의 제안을 받은 십자군 내부에서는 같은 그리스도교 신자에게 무기를 들이댈 수 없다는 쪽과 어떻게 해서라도 성지에 가야 한다는 쪽의 주장이 맞섰습니다. 그러나 신앙도 돈 앞에서는 힘을 발휘하지 못했던 모양입니다. 성지에 가기 위해서는 베네치아의 수송력이 필요했고, 그 비용을 충당하려면 콘스탄티노플로 가서 알렉시오스가 황제가 되도록 돕는 수밖에 없다고 결론을 내렸으니까요. 반대하던 일부 귀족은 십자군에서 이탈했지만, 그 외 대다수는 조금 도는 한이 있어도 반드시 성지에 가야 한다는 의견에 찬성했습니다.

대부분의 십자군 제후들은 베네치아에 진 빚을 없애고 자금과 병력을 강화할 수 있는 좋은 기회라 여겼으며, 동시에 비잔티움 교회가 교황의 관할이 된다면 파문당한 협조자 베네치아도 죄에서 벗어날 수 있으리라 기대했습니다. 1차 십자군 전쟁의 계기가 된 비잔티움 제국을, 즉 자신들에게 도움을 청했던 그곳을 직접 치기로 한 것입니다. 결국 십자군 지휘부는 미래의 황제 알렉시오스 4세와 협약을 맺습니다.

1203년 6월, 베네치아 군대와 알렉시오스 4세, 그리고 십자군

알렉시오스 4세 앙겔로스

은 아무런 저항도 받지 않고 콘스탄티노플에 도착했습니다. 콘스탄티노플은 단순히 비잔티움 제국의 수도만이 아니라 제국 그 자체였습니다. 여러 차례 제국에 닥친 심각한 위기를 극복할 수 있었던 것도 콘스탄티노플이 난공불락의 도시였기 때문입니다. 북프랑스의 시골에서 온 십자군 병사들은 물론이고 몇 차례 콘스탄티노플을 방문했던 베네치아인들조차 장엄하고 화려한 도시의 모습에 전율을 느꼈습니다. 그 당시 서유럽인들은 여전히 비잔티움 제국의 부와 문화에 동경심을 품고 있었던 것입니다.

십자군과 베네치아 연합군은 먼저 알렉시오스 4세가 탄 배를 보내어 도시 수비대와 시민들을 설득했습니다.

"이분이 진짜 주인이다."

그러나 수비대는 이렇게 대답했습니다.

"우리는 그런 사람을 모른다!"

연합군이 설득을 이어가자 수비대는 야유와 조롱, 욕지거리를 퍼부으며 돌을 던졌습니다. 이에 맞서 육지에서는 십자군의 기사단이, 바다에서는 베네치아의 해군이 유기적인 공세를 취했습니다.

콘스탄티노플이 난공불락의 도시가 된 데는 대성벽의 힘이 컸습니다. 도시가 세워진 지 900년, 아무리 비잔티움 제국이 약해졌다고 해도 콘스탄티노플은 이슬람의 공세에 한 번도 함락된 적이 없었습니다. 용맹한 십자군 기사들도 이 성벽 앞에서는 손을 쓸 도리가 없었지요.

그러나 바다 쪽에 면한 성벽은 육지 쪽 대성벽만큼 단단한 편은 아니었습니다. '그리스의 불'을 갖춘 강력한 비잔티움 해군이 버티고 있는 한, 바다에서 공격받을 일은 없다고 생각했기 때문입니다. 그런데 이 무렵 비잔티움 해군에는 빈약한 함선밖에 남아 있지 않았습니다. 이와는 대조적으로 베네치아 함대의 위용은 대단했습니다. 지중해의 제해권은 이미 비잔티움 제국에서 이탈리아의 도시국가들로 넘어간 지 오래였던 것입니다.

베네치아 함대는 바다 쪽 성벽에 배를 대고 공격을 시작했습니다. 이것은 과거 이슬람 군대도 시도해 본 전법으로, 비잔티움 군대가 번번이 격퇴한 바 있습니다. 그런데 이슬람의 배는 높이가 낮았던 반면, 베네치아의 대형 갤리선은 성벽과 높이가 비슷했습니다. 베네치아 해군은 갤리선을 중심으로 여러 척의 배를 연결하고 그 위에 '움직이는 다리'라는 대형 공성기를 놓은 뒤 성벽을 공격했습니다.

과거 3차 십자군 전쟁 당시만 해도 리처드 1세는 분해한 대형 공성기를 현지에 가져와서 다시 조립했습니다. 그러나 베네치아가 본격적으로 참전하면서 공성기 자체를 본국에서 직접 제조하여 완성품을 그대로 옮겨올 수 있었습니다. 베네치아의 뛰어난 조선 기술 덕분이었죠. 베네치아 공화국은 도시국가라서 프랑스나 잉글랜드와 비교하면 인구가 10분의 1밖에 안 되었기에 효율성과 기계화에 대한 집착이 더욱 강했습니다.

베네치아의 도제 엔리코 단돌로는 앞도 잘 보이지 않는 노구를 이끌고 전장에서 항상 선두에 섰습니다. 특히 콘스탄티노플을 공격할 때는 완전무장을 한 채 성 마르코의 깃발을 들고 갤리선의 뱃머리에 서서 부하들의 상륙작전을 독려했습니다. 마침내 십자

콘스탄티노플에 상륙한 베네치아 해군
(장 콜롱브의 세밀화, 1474년경, 프랑스 국립도서관)

군이 콘스탄티노플 내부로 입성하자, 알렉시오스 4세의 백부이자
비잔티움의 황제 알렉시오스 3세는 돈을 챙겨 달아났습니다. 전
해오는 얘기에 따르면, 알렉시오스 3세는 달아나기 전에 유폐되
어 있던 동생 이사키오스 2세를 찾아가 사죄했다고 합니다.

"미안하다, 오늘부터는 네가 황제다."

십자군은 약속대로 이사키오스 2세를 다시 황위에 올렸고, 뒤
이어 아들 알렉시오스 4세가 황위를 물려받았습니다.

빨리 성지로 가고 싶었던 십자군은 새로운 황제 알렉시오스 4

세에게 약속한 돈을 지불하라고 요구했습니다. 그렇지만 알렉시오스 4세는 약속을 지키고 싶어도 지킬 수 없었습니다. 처음부터 무리한 약속이었던 데다, 백부인 알렉시오스 3세가 돈을 갖고 달아나는 바람에 비잔티움 제국의 금고마저 비어 있었기 때문입니다. 십자군 덕분에 황제가 된 알렉시오스 4세는 십자군이 성지로 떠나고 나면 혼자 힘으로 권력을 유지할 자신도 없었습니다. 그래서 십자군에게 수도 교외에 주둔지를 제공하고 약속한 돈의 일부를 지불한 뒤, 나머지 돈을 준비할 때까지 기다려달라고 부탁했습니다.

그사이 십자군 병사들은 콘스탄티노플을 구경하러 다녔는데 처음에는 순례자로서의 본분을 다하고자 도시 안의 교회와 수도원을 방문하기도 했습니다. 그러나 콘스탄티노플 시민들은 일부 병사들의 오만한 행동 때문에 눈살을 찌푸렸습니다. 게다가 비잔티움 교회가 로마 교황의 관할권에 들어가기로 한 약속은 동방정교회의 성직자들과 논의되지 않은 내용이었습니다.

그런 상황에서 알렉시오스 4세는 시민들에게 가톨릭교로 개종할 것을 요구했고, 엄청난 세금을 매겨 십자군에게 돈을 갚으려 했지만 충분치 않았습니다. 십자군은 약속한 대로 돈을 주지 않으면 어떤 수단을 써서라도 받아내겠다며 윽박질렀습니다. 알렉시오스 4세는 백부를 지지하던 자들의 재산을 몰수하고, 귀금속을 떼어내기 위해 성배와 성화 등 교회 용품까지 빼앗아 파괴했습니다. 콘스탄티노플의 귀족들은 황제가 십자군에 질질 끌려다니며 무리하게 돈을 걷는 모습을 보고 불만이 쌓였습니다.

그러던 중 콘스탄티노플 시민들의 반감은 의외의 곳에서 폭발합니다. 1203년 8월 베네치아인들이 콘스탄티노플에 있는 무슬림 거주 지역을 습격하고 이슬람 사원을 파괴하는 일이 발생했습니다. 그런데 이야기를 듣고 달려간 시민들이 무슬림들을 동정하며 오히려 십자군 병사들에 맞서 싸운 것입니다. 이교도들과 사이좋게 지내온 비잔티움 사람들은 종교가 다르다는 이유로 상대를 위협하는 일을 야만적인 행동이라고 여겼기 때문입니다. 그때 십자군 병사가 인근 건물에 불을 질렀는데, 강풍이 불자 불길이 시내 중심부를 휩쓸어 폐허로 만들어버렸습니다.

십자군에 대한 시민들의 반감은 황제 알렉시오스 4세에게로 향했습니다. 결국 시민들은 폭동을 일으켰고, 1204년 1월에 십자군의 괴뢰 황제였던 알렉시오스 4세는 자신의 부관에게 납치, 유폐되었다가 살해당하고 맙니다.

새롭게 추대된 황제 알렉시오스 5세(Alexios V, 재위 1204)는 앞서 알렉시오스 4세가 단독으로 결정했던 십자군과의 협약을 깨버렸습니다. 더 이상 돈을 갚지 않겠다고 선언한 것입니다. 이미 1년 가까이 기다리고 있던 십자군은 약속한 돈을 못 받게 되자 분노하여, 비잔티움 제국 전체를 차지해 버리기로 합니다.[53]

1204년 4월, 십자군과 베네치아 연합군은 또다시 콘스탄티노플에 총공격을 가했습니다. 불과 1년 전과 똑같은 상황이 벌어진 것입니다. 새 황제 알렉시오스 5세를 맞이한 지 얼마 안 된 비잔티움 제국은 연합군의 공격을 막아낼 재간이 없었습니다. 새 황제는 입으로는 시가전을 불사하겠다고 말해놓고, 정작 자신은 군대를 남겨둔 채 야밤에 도시를 빠져나가 가족만 데리고 소아시아로 도망 쳤습니다.

철저한 항전파는 제비뽑기를 통해 콘스탄티누스 라스카리스 (Constantinus Lascaris, 재위 1204)를 황제로 선출했지만, 새로운 황제가 무기를 들라고 명령해도 따르는 이가 없었습니다. 콘스탄티누스 라스카리스는 즉위식도 올리지 못하고 다음 날 아침 일찍 도시를 빠져나가 역대 비잔티움 황제 가운데 가장 짧은 재위 기록을 남깁 니다. 결국 연합군의 총공격 후 일주일도 채 지나지 않아 비잔티 움 제국은 항복을 선언했습니다. 4차 십자군은 또다시 비잔티움 제국에 승리했고, 수도 콘스탄티노플을 점령했습니다.

콘스탄티노플에서 저지른 4차 십자군의 만행

1204년 4월 13일, 4차 십자군이 비잔티움 제국의 수도 콘스탄티 노플에 입성했습니다. 우호적으로 활짝 열린 성문을 통과한 게 아 니라 군사적인 공략 끝에 승리자로서 입성한 것입니다. 그 당시를 표현한 들라크루아의 그림(뒤)을 보면, 십자군은 기세등등해 보이 는 반면 그 앞에 무릎 꿇은 노인과 젊은 여성은 살려달라고 간청 하는 듯 절박해 보입니다. 그림 오른쪽에 있는 여성은 옷이 찢긴 채 이미 죽은 사람을 품에 안고 비탄에 잠겨 있습니다.

이 그림이 상징하듯 십자군은 본래의 목적을 잊은 채, 같은 그 리스도교 국가이자 십자군의 시작점인 비잔티움 제국의 콘스탄티 노플을 짓밟는 만행도 서슴지 않았습니다. 십자군 병사들은 사흘 동안 제멋대로 콘스탄티노플 궁전과 귀족들의 저택에 쳐들어가서

〈십자군의 콘스탄티노플 입성〉(외젠 들라크루아, 1840년, 루브르 박물관)

마음껏 재물을 압수하고 귀족들을 내쫓았습니다.

십자군에 쫓기던 귀족들이 성 소피아 성당(오늘날 튀르키예의 아야 소피아)으로 대피하자, 성당에서 사제와 수도사들이 십자가와 성경을 들고 나와 십자군 병사들에게 살려달라고 애원했습니다. 그러나 십자군은 성경에 대고 여성과 교회 건물은 건드리지 않기로 맹세한 것을 완전히 무시한 채 성당에 대피한 귀족들을 몰살시켰습니다. 이것을 시작으로 십자군 전쟁 역사에서 가장 끔찍하고 수치스러운 광경이 벌어집니다. 십자군 폭도들은 성당 안까지 쳐들어

가 값진 장식물을 약탈하고 은과 보석을 빼내려 성유물을 부수는
가 하면, 십자가를 짓밟기까지 했습니다.[54]

콘스탄티노플의 찬란한 유산들은 안목이 높은 베네치아인들이
약탈했습니다. 이때 훔쳐간 것들 중 아직까지 베네치아에 남아 있
는 유물이 있습니다. 그것은 바로 성 마르코 대성당에 있는 '네 마
리 청동 말'(나폴레옹도 훔쳐갔던), 그리고 제단 장식인 '팔라 도로(Pala
d'Oro)' 속 보석과 에메랄드 등입니다. 이런 약탈물들은 베네치아
의 번영과 자부심을 대표하는 새로운 상징이 되었고, 수백 점에
달하는 고대의 청동 미술품들은 동전을 만드느라 녹아서 사라졌
습니다.

당시 십자군이 워낙 많은 사람들을 죽여서 거리 위의 말발굽이
모두 피로 젖을 정도였다고 전해집니다. 한 프랑스인 매춘부는 총
대주교의 옥좌에 올라가 외설스러운 노래를 부르고 음란한 춤을
추어 약탈자들을 즐겁게 했으며, 일부 병사들은 수도원까지 쳐들
어가 수녀들을 겁탈했다고 합니다.

십자군이 콘스탄티노플을 짓밟았다는 소식에 교황 인노첸시오
3세는 경악을 금치 못했습니다. 교황은 십자군을 강하게 비판했
습니다.

그자들은 자기 자신이 아니라 그리스도를 섬기기로 하지 않았던가.
이교도들과 맞서 싸우는 데에 써야 할 칼이 아니던가. 그런데 그 칼
로 그리스도교인들의 피를 흘렸다는 말인가. 그들은 종교도 무시하
고 남녀노소 가리지 않았다. 남들이 보는 앞에서 간음과 음행을 저

질렀고 부녀자들, 심지어 수녀들마저도 더럽혔다.

토머스 F. 매튼, 《십자군》, 208~209쪽

교황이 말한 것처럼, 4차 십자군은 단순한 약탈과 학살에 그친 게 아니라 십자군의 서약을 깨뜨리고 여성들을 능욕하는 만행까지 저질렀습니다. 성스러운 과업을 수행하겠다고 나선 십자군의 모습은 온데간데없었습니다. 교황조차 손을 쓸 수 없을 정도로 망가져 버린, 본질을 잊은 군대 그리고 전쟁이었던 것입니다.

4차 십자군은 결국 성지 예루살렘이나 1차 목적지였던 이집트에는 가지도 않았습니다. 교황 인노첸시오 3세는 십자군이 다시 예루살렘을 향해 진격하기를 바랐지만, 이미 제어 불능인 십자군은 지시를 따르지 않았습니다. 십자군은 콘스탄티노플과 그 주변에 '라틴 제국'이라는 나라를 세우고 약탈을 이어갔습니다.

그 결과, 서방 교회에 대한 동방 교회의 불신이 커지며 동서 교회의 분열은 가속화됐습니다. 비잔티움 제국을 세운 그리스인들은 원래 서유럽인들의 무지몽매함과 과격함을 경멸했습니다. 그런 라틴계 가톨릭 신자들과 합치는 것은 절대 싫다는 입장이었죠. 물론 라틴인도 그리스인을 경멸하기는 마찬가지였습니다. 이슬람 세력이 밀려들어도 제대로 저항 한번 못 하고 서유럽에 도움만 청하지 않았느냐는 것입니다. 4차 십자군은 콘스탄티노플을 약탈한 후, 학식은 있지만 용감하지 못하다며 비잔티움 사람들을 조롱했습니다.

4차 십자군 전쟁은 그리스도교 세계에서 위대하고 고귀했던 도

Chapter 5 ✳ 추악한 원정의 끝, 4차 십자군 전쟁

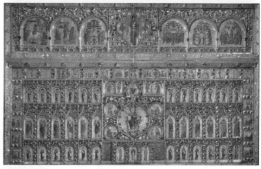

(위) 네 마리 청동 말 © Tteske
(아래) 팔라 도로 © Keete 37

시 하나를, 바로 그 도시를 돕기 위해 결성된 그리스도교 군대가
유린한 것으로 끝이 났습니다. 아울러 동방정교회 신자들이 서방
가톨릭교회를 증오하게 만드는 주요 원인을 제공했습니다. 사실
보물에 눈이 멀어 지중해 동쪽 지역을 찾았던 십자군 기사들 입장
에서는 넓은 장원과 엄청난 재물이 있는 비잔티움 제국이야말로
야욕을 실현할 기회의 땅이었습니다. 그 반면 팔레스티나 지방의
아크레와 트리폴리 등 비좁은 해안 지대는 구미가 당길 만한 곳이
아니었습니다.

콘스탄티노플의 라틴 제국

콘스탄티노플을 황폐화시킨 4차 십자군은 비잔티움 제국의 권좌에 오를 만한 후보조차 모두 제거한 상태에서 대담한 계획을 세웠습니다. 콘스탄티노플에 십자군 국가인 '라틴 제국(1204~1261)'을 세우고, 서방 라틴계이며 플랑드르 백작인 보두앵 6세 드 에노(Baudouin VI de Hainaut, 재위 1204~1205)를 초대 황제로 옹립한 것입니다. 그리고 비잔티움 제국의 영토 중 상당 부분을 십자군 제후들에게 분배함으로써 형식적으로 동방과 서방의 분열이 극복되는 것 같은 모습을 보였습니다. 십자군은 예루살렘 왕국을 재탈환하기 위해 진격하기보다는 비잔티움 제국 전체를 손에 넣기 위한 정복 사업에 매진했습니다.

십자군은 라틴 제국을 내세워 비잔티움 제국의 후계자로서 모든 영토를 계승하려고 했지만 쉽지 않았습니

보두앵 6세 드 에노(《고드프루아와 살라딘 이야기》의 세밀화, 14세기, 프랑스 국립도서관)

다. 비잔티움 사람들은 새로 임명된 황제의 권위를 인정하지 않았고, 국외 곳곳에 망명정권을 세워서 저항했기 때문입니다. 그 중심에는 각 지방에 뿌리를 내리고 농민을 지배하던 비잔티움 귀족들이 있었습니다. 농민에 대한 지배력이 강한 귀족일수록, 그리고 애국심이 강한 귀족일수록 저항이 거셌습니다. 과거 비잔티움 제국의 존재를 위협했던 귀족 세력이 이민족에 맞서는 저항의 주체가 된 것은 이제 수도 중심의 중앙집권적인 통치가 불가능해졌음을 의미합니다.

여러 망명정권 가운데 소아시아의 니케아에 있는 것이 가장 유명했으며, 이 정권은 후에 콘스탄티노플을 탈환합니다. 니케아 정권을 세운 사람은 콘스탄티누스 라스카리스의 동생인 테오도로스 1세(Theodoros I, 재위 1205~1221)로, 그는 자신을 '로마인의 황제'라 칭하고 비잔티움 제국의 정통 후계자임을 선언했습니다. 테오도로스 1세는 황제의 권위를 높이기 위해 니케아에서 종교회의를 열어 총대주교를 선출한 다음, 자신을 다윗 왕에 비유하며 총대주교의 손을 통해 황제의 관을 받았습니다. 수도를 잃은 비잔티움 사람들에게는 스스로를 구약성경에 나오는 유대 민족에 비유하는 것이 로마를 계승했다는 자부심과 함께 제국을 지탱하는 이데올로기로 작용했습니다.

십자군이 지배하는 라틴 제국이 비잔티움 제국의 8분의 5를 차지했다고 하지만, 군주가 직접 통치한 곳은 수도 콘스탄티노플 주변뿐이었습니다. 그 외 테살로니카, 펠로폰네소스반도 등은 해당 지역을 봉토로 나누어 가진 십자군 참전 봉건 제후들이, 나머지 지역은 몰락을 피해 도망친 비잔티움의 군소 세력이 차지하고 있었습니다. 반면에 베네치아의 도제 엔리코 단돌로는 콘스탄티노플에 머물면서 모든 군사작전을 지휘했을 뿐만 아니라 비잔티움 제국의 8분의 3이나 차지했습니다.[55] 후대의 역사가는 엔리코 단돌로를 세계사적 문명 파괴의 주동자로 기록하고 있습니다.

> 십자가의 기치를 내건 군대에 의해 동방의 그리스도교 제국이 몰락하게 된 것—그리고 그 뒤 500년 동안 유럽 절반이 무슬림의 지배를 받게 된 것—은 역사상 보기 드문 아이러니였다. 그 군대를 수송하고, 자극하고, 지휘한 사람은 바로 엔리코 단돌로였으며, 그의 동기는 바로 베네치아 공화국의 이익을 위해서였다. 그러므로 베네치아가 그 비극에서 가장 큰 혜택을 입었다면, 그 늙은 도제는 세계사적 문명 파괴에 대한 주요 책임자라는 낙인을 면할 수 없을 것이다.
>
> 존 줄리어스 노리치, 《비잔티움 연대기 5》, 339쪽

더 나아가 베네치아는 무역 활동에서 중요한 이오니아해와 에게해의 섬들, 메시나만(灣), 그리고 펠로폰네소스반도의 지배권도 확실히 다졌습니다. 베네치아는 새롭게 획득한 영토를 기반으로 노골적인 상업주의를 표출했고 지중해의 해상강국으로 떠올랐습니다. 교황 인노첸시오 3세의 의도와 달리 4차 십자군 전쟁에서 최후의 승리자는 십자군도 그리스도교 세력도 아닌, 파문을 당한 베네치아였습니다.

실패한 '교회의 통일'

교황 인노첸시오 3세는 콘스탄티노플에서 벌어진 만행에 대한 비판을 멈추고 정치적인 이해득실을 따지기 시작했습니다. 교황은 라틴 제국의 건립이 기정사실화되자 십자군을 사면하고 콘스탄티노플을 다시 가톨릭교회의 품으로 맞아들이며 딜레마에 빠졌습니다. '교회의 재통합'이라는 로마의 오랜 꿈이 임기 중에 실현된 것은 기쁜 일이었습니다. 그래서 콘스탄티노플 점령이 세상의 종말과 영광스러운 그리스도의 재림에 대한 전조라는 주장까지 펼쳤죠. 그러나 다른 한편으로 그 꿈이 실현된 방식에 대해서는 깊은 우려를 표했습니다. 교황은 특사 페트루스 카푸아누스에게 다음과 같이 탄식했습니다.

> 지금까지 우리가 이익을 얻어온 것처럼 보였던 바로 그것 때문에 지금 우리가 비참하게 되었다. 다른 무엇보다 우리가 더 위대하게 되었다고 믿었던 바로 그것 때문에 우리가 더 작은 존재가 되었다.
>
> 디아메이드 맥클로흐, 《3천년 기독교 역사 2》, 213쪽

인노첸시오 3세가 더욱 당황스러웠던 것은 점령군이 세운 라틴 제국에서 자신이 아무런 영향력도 행사할 수 없다는 사실이었습니다. 베네치아인들은 교황과 한마디 상의도 없이 라틴 황제로 보두앵 6세를 옹립한 것은 물론, 황제가 임명한 참사회원들을 통해 베네치아 출신 사제를 콘스탄티노플 총대주교로 선출했습니다. 교황은 그래도 십자군이 비잔티움에서 기반을 굳힌 후 성지로 진

격하기를 바랐으나, 그 바람은 이루어지지 않았습니다.

　로마가톨릭교회는 이처럼 무력으로 동방정교회와 통일을 이루었지만 그 상태는 매우 불안정했습니다. 무력 통일 이후 비잔티움 사람들의 마음속에는 교회 대분열의 징후가 더욱 뚜렷해졌습니다. 신학 논쟁에 열정적이고 동방정교회의 모든 예식을 보존하는 일에 자긍심을 가지고 있던 비잔티움 사람들은 야만적인 서방 그리스도교회의 모습에 크게 실망했습니다. 탐욕스러운 성직자들, 학문과 기도보다는 무기를 선호하는 성향, 정복자들이 도입한 '외국의 관습을 멸시하는 행위' 등을 혐오하게 된 것입니다. 비잔티움 제국을 무너뜨린 정복자들이 저지른 난폭하고 비이성적인 행동은 동서 교회의 분열을 더욱 심화시키고, 이슬람 세력에 대한 비잔티움 제국의 방위력까지 약화시키는 결과를 가져왔습니다.

소년 십자군의
비극

✳

비잔티움 제국이 무너지고 라틴 제국으로 바뀌었지만, 예루살렘은 여전히 이슬람 세력의 지배하에 있었습니다. 당시 서유럽은 프랑스 일드프랑스 지역의 생드니 수도원에서 시작된 고딕 건축 양식이 유럽 각지로 전파되면서 문화가 급격히 발전하던 시기였는데, 성지 예루살렘의 비운은 서방 교회 신자들의 마음을 옥죄었습니다. 그런 서유럽에서 1차 십자군 때와 유사하게 민중 중심의 예루살렘 해방운동이 일어났다고 전해집니다. 그중 하나가 프랑스와 독일에서 비롯된 '소년 십자군'이었습니다.

앞서 십자군이 예루살렘 탈환에 계속 실패하자, 이는 참가한 어른들이 탐욕스럽고 신앙심이 약했기 때문이라는 소문이 돌았습니다. 그래서 순수한 어린이들이 참가해야 예루살렘을 점령할 수 있다는 주장이 등장했고, 성경에 나오는 다윗과 골리앗의 이야기처럼 약자도 할 수 있다는 의견이 설득력을 얻었습니다.

1212년경 프랑스와 독일의 두 소년, 에티엔과 니콜라우스가 설교를 하고 십자군 행진을 주도했습니다. 니콜라우스란 소년은 무슬림을 평화적으로 그리스도교로 개종시키기 위해 십자군을 이

소년 십자군(귀스타브 도레의 삽화, 19세기)

끌라는 예수의 지시를 받았다고 주장했습니다. 그리고 일련의 예
언과 기적을 통해 수천 명(또는 최대 3만 명)에 이르는 추종자를 얻게
됩니다. 고작 열 살 정도 되는 소년 · 소녀들이 막대기 같은 걸 하
나씩 들고 나서면서 이른바 소년 십자군이 탄생한 것입니다. 그들
은 실제로 이슬람 세력과 싸울 생각이라기보다, 무슬림들이 그리
스도교로 개종하면 이슬람 왕국들이 패할 것이라는 기대를 안고

있었습니다.

에티엔과 니콜라우스는 각각 추종자들을 이끌고 지중해가 위치한 남쪽으로 향했습니다. 그들은 지중해에 도착하면 바다가 저절로 갈라져 예루살렘으로 걸어갈 수 있으리라 믿었습니다. 부모 손을 뿌리치고 떠나오긴 했지만 예루살렘으로 가는 방법도 모르고, 배를 탈 비용도 없었기에, 소년 일행은 출발하자마자 큰 고통을 당합니다. 간신히 제노바와 피사, 마르세유 등 항구에 도착한 후 바다가 갈라질 것을 기대했지만 기적은 일어나지 않았습니다. 실망한 소년들 대부분은 집으로 돌아갔으나, 끝까지 행진을 고집하던 이들 중 일부는 무슬림에게 노예로 팔려가거나 강풍에 난파되어 죽었다고 전해집니다.[56]

그들은 소년 십자군이라고 불렸지만 교황 인노첸시오 3세로부터 정식 승인을 받지는 못했습니다. 오히려 교황은 소년 십자군 원정이 실패한 후, 에티엔과 니콜라우스의 추종자들이 모든 그리스도교 지도자들을 수치스럽게 만들었다며 비판을 가했습니다. 현대의 일부 역사가들에 따르면, 소년 십자군은 십자군 전쟁 당시 방황하던 빈민들에 대한 기록이 각색되어 탄생한 것이라고도 합니다.

무의미한 전쟁을
원치 않은 사람들

현지 그리스도교인으로 구성된 5차 십자군

십자군이 4차에 이르기까지 매번 변질되거나 실패했음에도 서유럽 그리스도교인들의 집착은 끝나지 않았습니다. 이후에도 교황청을 중심으로 예루살렘 탈환 문제가 꾸준히 언급되었고, 결국 십자군 전쟁은 또다시 1217년부터 반세기가 넘도록 네 차례나 계속되었습니다.

1215년 4월, 교황 인노첸시오 3세는 4차 라테란 공의회에서 5차 십자군 원정을 제창했습니다. 그러나 1216년 인노첸시오 3세가 사망하고 그 뒤를 교황 호노리오 3세(Honorius III, 재위 1216~1227)가 이었습니다. 새 교황은 즉시 헝가리 왕 언드라시 2세와 신성로마 제국 황제 프리드리히 2세(Friedrich II, 재위 1220~1250)에게 십자군을 이끌도록 요청했습니다. 프리드리히 2세는 십자군 파견을 약속했으나 불안정한 정치 상황 때문에[57] 이행하지 못해 교황의 분노를 샀습니다.

그 당시 예루살렘과 팔레스티나 지역 대부분은 이슬람 세력의 통치 아래 들어갔지만, 지중해 연안에는 여전히 많은 그리스도교인들이 살고 있었습니다. 시간이 지나면서 지중해 연안의 그리스도교인들 사이에서는 예루살렘을 이대로 방치하면 신이 용서치 않으실 거라는 얘기가 돌기 시작했습니다. 그뿐만 아니라 산 너머에 커다란 '빛의 십자가'가 나타났다는 소문도 순식간에 퍼져 나갔습니다. 그 소문을 들은 사람들은 일제히 신이 성지 예루살렘의 해방을 바라시는 증거라며 두려움에 떨었습니다.

교황 호노리오 3세

시리아와 팔레스티나 지방에 사는 그리스도교인들은 더 이상 서유럽의 군대만 기다릴 수 없다고 판단, 직접 십자군 원정대를 꾸렸습니다. 이렇게 시작된 5차 십자군에는 서유럽의 강국 프랑스, 독일, 잉글랜드의 왕이나 제후가 참가하지 않았습니다. 그러나 십자군 결성 소식이 유럽에 전해지자 헝가리와 폴란드 같은 동유럽 신흥 그리스도교 국가의 기사들, 북유럽 노르웨이의 기사들이 달려왔습니다. 그리하여 금발에 푸른 눈, 훤칠한 키의 전형적인 유럽인들과 100년 남짓 중근동에 살고 있던 그리스도교인들이 어우러진 혼성 십자군이 결성되었습니다. 한편 헝가리의 왕 언드라시 2세는 1217년 8월 아크레로 와서 십자군에 합류했지만, 별다른 성과를 거두지 못한 채 병이 들어 헝가리로 돌아가고 말았습니다.

언드라시 2세

5차 십자군의 목표 역시 성지 예루살렘을 이슬람의 지배에서 해방시키는 것이었습니다. 그렇지만 13세기 초반 십자군 국가의 동쪽으로 펼쳐진 중근동의 알레포와 다마스쿠스는 모두 이집트 술탄의 지배하에 있었습니다. 형 살라딘에 이어 술탄이 된 알아딜은 자신의 제국을 나눠 세 아들에게 통치를 맡겼습니다. 장남인 알카밀은 이집트를, 알무아잠은 시리아와 팔레스티나를, 알아슈라프는 모술 등의 도시가 있는 메소포타미아를 다스렸습니다.

술탄 알아딜은 다마스쿠스의 아미르인 아들 알무아잠으로 하여금 예루살렘을 방어토록 했습니다. 그래서 십자군이 예루살렘을 탈환하려면 술탄의 본거지인 이집트에 타격을 가할 수밖에 없었고, 4차 십자군도 계획 단계에서는 이집트를 목표로 삼았던 것입니다. 마찬가지로 5차 십자군도 아크레 주변의 이슬람 진영 도시를 공격한 뒤 이집트 지역을 공격하기로 결정했습니다.

예루살렘의 왕, 장 드 브리엔(Jean de Brienne, 브리엔의 장)이 이끄는 5차 십자군은 1218년 지중해에 면해 있는 이집트의 도시 다미에타를 포위했습니다.[58] 십자군의 침공 소식에 이집트의 73세 술탄 알아딜은 몹시 놀라고 실망했습니다. 그는 사자심왕 리처드 1세와 협상을 벌이던 무렵부터 시작해 그때까지 전쟁 종식이라는 일념 하나로 노력해 온 인물이었습니다. '프랑크인들'과의 우정 때문에 지하드라는 명분을 망각했다는 이슬람 종교인들의 비난까지 감수해 온 그였기에 십자군의 대규모 침공 사실이 더욱 믿기지 않았습니다.

술탄 알아딜을 대신해 장남 알카밀(재위 1218~1238)이 군대를 이끌고 나가 십자군과 전투를 벌였습니다. 십자군은 석 달 동안 공격한 끝에 다미에타의 나일강변 요새를 함락시켰습니다. 연락용 비둘기를 통해 그 소식을 들은 술탄 알아딜은 큰 충격에 빠졌습니다. 결국 그는 기나긴 전쟁을 수행할 힘도, 의지도 소진한 상태로 숨을 거두고 말았습니다. 알아딜이 사망하자 장남 알카밀이 통치권을 계승했습니다.

시리아로부터 술탄 알카밀의 동생 알무아잠의 지원군이 도착했으나 거의 17개월간 십자군에 의해 봉쇄된 다미에타는 식량이 바닥나 있었습니다. 반면에 십자군은 교황 호노리오 3세가 특사 겸 원정대 지휘관으로 임명한 스페인의 추기경 펠라기우스가 이끄는 군대와 잉글랜드에서 온 지원

프리드리히 2세

265

〈다미에타 항 점령〉(코르넬리스 클라스 반 위링겐, 1627년경, 프란츠 할스 미술관)

군까지 합류해 더 강해졌습니다. 하지만 펠라기우스 추기경은 자만심에 빠져, 장차 5차 십자군에게 재앙과 같은 존재가 됩니다.

십자군의 보강에 위협을 느낀 술탄 알카밀은 협상을 제안했습니다. 이슬람 측에서 케라크 요새와 몬트레알 요새를 포기하는 것은 물론 예루살렘, 아스칼론, 티베리아스 등 이전에 살라딘이 점령했던 도시를 내주는 대신, 십자군은 다미에타를 반환하고 이집트에서 나가달라는 조건이었습니다.

이 제안에 대해 예루살렘의 장 드 브리엔 왕과 세속 지도자들은 찬성의 뜻을 밝혔습니다. 십자군 원정의 본래 목적이 예루살렘 회복이었으니까요. 그러나 공공연히 성전(聖戰)을 지지하던 교황 특사 펠라기우스는 이교도들과의 협상 자체에 동의하지 않았습니다. 또한 성전 기사단과 구호 기사단도 강화조약은 쉽게 깨지게 마련이고 예루살렘도 성벽이 허물어져 방어가 확실치 않다는 이유로 반대했습니다. 그 무렵 다미에타를 포위하고 있던 십자군은 홍수와 전염병으로 많은 병력을 잃고 사기가 떨어집니다.

1219년 11월, 결국 십자군은 술탄 알카밀의 제안을 거절하고 다미에타를 점령했습니다. 도시 안으로 들어갔을 때 이슬람 수비대들은 거의 전원이 병에 걸려 있었습니다. 그 덕분에 십자군은 비교적 쉽게 다미에타를 공략하고도 연달아 이집트의 카이로까지 진격하지는 않았습니다. 당시 서유럽의 최강국이던 신성로마 제국의 황제 프리드리히 2세가 이끄는 대규모 원정대가 곧 도착한다는 소식을 들었기 때문입니다.

1221년 7월, 오만하고 성격이 급한 교황 특사 펠라기우스는 더이상 프리드리히 2세의 도착을 기다리지 않고 카이로를 향해 진격했습니다. 이에 대해 노련하고 유능하며 중근동의 정세를 잘 알고 있던 장 드 브리엔 왕은 반대했습니다. 그러나 교황 특사를 막을 힘은 없었습니다. 이미 장 드 브리엔은 계획에 반대한 반역자로 간주되어 그에게 파문 위협을 받고 있었기 때문입니다.

8월 말 알만수라 전투에서 알카밀은 나일강의 수문을 열고 그 지역을 범람시켜 전투를 불가능하게 만들었습니다. 그제야 십자군은 나일강의 무시무시함을 깨닫게 됩니다.[59] 나일강에 갇혀 퇴로를 모조리 차단당한 십자군은 오도 가도 못하는 신세가 되어버렸습니다. 군대가 궤멸될지도 모른다는 절망감 속에서, 교황 특사이자 십자군 지휘관인 펠라기우스는 항복할 수밖에 없었습니다.

이제는 반대로 다미에타의 십자군이 술탄 알카밀에게 8년 휴전을 제안합니다. 십자군 군대의 통과를 허용하고, 양측 모두 포로를 석방하며, 이슬람군이 성 십자가 유물을 반환하는 대가로 십자군은 다미에타에서 철수하겠다는 조건이었습니다. 십자군의 공식 항복 이전에 양측은 인질을 맞교환했는데, 다미에타의 십자군 측에서는 장 드 브리엔 왕이, 이집트 측에서는 술탄 알카밀의 아들이 각각 인질이 되었습니다. 알카밀은 성 십자가 반환은 거절했지만[60] 십자군의 무사 귀환은 보장해 주었습니다.

1221년 9월, 다미에타의 십자군이 항복하고 이집트를 떠나면서 8년간의 휴전협정이 체결되었습니다. 5차 십자군은 여러 차례 큰 성공을 거두기 직전까지 가고도 결국 나일강에 가로막혀 철수하고 만 것입니다. 성지 예루살렘을 다시 그리스도교의 것으로 만들겠다며 시작된 5차 십자군은 멀리 떨어진 이집트로 향했다가 성 십자가 유물도 돌려받지 못한 채 암울한 실패로 막을 내렸습니다.

술탄을 방문한
프란치스코 성인

✳

5차 십자군 전쟁에서 빼놓을 수 없는 중요한 이야기가 있습니다. 십자군이 다미에타 공략까지는 성공했으나 그 후 고전만 거듭하던 무렵에 아주 허름한 옷을 입은 이탈리아 수도사가 십자군 진영에 나타났습니다. 그는 이집트의 무슬림들을 학살하려는 십자군 기사들의 팔을 붙들고 말렸습니다.

"안 됩니다. 복음에는 이웃을 사랑하라고 나와 있습니다."

그 수도사는 바로 아시시의 성 프란치스코(St. Franciscus Assisiensis, 1181~1226)였습니다. 프란치스코 성인은 성지 예루살렘 재탈환 역시 복음 정신에 따라, 평화로운 포교를 통해 이루어져야 한다고 믿었습니다. 1219년 9월, 그는 목숨까지 위태로울 수 있는 상황임에도 평화 협상을 위해 혼자 무방비 상태로 술탄 알카밀을 찾아갑니다.

"당신의 마음을 평온하게 해주기 위해 신이 보내서 왔습니다."

술탄은 이렇게 말하는 프란치스코를 보고 반겨주었습니다. 그렇지만 술탄 휘하 사람들은 젊은 수도사가 전쟁을 그만두고 평화를 확립하는 길이라며 '그리스도교로 개종'할 것을 권유하자 분개

술탄 알카밀을 찾아간 성 프란치스코
(베노초 고촐리, 15세기, 성 프란치스코 박물관의 프레스코화)

해서 바로 그를 죽이려 했습니다.

잠자코 프란치스코의 이야기를 듣고 있던 술탄은 미소를 지었습니다. 그러고는 그에게 선물과 함께 편지를 한 장 써서 주었습니다. 프란치스코는 아랍어로 쓰여 있는 편지를 내용도 모른 채 받아들고 나왔는데, 그다음부터는 이슬람군이 지키는 검문소를 지날 때도 아무런 방해를 받지 않았습니다. 그렇게 프란치스코는 십자군 진영으로 무사히 돌아왔습니다. 그리고 나서 몇몇 동료들과 함께 이슬람 지배하의 성지 예루살렘을 평화로이 방문했으며, 성묘교회 안에 계속 머무를 수 있는 특별 허가도 얻었습니다.

그때까지 무슬림들은 성전 기사단과 같은 수도회 소속 기사들의 공격을 받았기 때문에 수도사들에 대한 거부감이 강했습니다. 그러나 술탄 알카밀은 프란치스코와 그의 수도회만큼은 진정으로 평화를 원한다는 사실을 믿고 예루살렘의 성묘교회 관할권을 맡긴 것입니다. 물론 이런 정신을 이해하지 못한 이슬람 세력이 예루살렘을 점령할 때면 종종 프란치스코회에서 순교자가 생겨났지만 프란치스코회는 성묘교회를 포기하지 않았습니다. 그래서 프란치스코회는 5차 십자군 전쟁 이후 지금까지 변함없이 성묘교회에 머물면서 그리스도교 순례자들을 맞는 전통을 이어오고 있습니다.[61]

지난 2019년 프란치스코회(작은 형제회)에서는 '성 프란치스코와 술탄의 만남' 800주년을 기념하는 논문집을 발간하면서, 그 의미에 대해 다음과 같이 밝혔습니다.

> 오늘날 우리가 경축하는 것은 당시에 아무도 예상하지 못한 일로, 영으로 충만한 한 가난한 사람이 비무장으로 전선(戰線)을 가로질러 가 술탄을 만나기를 청하였을 때, 그 술탄은 기꺼이 그분을 맞이하고 환대하였습니다. 이 만남으로 작은 형제들의 새로운 소임이 시작되었습니다. […] 프란치스코와 술탄의 모범은 특별한 선택을 증거하고 있습니다. 더 이상 아무도 무슬림과 대화가 불가능하다고 주장할 수 없습니다. 우리는 그것을 보았습니다.

이것은 서로 다른 종교 사이에도 평화로운 공존이 가능하다는

것을 보여주는 대표적인 사례입니다. 십자군 전쟁에서 사람들이
분노를 폭력으로 표출하며 해결하려고 했을 때, 그리고 벌어진 잘
못을 비난하고 분노하는 것으로 끝내고자 했을 때 프란치스코는
용서가 얼마나 중요한지 가르쳐주었습니다.

프란치스코가 말년에 지은 〈태양의 노래〉에는 이러한 용서와
화해의 정신이 담겨 있습니다. 《보나벤투라의 성 프란치스코 대전
기》에는 프란치스코가 날아다니는 새나 짐승들과도 교감했으며,
그리스도를 따르겠다는 열정으로 가득 차 예수가 십자가형을 당
하며 입은 다섯 상처, 즉 오상(五傷)을 받았다는 일화도 전해집니
다. 프란치스코는 여러 질병으로 고통 받았는데, 특히 그를 가장
괴롭혔던 질병은 안질이었습니다. 그는 눈에 통증이 오고 점점 시
력을 잃어가는 중에도 창조주를 찬양하는 〈태양의 노래〉를 부르
면서 고통을 견뎌냈다고 합니다.

> 내 주여! 당신의 모든 피조물 그중에도, 언니 해님에게서 찬미를 받
> 으사이다. [⋯] 누나 달이며 별들의 찬미를 내 주여 받으소서. 빛 맑
> 고 절묘하고 어여쁜 저들을 하늘에 마련하셨음이니이다.
>
> 최민순 신부 역, 〈태양의 노래〉

〈태양의 노래〉는 이처럼 태양, 달 등 천체 하나하나를 찬양하
고, 공기와 물 등 지구를 이루는 것들을 형제와 자매라고 노래하
는 아름다운 기도입니다. 그 기도를 통해 프란치스코는 마지막으
로 '자매인 죽음'과도 화해했습니다.

〈성 프란치스코〉(루도비코 치골리, 16세기, 예르미타시 미술관)

내 주여! 목숨 있는 어느 사람도 벗어나지 못하는 육체의 우리 죽음,
그 누나의 찬미 받으소서. […] 내 주를 기려 높이 찬양하고 그에게
감사드릴지어다. 한껏 겸손을 다하여 그를 섬길지어다.

최민순 신부 역, 〈태양의 노래〉

전쟁 안에서 벌어지는 수많은 죽음을 막기 위해 노력했던 프란
치스코의 사랑과 평화에 대한 열정은 그의 이름으로 전해지는[62]
〈평화를 위한 기도〉 안에도 깃들어 있습니다.

주님,
저를 당신의 도구로 써주소서.

미움이 있는 곳에 사랑을
다툼이 있는 곳에 용서를
분열이 있는 곳에 일치를
의혹이 있는 곳에 신앙을
그릇됨이 있는 곳에 진리를
절망이 있는 곳에 희망을
어두움에 빛을
슬픔이 있는 곳에 기쁨을
가져오는 자 되게 하소서.

위로받기보다는 위로하고
이해받기보다는 이해하며
사랑받기보다는 사랑하게 하여주소서.

우리는 줌으로써 받고
용서함으로써 용서받으며
자기를 버리고 죽음으로써
영생을 얻기 때문입니다.

프리드리히 2세와 6차 십자군 원정

1187년 살라딘이 예루살렘을 점령한 이후 예루살렘은 계속 이슬람의 지배하에 있었지만 짧게나마 그리스도교인이 통치한 적도 있었습니다. 그 주인공은 바로 신성로마 제국의 황제 프리드리히 2세입니다.

　앞에서 살펴본 것처럼, 프리드리히 2세는 5차 십자군 전쟁 때 교황에게 군대를 파견하기로 약속해 놓고 지키지 못해 교황의 분노를 산 바 있습니다. 유럽에 돌아온 십자군은 말뿐인 약속을 남발한 프리드리히 2세를 비난했습니다. 프리드리히 2세가 곧 대군을 이끌고 온다며 자신들의 발을 묶어둔 탓에, 기다리다가 결국 십자군 원정이 실패하고 말았다는 것입니다. 이처럼 비난의 목소리가 커지자, 1225년 7월 프리드리히 2세는 교황 호노리오 3세에게 늦어도 2년 후인 '1227년 8월'까지는 십자군 원정을 떠나 2년 동안 머물겠다고 맹세했습니다. 그리고 원정 준비 기간 동안 약속 이행의 표시로 로마에 금을 예치하기로 했습니다. 예치금은 프리드리히 2세가 아크레에 도착하면 반환되지만, 만일 도착하지 않을 시 성지를 위해 사용될 예정이었습니다.

프리드리히 2세와 이사벨라
2세의 결혼식(14세기 삽화)

프리드리히 2세가 십자군 전쟁에 소극적이었던 이유

전쟁에 나서기 전 프리드리히 2세는 예루살렘의 왕 장 드 브리엔
의 딸 이사벨라 2세(욜랑드)와 결혼함으로써 예루살렘의 왕권을 얻
습니다. 그러나 프리드리히 2세는 성향이 비종교적인 데다가 이
슬람과도 교류 중이었고, 자신이 출병한 틈을 타 교황이 독일에서
세력을 넓힐 게 뻔했기에 차일피일 출병을 미루었습니다.

프리드리히 2세는 십자군 전쟁이 자신에게 가져다줄 영예는 재
빨리 간파했지만, 그 전쟁을 구체적으로 지원하는 일에는 소극적
이었습니다. 그러자 교황의 절대 권력을 주장하던 교황 그레고리
오 9세(Gregorius IX, 재위 1227~1241)는 프리드리히 2세에게 출병하지
않으면 파문에 처하겠다고 협박했습니다. 프리드리히 2세는 마지
못해 원정길에 오릅니다. 그리고 자신에게 충성을 바치는 부대가
필요했으므로 독일인이 주축이 된 튜턴 기사단에게 새로운 특권,
즉 성전 및 구호 기사단과 동등한 지위를 부여했습니다. 프리드리

그레고리오 9세

히 2세는 비록 교황에게 용서받진 못했으나, '예루살렘 왕'의 자격
으로 6차 십자군 원정에 참가했습니다.

십자군의 첫 번째 파견대는 예정대로 1227년 8월 출항하여 예
루살렘 왕국의 군대와 합류한 뒤 해안 도시를 요새화했습니다. 그
러나 황제 프리드리히 2세 자신은 배를 개조하느라 출병이 지연
되었습니다. 약 한 달 후인 9월 8일, 드디어 프리드리히 2세가 항
해에 나섰습니다. 그런데 이번에는 첫 기착지에 도착하기 전 역병
에 걸려 치료차 하선하고 말았습니다. 그는 맹세를 지키기 위해
함대를 아크레로 보내는 한편, 교황 그레고리오 9세에게도 사절
을 보내 상황을 알렸지만 교황은 프리드리히 2세가 '또' 약속을 지
키지 않았다는 사실만 기억했을 뿐입니다. 1227년 9월 29일 프리
드리히 2세는 교황에게 파문을 당했으며, 신성한 맹세를 수차례
나 위반한 자로 낙인찍혔습니다.

전쟁이 아닌 협상으로 얻어낸 예루살렘

1228년 5월, 프리드리히 2세는 중근동을 향해 십자군 원정을 시작하겠다고 공식 발표했습니다. 하지만 교황 그레고리오 9세는 파문당한 자가 십자군을 지휘할 수 없다며 반대했습니다. 프리드리히 2세는 교황과 화해하기 위해 다양한 노력을 기울였지만 효과가 없자 형식상의 절차를 무시하기로 마음먹었습니다. 10년 넘게 여러 교황들과 마찰을 빚으면서 청년 황제의 경건한 신앙심은 냉소적인 태도로 바뀌어버린 것입니다.

같은 해 6월, 프리드리히 2세가 탄 배는 예루살렘을 향해 떠났습니다. 프리드리히 2세의 군대는 규모가 크지 않았으며 구성원은 대부분 독일, 시칠리아, 잉글랜드인이었습니다. 9월 아크레에 도착했을 때 그곳을 지키던 십자군 중 일부는 프리드리히 2세가 파문을 당했음에도 불구하고 따뜻하게 맞아주었습니다. 그러나 성전 및 구호 기사단과 성직자들은 파문당한 프리드리히 2세를 '신앙의 적'이라고 규정한 교황의 서한 때문에 협조하기를 망설였습니다. 상대적으로 규모가 작은 튜턴 기사단만이 프리드리히 2세를 적극적으로 도와주었습니다.

이 시기에 프리드리히 2세는 로마 교황군이 시칠리아 왕국을 침공해 '열쇠 전쟁(War of the Keys)'[63]이 발발했다는 소식을 들었습니다. 그래서 성지에서 오랫동안 싸울 여유가 없었고, 이런 이유로 6차 십자군 원정은 전투보다 협상의 성격을 띠게 됩니다. 프리드리히 2세는 이집트의 술탄 알카밀에게 협정을 위한 편지를 보냈습니다.

나는 그대의 친구요. 이 여행을 부추긴 것도 그대가 아니었소? 지금 교황과 서유럽의 왕들이 하나같이 눈에 불을 켜고 나를 지켜보고 있소. 내가 빈손으로 돌아간다면 나는 완전히 신망을 잃을 것이오. 제발 은총을 베풀어서 내가 그들 앞에서 고개를 들 수 있게 예루살렘을 넘겨주기 바라오!

아민 말루프, 《아랍인의 눈으로 본 십자군 전쟁》, 321쪽

그러자 알카밀도 "내가 예루살렘을 포기한다면 칼리프의 비난은 물론 종교적 반발이 일어나 왕위까지 위태로울지도 모르오"라는 답변을 보내왔습니다. 프리드리히 2세는 알카밀뿐만 아니라 그와 세력다툼 중이던 동생 알무아잠에게도 협상을 위한 사절을 보냈습니다. 그러나 알무아잠은 "가서 네 주인에게 내가 줄 것은 오직 칼뿐이라고 일러라"라며 차갑게 거절했습니다. 프리드리히 2세는 두 형제 사이의 불화를 이용해서 예루살렘을 얻으려 했지만, 그사이에 알무아잠이 죽는 바람에 다시 술탄 알카밀과 협상을 이어가야 했습니다.

1228년 11월, 프리드리히 2세는 야파를 향해 진군했고 이에 이집트의 술탄은 '강력한 프랑크인의 왕'에 맞서 길고도 험난한 전쟁을 준비하라는 포고령을 내렸습니다. 이처럼 양측이 겉으로는 서로 생색을 내고 실제로는 전투 없이 협상을 시작했습니다.

프리드리히 2세는 9세기부터 11세기까지 이슬람 세력의 지배를 받았던 시칠리아도 함께 통치하고 있었기 때문에 이슬람의 문화와 언어에도 능통했습니다. 1229년 프리드리히 2세는 이집트의

술탄 알카밀에게 끊임없이 편지를 보내 자신의 뜻을 전합니다.

처음에 술탄 알카밀은 자신의 '벗' 프리드리히 2세가 팔레스티나를 점령해서, 사이가 틀어진 동생 알무아잠의 야심을 저지하는 완충국을 건설해 주길 바라는 마음도 있었습니다. 그러나 동생이 죽자 이집트를 더욱 확실하게 장악했을 뿐 아니라 예루살렘을 포함한 팔레스티나까지 세력을 확장하게 되었습니다. 이렇게 술탄 알카밀은 부담이 되었던 이슬람 세력의 분열을 어느 정도 해결한 상태여서 십자군보다는 유리한 입장이었습니다. 그럼에도 알카밀은 "협상 결렬 시 야파의 요새를 재건하고 그곳에서 예루살렘을 지속적으로 공격하겠다"라는 프리드리히 2세의 말에 설득되어 협상을 받아들인 것입니다. 알카밀은 서유럽에도 자신과 마찬가지로 끝없이 계속되는 종교전쟁의 무익함을 깨달은 영민한 지도자가 있다는 사실에 무척 흐뭇해했습니다.

알카밀과 프리드리히 2세 간에 합의된 내용은 우선 이슬람 진영이 예루살렘을 십자군에게 양도하되 그곳의 성묘교회는 그리스도교인들에게, 이슬람 사원은 무슬림들에게 귀속된다는 것입니다. 그리고 프리드리히 2세가 예루살렘을 비롯해 해안과 연결되는 좁은 통로뿐 아니라 베들레헴과 나자렛, 시돈 지역, 그리고 티레 동쪽에 있는 티브닌 요새까지 갖기로 했습니다. 한편 이슬람 주민들은 해당 지역에서 계속 살 수 있으며 집과 재산도 그대로 보유할 수 있었습니다. 프리드리히 2세는 예루살렘의 통치자로서, 그리스도교인과 무슬림이 전쟁을 벌일 경우 중립을 지키기로 약속하고 그리스도교인이 강화조약을 어기면 이슬람군의 편을 들기로 맹세했습니다.

　열렬한 무슬림이라면 이처럼 냉정하게 성지를 포기할 리 없었으나 알카밀은 백부인 살라딘과 엄연히 달랐습니다. 알카밀에게 예루살렘이란 무엇보다 정치적이고 군사적인 사안이었습니다. 한편 프리드리히 2세도 스스로의 정체성을 그리스도교인으로 보기보다 교황과의 싸움에서 유리한 위치를 차지해야 하는 황제로서 인식했다는 점에서 유사한 면이 있었습니다. 알카밀은 약속한 대로 예루살렘에 이슬람의 사원을 관리할 일부 성직자들만 남기고 나머지 무슬림 주민들을 떠나게 했습니다. 일부 무슬림들과 서유럽인들은 저마다 강화조약을 불명예스러운 것으로 여겨 비판했습니다.

프리드리히 2세에게 예루살렘을 넘겨주는 알카밀(14세기 삽화)

1229년 3월, 프리드리히 2세는 예루살렘에 입성하여 알카밀의 대리인으로부터 도시를 공식적으로 넘겨받았습니다. 피 한 방울 흘리지 않고 성지 예루살렘을 되찾은 것입니다! 프리드리히 2세는 입성한 다음 날 스스로 예루살렘 왕의 즉위식까지 거행합니다. 신성로마 제국의 황제를 영접한 이슬람 대표자 카디 삼스 알딘의 기록에는 알아크사 사원에 간 프리드리히 2세의 일화가 남아 있습니다.

> 　우리는 알아크사 사원에 갔는데 황제는 그 건축술에 감탄을 금치 못하였다. 바위의 돔 또한 마찬가지였다. 황제는 제단의 아름다움에 매료된 듯 그 꼭대기까지 올라갔다. 내려오는 길에 그는 내 손을 잡더니 다시 알아크사 사원 쪽으로 이끄는 것이었다. 그때 황제는 손에 복음서를 들고 사원으로 들어가려는 그리스도교 사제를 발견했다. 황제는 그에게 크게 성을 냈다. "대체 누가 널 이리로 들였느냐? 맙소사! 만약 허락 없이 이곳에 한 발이라도 들여놓는 날에는 네 눈을 뽑아버릴 것이다!" 사제는 벌벌 떨면서 물러갔다.
>
> 　　　　　　아민 말루프, 《아랍인의 눈으로 본 십자군 전쟁》, 322~323쪽

6차 십자군 전쟁에 대한 양측의 부정적인 평가

프리드리히 2세는 이집트의 술탄과 직접 교섭하여, 즉 외교의 힘만으로 그리스도교의 3대 성지인 예루살렘, 나자렛, 베들레헴을 획득했습니다. 게다가 그리스도교와 이슬람 세력 사이에 10년 한정이기는 해도 불가침조약까지 체결하는 성과를 거두었습니다.

해당 기간 동안에는 그리스도교인뿐 아니라 무슬림에게도 자유로운 성지순례가 허용되었습니다.

그러나 팔레스타나에 거주하는 서유럽인들은 프리드리히 2세를 왕으로 인정하기는커녕 의심하고 경멸했습니다. 그래서 1229년 3월 18일 성묘교회에서 이루어진 프리드리히 2세의 예루살렘 왕 즉위식에는 튜턴 기사들만 참석했을 뿐, 사제는 단 한 명도 참석하지 않았습니다. 한 대주교는 황제를 향해 욕설을 퍼붓기도 했습니다.

프리드리히 2세는 예루살렘을 되찾아주었는데 감사할 줄 모르는 십자군 국가 사람들을 이해할 수 없었습니다. 무력으로라도 충성을 바치게 하고 싶었지만 그 또한 여의치 않았습니다. 상심한 그는 성지를 떠나기로 결심합니다. 1229년 5월, 프리드리히 2세는 떠나는 길에 쓰레기 세례까지 받아 완전히 풀이 죽은 채 아크레에서 배에 올랐습니다. 그리고 자신이 성지를 떠났다는 소식이 교황에게 전해지기 한 달 전쯤 시칠리아에 도착했습니다.

6차 십자군의 결과는 일반적으로 호평을 얻지 못했습니다. 프리드리히 2세는 협상 면에서 선전했지만, 예루살렘의 라틴 총대주교는 황제와 그의 업적에 대해 교황에게 비판적인 견해를 전했습니다. 총대주교 자신과 대다수 십자군, 특히 기사단원들 입장에서 프리드리히 2세와 알카밀이 맺은 강화조약은 십자군과 성지를 팔아넘긴 행위나 다름없었기 때문입니다. 그래서 로마 교황도 처음에는 파문당한 황제가 주도한 데다 무슬림을 한 명도 죽이지 않았다는 이유로 6차 십자군을 인정하지 않았습니다. 그리고 그런 교황을 지도자로 우러르는 서유럽의 그리스도교인들도 그 뜻을 따랐습니다. 그러나 결국 프리드리히 2세는 로마 교황 그레고리오 9세에게 성지 탈환 공로를 인정받아, 1230년 8월 파문으로부터 구제받았습니다.

한편 이슬람 측에서 보면, 강화조약을 체결한 당사자인 술탄 알카밀은 만족스러워했어도 다른 사람들에게 그것은 재앙에 가까운 사건이었습니다. 성지 예루살렘을 다시 십자군에게 넘겨주었다는 사실이 알려지자 이슬람 국가 곳곳에서 극렬한 분노가 표출되었습니다. 이를 빌미로 알카밀의 조카이자 다마스쿠스의 아미르인 알나시르는 전면전을 선포했고, 이에 맞서 알카밀은 다마스쿠스를 무력으로 점령했습니다.

이처럼 이슬람과 서유럽 양측에서 모두 인정받지 못한 예루살렘의 평화는 오래가지 못했습니다. 1239년 휴전 기간이 끝나자, 예루살렘은 알나시르와 과격한 무슬림들에게 일시적으로 점령당합니다. 그러나 알나시르도 사촌들에게 맞서기 위해 십자군에 동맹을 제안, 1243년 예루살렘에 대한 권리를 다시 십자군 측에 양도했습니다.

유능한 외교술로 예루살렘에서 십자군 깃발을 15년 동안 펄럭이게 한 황제 프리드리히 2세, 그에게 도시 예루살렘의 운명은 관심 밖이었습니다. 프리드리히 2세는 동방에 대한 야심을 포기한 지 오래로, 그보다는 카이로의 지도층과 어울리며 이슬람 문화에 대한 호기심을 충족시키는 데 관심이 더 많았습니다.

더 알아보기

신성로마 제국 황제 프리드리히 2세

시칠리아의 왕이자 신성로마 제국의 황제였던 프리드리히 2세의 삶은 이탈리아의 도시국가 및 교황들과의 전쟁으로 점철됩니다. 그 와중에도 입법과 문화 분야에서 중요한 업적을 남겼으며, 다양한 인종과 종교에 관용을 베푸는 왕국을 구상했습니다.

프리드리히 2세의 생애

프리드리히 2세는 독일 호엔슈타우펜 가문 출신으로, 1194년 12월 노르만족 출신 시칠리아 여왕인 어머니 오트빌의 콘스탄차와 신성로마 제국 황제인 아버지 하인리히 6세 사이에서 태어났습니다. 그는 어려서 부모를 여의고 불과 4세 나이로 시칠리아의 왕에 등극했습니다.

아랍 문화의 수혜를 듬뿍 받은 시칠리아에서 젊은 시절을 보낸 프리드리히 2세는 라틴어, 그리스어, 프랑스어, 아랍어, 시칠리아 속어에도 능통했습니다. 특히 아랍어를 완벽하게 말하고 쓸 줄 알았으며 이슬람 문명에 대해 경탄하곤 했습니다. 그 반면 서구 문명의 야만성을 경멸했고 특히 로마 교황에게 노골적인 반감을 드러냈습니다. 또한 투박하고 광적인 십자군에게는 정서적으로 공감하지 못했습니다.

프리드리히 2세의 가까운 협력자들과 친위대 병사들 중에는 아랍인들도 많았고, 이집트의 술탄 알카밀과도 편지를 주고받는 등 활발히 교류했습니다. 그는 알카밀과 함께 아리스토텔레스의 논리학과 영혼의 불멸성, 우주의 기원 등에 대해 논하길 즐겼습니다. 술탄 알카밀은 프리드리히 2세가 동물들에 유달리 관심이 많다는 것을 알고 곰, 원숭이, 단봉낙타는 물론 코끼리까지 보내주었을 뿐 아니라 천체 관측기도 선물해 주었습니다.

당시 이탈리아 지역은 수많은 전쟁으로 얼룩지고 시칠리아 왕국에는 소요가 일어났습니다. 하지만 프리드리히 2세는 문화의 발전과 학문 연구의 중요성을 알고 있었기에 후원을 이어갔습니다. 그는 1224년 나폴리에 최초의 국립대학을 설립했으며, 우수한 지식인들과 뛰어난 교수들을 초빙하기 위해 많은 서적을 보유한 도서관도 건립했습니다.

당시 교황청 직속 대학들에서 아리스토텔레스 강의 금지령을 내리자, 프리드리히 2세는 반대로 아리스토텔레스 연구를 적극 권장합니다. 이 덕분에 당대 최고의 아리스토텔레스 연구자들이 나폴리 대학으로 몰려들었습니다. 나폴리 대학에서는 자유학예와 신학 외에 법학 교육도 실시했습니다. 1231년에는 '왕국의 안정과 힘'의 근본으로 간주된 법학을 기본으로 하여 '멜피 헌법'을 제정했는데, 여러 학자들은 멜피 헌법을 가리켜 시칠리아 선조들의 법학과 입법 강령의 완성이라고 정의합니다. 프리드리히 2세는 신이 영원법을 제정했듯이 자신도 입법가의 기능을 할 수 있다고 생각했습니다.

프리드리히 2세는 다양한 문화에 대해서도 마음이 열려 있었고, "왕국의 법정에서는 신하들이 서유럽인, 롬바르디아인, 로마인, 사라센인, 유대인에 상관없이 어떤 차별도 받지 않는다"라는 원칙을 선포했습니다. 왕국의 평화는 오직 정의에 의해서만 유지될 수 있으며, 출생과 종교의 차이를 초월해야 한다고 생각했던 것입니다. 이러한 관점에서 프리드리히 2세의 법에 반영된 '국가'의 정의는 기존 봉건 왕국과는 전혀 다른, 시대를 앞선 것이었습니다.

그러나 다른 문화까지 폭넓게 수용하던 자세와는 대조적으로,

교황 그레고리오 9세에게 파문당한 프리드리히 2세
(조르조 바사리, 1573년, 바티칸 교황청 사도궁의 프레스코화) © Sailko

프리드리히 2세의 성품은 잔인하고 냉혹했다고 합니다. 이사벨라 2세와의 결혼 첫날밤에 신부의 하녀를 유혹했고, 이에 항의하는 장인 장 드 브리엔(예루살렘의 왕)을 내쫓았으며, 아내가 아들 콘라트 4세를 낳고 죽었을 때도 전혀 슬퍼하는 기색을 보이지 않았다고 전해집니다.

로마 교황 권력과의 충돌

프리드리히 2세도 초기에는 로마 교황 인노첸시오 3세의 도움을 받았고, 그 후임으로 선출된 교황 호노리오 3세가 그의 대관식을 거행했습니다. 그러나 신성로마 제국의 황제이며 시칠리아 왕인 프리드리히 2세의 막강한 권력을 두려워하던 교황들은 불신앙, 비도덕성, 신성모독 죄로 고발당한 그를 세 차례나 파문했습니다.

프리드리히 2세의 가장 강력한 적이었던 교황 인노첸시오 4세는 젊은 시절 볼로냐에서 "왕국은 사제권에 복속된다"라고 주장하는 교회법 대가들 밑에서 수학한 법학 전문가였습니다. 1245년 리옹 공의회에서 인노첸시오 4세가 세속적인 수단으로 황제를 파문한 것은 황제의 신하들을 충성 의무로부터 면제시키는 충격적인 조치였습니다. 이것이 빌미가 되어 전례를 찾아볼 수 없을 만큼 심각한 정치적 폭력의 충돌이 일어났습니다. 인노첸시오 4세는 프리드리히 2세를 얼마나 증오했는지, 1250년 12월 그의 죽음을 접하고는 "하늘과 땅이 그의 죽음에 즐거워한다"라고 말했을 정도라고 합니다.

Chapter 7

마지막 십자군 전쟁과
그 후

7차 십자군 전쟁과
루이 9세

✳

교황 인노첸시오 4세(Innocentius IV, 재위 1243~1254)는 1245년 리옹 공의회에서 7차 십자군의 출정을 제창했습니다. 그리고 1248년부터 1254년까지 6년간 프랑스의 '성왕' 루이 9세의 주도 아래 7차 십자군 전쟁이 벌어집니다. '생 루이' 또는 '성 루도비코'라고도 불리는 루이 9세는 경건한 신앙심과 크나큰 용기를 지녔던 가톨릭 교회의 성인입니다.

7차 십자군은 1244년 호라즘(또는 크와리즘, Khorezm)군에 의한 예루살렘 점령과 1247년의 아이유브 왕조 술탄에 의한 아스칼론 함락, 그리고 안티오키아 공작령에 밀어닥친 몽골의 위협 등 중근동의 새로운 움직임에 대응한 것이었습니다.[64]

13세기 초중반 무렵, 갑자기 머나먼 동쪽에서 몽골군이 나타나 중동 지역을 쑥대밭으로 만들어버립니다. 1238년 이집트의 술탄 알카밀이 사망한 후 1240년 술탄 자리에 오른 앗살리흐 아이유브 (As-Salih Ayyub, 재위 1240~1249)는 호라즘국이 몽골에 패망한 후 시리아로 쫓겨나 있던 호라즘 병사들과 약조를 맺어 십자군에 맞서 싸우게 했습니다. 호라즘 용병대는 1244년 예루살렘을 탈환한 뒤 술

병상에서 십자군 서약을 하는 성왕 루이 9세(매튜 패리스의 삽화, 13세기)

탄 앗살리흐의 군대에 합류합니다. 이로써 6차 십자군 원정 때 황제 프리드리히 2세가 협상을 통해 얻은 예루살렘은 다시 이슬람 세력에 점령당합니다. 술탄의 군대는 시리아의 아이유브 왕조 군대와 십자군의 연합군을 격파했고, 1245년 다마스쿠스도 수중에 넣었습니다.

내부 결속을 위해 십자군에 참전한 루이 9세

1244년 말, 정의와 중용(中庸)을 추구한 성왕 루이 9세는 말라리아에 감염돼 위중한 상태에서 자신이 회복되면 십자군 원정을 떠나겠다고 맹세했습니다. 그리고 실제로 건강이 회복되자마자 교황의 7차 십자군 원정 요청을 받아들였습니다.

그런데 루이 9세가 십자군을 독려한 데는 더 깊은 뜻이 있었습니다. 루이 9세는 본국 프랑스에서 알비 십자군[65] 내전을 치른 지 얼마 안 되었고, 그 전쟁의 여파로 북부와 남부 프랑스에는 서로에 대한 깊은 불신과 분노가 남아 있었습니다. 양측이 마침내 평화조약을 맺을 당시 루이 9세는 비록 나이 어린 소년이었지만 프랑스의 통합을 기원했습니다. 그래서 7차 십자군을 기회 삼아, 프랑스 북부와 남부의 영주들이 힘을 모음으로써 나라가 통합되기를 원했던 것입니다. 외부에 있는 공동의 적은 내부를 결속시키는 강력한 동기가 될 수 있으니까요.

7차 십자군과 관련하여 한 가지 흥미로운 사실이 있습니다. 1247년 프랑스 루이 9세의 이집트 원정 계획을 알게 된 신성로마제국 황제 프리드리히 2세가 루이 9세를 말리려고 했다는 겁니다. 프리드리히 2세는 설득에 실패하자 이후 이집트의 술탄 앗살리흐에게 프랑스 원정대의 준비 상황을 정기적으로 알려주기까지 했다고 전해집니다.

서유럽의 강국 프랑스가 일으킨 십자군인 만큼 유럽 전역의 왕실과 제후, 기사들을 결집하여 본격적인 군대의 위용이 갖춰졌습니다. 1차 십자군으로부터 이미 150년의 시간이 흘렀기 때문에, 7차 십자군 기사들은 이전에 십자군에 참가했던 조상의 묘 앞에서 서약을 하고 떠났습니다. 십자군 기사들은 자신들이 '신께서 원하시는' 일을 하는 '신의 전사'라는 확신을 가지고 있었습니다. 유럽 전역에서 7차 십자군에 참가하려는 사람들이 집결지인 프랑스 남부의 에그모르트와 마르세유로 속속 모여들었습니다.

1248년 8월, 루이 9세는 1만 명의 병력과 36척의 함대를 이끌고 이집트로 출항했습니다. 이때 루이 9세의 왕비인 프로방스의 마르그리트, 그리고 루이 9세의 동생들인 앙주 백작 샤를 1세와 아르투아 백작 로베르 1세도 함께 떠났습니다. 첫 번째 체류지는 키프로스섬으로, 1248년 9월에 도착하여 군대가 모일 때까지 기다리기로 합니다. 십자군이 어디에 가든 보급에 문제가 없도록 막대한 양의 물자를 비축했는데, 키프로스의 상인들은 이 기회를 이용해 엄청난 폭리를 취했습니다.

드디어 기사단의 단장들과 팔레스티나에 남아 있던 제후들, 잉글랜드에서 출발한 십자군까지 모두 키프로스에 합류했습니다. 십자군 참가자들은 이집트가 목표라는 데 동의했고, 그들 중에는 이집트 술탄의 아버지 알카밀이 5차 십자군 전쟁 때 예루살렘 자체를 다미에타와 기꺼이 교환하려 했던 사실을 기억하는 이들도 많았습니다.

그렇지만 루이 9세는 이교도인 이슬람 군주와 협상할 의향이 없었고, 오히려 1245년 교황이 이슬람과 협상했던 프리드리히 2세를 파문했던 사실을 회상하면서 몽골과의 동맹을 모색했습니다.[66] 이를 위해 사절들이 동쪽과 서쪽을 정기적으로 오갔습니다. 루이 9세는 키프로스섬에서 몽골 사절단을 맞았는데, 이 사절단은 향후 그리스도교로 개종할 가능성까지 은근히 내비쳤습니다. 그러자 루이 9세는 반색하며 사절단에게 귀한 선물들을 주어 돌려보냈습니다. 그러나 세계 정복을 꿈꾸었던 칭기즈칸의 후손들은 루이 9세의 뜻을 이해하지 못했습니다. 그들은 프랑스 왕을 정복 또는 동화시킬 작은 왕국의 지배자로 취급하면서 해마다 같은 양의 공물을 바치라고 요구함으로써 동맹은 실패하고 말았습니다.

이집트의 술탄 앗살리흐는 십자군이 이집트가 아닌 시리아에 상륙할 것으로 예상했습니다. 그래서 1249년 6월 루이 9세의 십자군이 이집트의 다미에타로 다가올 때 술탄 앗살리흐는 다마스쿠스에서 군대를 지휘하고 있었습니다. 그러다 십자군의 다미에타 접근 소식을 듣고는 서둘러 군대를 카이로로 돌려보내며 다미에타를 요새화시키라고 명령했습니다.

드디어 프랑스 왕 루이 9세의 십자군과 이집트 군대 간의 전투가 육상과 해상에서 벌어졌습니다. 그런데 십자군 함대가 다미에타에 상륙하여 포위 공격을 시작하기 무섭게 이집트군 대장과 병사들이 도주해 버렸습니다. 그 바람에 다미에타는 텅 빈 채 십자군에게 함락되었고, 놀랍게도 십자군 측의 사상자는 단 한 명뿐이었습니다. 분노한 술탄 앗살리흐는 허락 없이 다미에타에서 이탈한 지휘관들을 처형했습니다.

루이 9세의 지휘 아래 다미에타를 공격하는 7차 십자군(14세기 삽화)

다미에타의 함락으로 혼란에 빠진 이슬람 세계에서는 살라딘 이후 집권한 후계자들의 나약함이 새삼 드러나게 됩니다. 결핵으로 거동이 불편해서 부대를 지휘할 수 없었던 술탄 앗살리흐는 아버지 알카밀의 정책을 이어받아 다미에타와 예루살렘을 맞바꾸자고 제의했습니다. 그러나 프랑스 왕 루이 9세는 무기력한 패배자이자 '이단자'와는 협정을 맺지 않겠다며 거부했습니다.

1249년 11월, 다미에타를 점령한 십자군 군대에 이집트의 술탄 앗살리흐가 사망했다는 소식이 전해졌습니다. 십자군은 이 기회에 이집트를 정복하고자 카이로로 진격하던 중 요새 도시 알만수라를 공격하게 됩니다. 1250년 2월, 본대에 앞서 출발한 선발대의 지휘관 두 명 가운데 아르투아 백작 로베르 1세는 루이 9세의 동생이고, 솔즈베리 백작 윌리엄 2세는 지위가 높은 잉글랜드인 귀족이었습니다.

이들은 성급히 알만수라를 공격했다가 처절한 패배를 맛보았습니다. 시가전을 치르면서 이집트군과 주민 양쪽의 공세에 몰려 선발대가 전멸하고 만 것입니다. 알만수라 역시 나일강을 끼고 있는 도시였는데, 승리한 무슬림들은 십자군 병사들의 주검을 모두 나일강에 던져버렸습니다. 십자군은 하류에서 그 '순교자'들의 주검을 끌어올려 가까스로 매장했다고 합니다.

루이 9세는 본대를 이끌고 나일강 운하를 건너는 도중 이 같은 비보를 들었습니다. 십자군 본대는 알만수라 맞은편 강둑에 진을 치고, 6주 동안 이집트 군대와 전투를 벌인 끝에 간신히 승리를 거둡니다. 그러나 승리란 말이 무색할 만큼 많은 병력과 지휘관을 잃는 등 혹독한 대가를 치러야 했습니다. 더욱이 5차 십자군 때처럼 변화무쌍한 나일강이 루이 9세의 군대를 괴롭혔으며, 앗살리흐의 아들 알무아잠 투란샤(Al-Muazzam Turanshah, 재위 1249~1250)가 이집트 술탄 자리에 오르자 이슬람군의 사기는 높아진 반면 십자군은 역병까지 만연해 사기가 떨어졌습니다.

앞서 십자군 선발대를 함정에 빠뜨리고 그 지휘관들을 죽인 이집트군은 술탄 앗살리흐 때 이슬람교로 개종한 '노예 군인' 맘루크 병사들이었습니다. 그들의 활약에 힘입어 이집트 군대는 계속해서 식량을 수송하는 십자군 선박을 공격했습니다. 같은 해 3월에는 수십 척의 이집트 갤리선 함대가 십자군 함대 100여 척을 파괴하거나 나포하는 바람에 십자군은 해상을 통한 퇴로마저 차단당했습니다. 이로써 십자군 진지에서는 심각한 식량 부족 사태가 벌어졌습니다.

루이 9세는 패색이 짙어지자 다미에타와 예루살렘의 교환을 제안하며 휴전을 요청했습니다. 하지만 이번에는 이집트의 술탄 알무아잠 투란샤 쪽에서 협상을 거절하며, 선친 앗살리흐가 내놓았던 너그러운 제안은 그가 살아 있을 때나 유효했다는 답변을 보내왔습니다. 루이 9세의 십자군은 점점 수세에 몰려 그저 무사히 살아서 이집트를 빠져나가기만 바랄 뿐이었습니다.

1250년 4월에 이슬람군은 파리스쿠르 전투에서 다미에타로 퇴각하는 십자군을 공격해 3만 명을 죽이고 프랑스 왕 루이 9세를 생포했습니다. 왕만 붙잡힌 게 아니라 왕의 또 다른 동생, 그리고 쟁쟁한 귀족들까지 포로가 되어 십자군은 지휘를 대신할 사람조차 없는 지경에 이르렀습니다. 한마디로 군대 전체가 포로로 붙잡힌 것입니다. 프랑스 왕은 서유럽 그리스도교 세계에서 수위를 다투는 권력자였으니, 그런 프랑스 왕과 측근들을 포로로 잡고 이슬람 세계가 뛸 듯이 기뻐한 것도 당연했습니다.

이집트의 술탄 알무아잠 투란샤는 쇠사슬에 묶여 끌려온 루이 9세 등 고위직 포로들을 손님이라도 맞이하듯 알만수라 아미르의 저택에 수용했습니다. 그러나 이집트인들은 루이 9세 군대의 2만 명이 넘는 포로들을 감당할 준비가 되어 있지 않았습니다. 그리하여 병약한 사람들은 즉시 처형되었고 매일 수백 명이 참수를 당했습니다. 그 후 루이 9세와 지휘관들의 석방을 위한 협상이 시작되었습니다.

십자군 선발대를 격퇴한 알만수라 전투에서처럼, 이집트 술탄 앗살리흐 사망 후 풍전등화와 같은 아이유브 왕조를 구한 것도 맘루크 병사들이었습니다. '바흐리야파'로 불리는 맘루크 병사들은 앗살리흐의 신뢰를 받는 강력한 군대였습니다. 그러나 앗살리흐에 이어 술탄이 된 알무아잠 투란샤의 태도는 아버지와 달랐습니다. 자신에게 위협이 된다고 여겨 맘루크 병사들의 이익을 보장해주지 않고 배척한 것입니다. 그러자 1250년 5월 알다히르 바이바르스(Al-Zahir Baibars, 재위 1260~1277)를 주축으로 한 바흐리야파 맘루크 병사들이 반란을 일으켜 술탄을 살해했습니다. 이렇게 7차 십자군의 이집트 침공이라는 소용돌이 속에서 아이유브 왕조는 종말을 고합니다.

이슬람 아미르들은 술탄 앗살리흐의 부인인 샤자르 알두르를 술탄, 즉 여왕으로 추대했습니다. 샤자르 알두르는 신속히 국정을 장악한 뒤 어려서 죽은 아들 '칼릴'의 어머니라는 뜻이 담긴 '움 칼릴'이란 이름으로 옥새를 만들었습니다. 금요 예배 시간에 각 이슬람 사원에서는 카이로와 이집트 전체를 다스리는 술탄 움 칼릴의 이름으로 맹세가 행해졌습니다. 여성의 지위가 낮은 이슬람 사회에서 하렘의 여자였던 사람이 술탄의 자리까지 오른 일은 당시 이집트가 얼마나 혼란했는지를 보여주는 사례입니다.

움 칼릴은 자신이 십자군과의 전쟁을 지휘할 수 없다고 판단하여 맘루크 지휘관 중 한 명인 잇즈 알딘 아이박과 결혼하고 그를 총사령관으로 임명했습니다. 1250년 아이박이 이집트의 실질적인 통치자 자리에 오르면서 '노예 왕조'라고도 불리는 맘루크 왕조가 시작됩니다.

맘루크 왕조로 바뀌고 나서 루이 9세는 고액의 몸값을 치르고 석방되었습니다. 새 이집트 지휘부와 포로로 잡힌 루이 9세 간에 협정이 체결된 것입니다. 협정 내용에는 루이 9세가 40만 베잔트(은으로 약 3,200킬로그램)를 지불할 것, 다미에타를 양도하고 이집트를 떠날 것, 그리고 이집트는 모든 십자군 포로를 석방할 것 등의 조건이 포함되었습니다. 루이 9세는 풀려날 때 이집트 협상가들한테 한바탕 설교를 들었다고 전해집니다.

"당신처럼 선하고 현명하며 똑똑한 사람이 수많은 무슬림이 살고 있는 땅으로 배를 타고 들어올 생각을 했단 말이오? 우리네 법에 따르면 그처럼 바다를 건너는 사람은 법정에서 증언할 수가 없소."

협상가들의 말에 루이 9세가 항의했습니다.

"어째서 그렇단 말이오?"

"왜냐하면 그 사람은 정신 상태가 정상이 아니라고 판단되기 때문이오."

여하튼 극적으로 석방된 루이 9세는 바로 프랑스로 돌아가지 않고 아크레에 머물면서 병사들이 석방될 때까지 기다리기로 합니다. 비록 전투 지휘 능력은 뛰어나지 않았지만, 인격적으로 고결했던 루이 9세는 부하들의 석방을 위해 노력했습니다. 또 신의를 중시하여 협정 조건을 이행했지만, 이집트는 포로들에게 노예가 되거나 이슬람교로 개종할 것을 강요했습니다. 이에 분개한 루이 9세는 시리아 지역 해안 도시들을 설득해 방위망을 강화하고, 맘루크 왕조에 맞서 통일 전선을 결성하자고 호소했습니다. 그가 프란치스코회의 수도사를 몽골 제국에 파견한 것도 이러한 노선에 따른 일이었습니다.

이집트에서 도망친 기사들이 하나둘씩 귀국하고, 이어서 루이 9세의 동생인 앙주 백작 샤를 1세와 다른 제후들까지 차츰 귀국하면서 7차 십자군도 처참히 실패했다는 사실이 서유럽에 알려졌습니다. 루이 9세는 이집트인들과 맺은 협정이 파기되고 이슬람 진영으로부터 위협을 느끼자 유럽에 지원을 요청했습니다. 하지만 유럽에서는 응답이 없었습니다. 게다가 자신이 없는 동안 프랑스를 대신 통치하던 어머니마저 돌아가시자, 루이 9세는 자괴감을 느끼며 귀국길에 오릅니다.

그러나 루이 9세는 프랑스로 돌아온 후에도 성지 회복에 대한 사명을 잊지 않았습니다. 귀국 후 그가 추진한 개혁들은 십자군 전쟁을 효과적으로 수행할 수 있는 정부를 만들기 위한 것이었습니다. 또한 계속해서 중근동의 상황을 예의 주시하면서 십자군 국가를 보조하기 위해 정기적으로 자금을 보냈습니다.

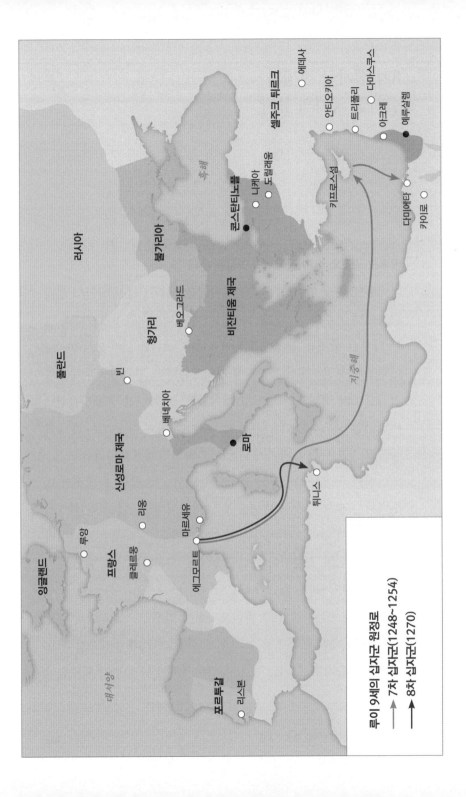

에게사

안티오키아 트리폴리 다마스쿠스

셀주크 튀르크 아크레 예루살렘

키프로스섬 다미에타 카이로

흑해

나케아 도릴레움

콘스탄티노플 불가리아

비잔티움 제국 지중해

베오그라드

러시아 헝가리

빈 폴란드

베네치아

신성로마 제국 로마

리옹 튀니스

루앙 마르세유

프랑스 엑그모르트

클레르몽

잉글랜드

대서양

포르투갈 리스본

루이 9세의 십자군 원정로
→ 7차 십자군(1248~1254)
→ 8차 십자군(1270)

8차 십자군 전쟁과
십자군 국가의 몰락

✳

맘루크 왕조와 십자군 국가의 엇갈린 운명

아이유브 왕조 말기부터 시작된 이집트 맘루크 병사들 간의 권력 다툼에서 최후의 승리자는 바흐리야파의 바이바르스였습니다. 그는 맘루크 왕조의 술탄 쿠투즈(재위 1259~1260)를 도와 1260년 9월 아인잘루트 전투에서 몽골군을 격퇴했습니다. 무슬림들은 승리를 거둠으로써 패망의 위험에서 벗어났을 뿐 아니라 몽골인들한테 빼앗겼던 땅도 되찾았습니다. 페르시아에 자리 잡고 있던 몽골인들은 입지를 탄탄히 다지기 위해 이슬람교로 개종합니다.

이집트 군대가 십자군과 몽골군에 연이어 승리한 후 맘루크 내부에서는 권력 다툼이 벌어졌습니다. 바이바르스가 세력 확장을 염두에 두고 알레포에 자리를 잡으려 하자, 술탄 쿠투즈가 바이바르스의 야심을 경계하여 반대했습니다. 시리아에서 경쟁 상대가 나오는 것을 바라지 않았기 때문입니다.

바이바르스는 이집트로 돌아오자마자 맘루크 바흐리야파 일당과 공모해 술탄 쿠투즈를 살해하고 다마스쿠스와 알레포를 빠르게 장악했습니다. 그리고 스스로 맘루크 왕조의 술탄이 되었습니

다. 그의 나이 37세였으며 '알말
리크 알다히르', 즉 '승리의 왕'이
란 뜻의 칭호를 갖게 됩니다.

아이유브 왕조 말기의 술탄
들은 십자군 국가와 이슬람 국
가의 병존을 지향했던 반면, 맘
루크 왕조의 술탄들은 시리아와
팔레스티나의 해안가 십자군 도
시들에 대해 공격적인 태도를
취했습니다. 이는 십자군 전쟁을
겪으며 표출된 지하드 정신에
기인한 것이기도 하지만, 7차 십
자군의 실패로 이제 서유럽에서

카이로에 있는 바이바르스 동상
© Ahmed yousri elmamlouk

더 이상 원군이 오지 않을 것이라 판단했기 때문이기도 합니다.
더 나아가 해안에 남아 있는 십자군이 몽골군과 협력할 것을 두려
위하여, 통치 기간 내내 위협을 막기 위해 힘썼습니다. 이를 위해
십자군과 몽골군의 동맹을 저지하고 몽골 국가들 사이에 불화를
조성했으며, 러시아에서 노예 군인인 맘루크 신병 공급을 유지했
습니다.

바이바르스의 통치 기간 동안 중근동에 있는 십자군 국가의 세
력은 점차 약해졌습니다. 루이 9세가 떠난 뒤 십자군의 예루살렘
왕국은 지도자가 부재한 상태였고, 십자군 국가 사이의 불화는 각
종 분쟁으로 이어졌습니다. 이미 성전 기사단과 구호 기사단은 수

십 년 전부터 대립해 왔을 뿐 아니라 무력 충돌까지 빚을 정도였습니다. 1258년 6월 베네치아는 대규모 해상 전투를 통해 라이벌인 제노바인들을 아크레에서 몰아내고 이집트와 교역을 계속했습니다. 또한 아인잘루트에서 몽골군이 패배한 것은 그동안 몽골을 지지해 왔던 소아르메니아와 안티오키아, 트리폴리의 통치자들에게 큰 손실이었습니다.

바이바르스는 거의 매년 시리아로 군사를 보내 십자군 국가들을 공격하곤 했습니다. 1263년에는 갈릴리로 쳐들어가 나자렛 대성당을 파괴했고, 1265년부터 1270년까지 팔레스티나의 해안 도시로 진군해 카이사레아, 아르수프, 야파, 안티오키아 등을 점령하거나 파괴했습니다. 바이바르스가 안티오키아의 백작 보에몽에게 보낸 편지를 보면 오만함이 잘 드러나 있습니다.

> 너희 기사들이 말발굽에 짓밟히고, 너희 집들이 약탈당하고, 너희 여자들이 너희 돈으로 1디나르에 넷씩 팔려 나갔다. 너희 교회의 십자가가 박살나고, 거짓 성서의 책장이 갈가리 찢어져 나가고, 총대주교들의 무덤이 파헤쳐졌다. [···] 불길이 너희의 궁전을 집어삼켜, 너희의 죽은 자들이 지옥의 타오르는 불길에 떨어지기 전에 이 세상의 불길에 타버렸다. [···] 너는 "차라리 내가 한 줌의 흙이었더라면! 이런 편지를 받지 않았더라면!"이라고 할 것이다.
>
> 토머스 F. 매든, 《십자군》, 300~301쪽

바이바르스의 위세에 눌린 십자군 제후들은 차례로 항복하는 조약에 서명했습니다. 그럼에도 바이바르스는 루이 9세가 십자군 원정을 재개할 것을 우려한 나머지, 아스칼론의 남은 성채까지 파괴해서 더는 십자군의 기지로 활용할 수 없게 만들었습니다. 십자군 국가의 그리스도교인들은 유럽 본토에서 구원군이 오리라 믿었지만 끝내 오지 않자 항복할 수밖에 없었습니다. 과거 아이유브 왕조의 술탄들은 항복하면 목숨을 살려주겠다는 약속을 지켰으나, 바이바르스를 비롯한 맘루크 왕조의 술탄들은 그 약속을 아무렇지도 않게 어겼습니다. 함락된 도시의 주민들은 거의 몰살되거나 노예로 잡혀갔고, 해당 도시는 철저히 파괴되었습니다.

시리아와 팔레스티나의 해안에 늘어서 있는 십자군 도시들, 즉 그리스도교인들이 200년에 걸쳐 구축해 온 도시, 성채, 농지도 차례로 이슬람의 수중에 들어갔습니다. 한때 번창했던 도시국가에는 황량한 촌락과 폐허만 남았고, 그마저도 세월이 흐르면서 무성한 초목 아래 묻혀버렸습니다.

1271년 바이바르스는 십자군 국가를 상대로 자신의 마지막이자 최대 규모의 군사원정을 감행했습니다. 그 결과 '기사의 성'이라 불리는 십자군의 난공불락 요새, 즉 케라크 요새를 구호 기사단으로부터 빼앗는 데 성공합니다. 바이바르스는 그곳을 이슬람군의 요새로 만들고 방비를 강화했습니다. 1277년 7월 바이바르스가 독살당했을 때, 동방에 남아 있는 십자군의 영토라고는 사방이 맘루크 제국으로 둘러싸인 해안 도시 몇 군데뿐이었습니다.

맘루크 왕조의 바이바르스는 이슬람 세계에서 십자군 역사상 '제2의 살라딘'으로 간주되는 인물입니다. 아랍의 전기 작가인 이븐 압드 알다히르는 바이바르스를 아이유브 왕조의 진정한 계승자라고 기술하면서 살라딘과 같은 반열에 올려놓았습니다. 또한 바이바르스는 술탄국의 분열을 막음으로써 계승자들에게 통합된 이슬람 왕국을 남겨주었다는 평가를 받고 있습니다.

마지막 십자군과 에드워드 경

중근동에서 십자군 국가의 위급한 상황을 알려오자, 신앙심 깊은 프랑스 왕 루이 9세는 몹시 괴로워했습니다. 지속적으로 자금과 병력을 보내고는 있어도 그것만으론 부족하다고 생각했습니다. 그래서 성지 예루살렘을 지키기 위해 다시 한번 자신이 직접 십자군 원정에 나서기로 마음먹습니다. 궁정의 신하들은 대부분 원정에 반대했으나 루이 9세의 결심은 바위처럼 단단했습니다.

또한 루이 9세의 동생인 앙주의 샤를 1세도 몇 년 전 시칠리아의 왕으로 등극하여 십자군 원정에 힘을 보탤 수 있는 상황이었습니다. 샤를 1세는 자신을 위협하는 북부 아프리카, 특히 이슬람 도시 튀니스의 세력을 약화시키고 싶어 했습니다. 그런 이유로 샤를 1세는 1270년 루이 9세의 8차 십자군이 출발할 때 튀니스의 이슬람 세력을 격파한 후 육로를 따라 이집트로 진격하도록 설득했습니다.

8차 십자군은 강국 프랑스의 왕이 직접 이끄는 십자군인 만큼 서유럽 각지의 왕족이 모두 참가하여, 7차 십자군 못지않게 화려한 면모를 자랑했습니다. 더욱이 그동안 루이 9세는 프랑스 정부를 개혁하여 교회 및 세속 양쪽에서 거두어들인 십일조로 십자군

튀니스에서 사망한 루이 9세
(장 푸케, 15세기, 《프랑스 대연대기》의 삽화)

원정에 필요한 물자를 모두 확보해 놓은 상태였습니다. 8차 원정
은 로마 교황의 승인을 받은 정식 십자군으로, 7차 원정 때처럼 프
랑스 남부의 에그모르트에서 출발했습니다.

그러나 튀니스에 상륙하고 얼마 지나지 않아 십자군 군대는 질
병으로 황폐화되었고 루이 9세 자신도 1270년 8월 튀니스에서 사
망했습니다. 그가 이 세상에서 마지막으로 남긴 말은 "예루살렘!
예루살렘!"이었다고 합니다. 루이 9세의 동생인 샤를 1세와 튀니
스 총독 사이에 협정이 체결되고, 그 협정에 따라 십자군이 자진
철수하는 것으로 싱겁게 끝나고 말았습니다.

1271년부터 1년간 잉글랜드 에드워드 경(훗날 잉글랜드의 왕 에드워드 1세)의 십자군 원정이 이어지는데, 이것이 마지막 십자군이었습니다. 이후 중세 시대 십자군은 공식적으로 종료된 것으로 보입니다. 헨리 3세의 아들 에드워드 경과 소규모 수행원은 8차 십자군 원정에 너무 늦게 도착했습니다. 그렇지만 성지로 계속 진군하여, 225명의 기사를 포함해 1천 명도 안 되는 에드워드 경의 십자군은 몇몇 의미 있는 승리를 거두었습니다. 1271년 12월 아크레에서 이집트의 술탄 바이바르스의 공세를 격퇴시켰으며, 기습 공격을 감행해 바이바르스의 트리폴리 포위까지 풀 수 있었습니다. 그러나 십자군의 철수 과정은 그리 성공적이지 않았고, 암살 시도에서 살아남은 에드워드 경은 바이바르스와 10년 휴전을 협상한 후 잉글랜드로 돌아갔습니다. 이것으로 지중해 동부의 마지막 십자군 활동도 끝이 났습니다.

이후 서방에서는 차츰 십자군 원정에 반대하는 여론이 조성되고 비폭력을 강조하는 설교를 통해 중근동 지역에 복음을 전파하려는 운동이 일어났습니다. 무엇보다 12세기 말부터 서서히 십자군 운동을 옹호하는 이론이 힘을 잃기 시작합니다.

예를 들어 중세 시대 독일 작가인 볼프람 폰 에셴바흐는 1210년경 《빌레할름(Willehalm)》이란 책에서 십자군 문제를 다루었는데, 이 저술은 12세기 중엽에 널리 퍼졌던 《롤랑의 노래(Rolandslied)》와는 사뭇 다른 논조를 보입니다. 과거 《롤랑의 노래》에서는 십자군을 무비판적으로 받아들이고 짐승처럼 살해되는 이교도들을 보며 행복해하며 노래를 불렀던 반면, 《빌레할름》에서는 주인공의 아내인 그리스도교로 개종한 무슬림을 통해 "이교도도 신의 자녀"라고 서슴없이 주장합니다.

또한 루이 9세와 함께 십자군에 참가했던 동지이자 친구는 8차 십자군 불참 의사를 밝히며 다음과 같이 덧붙였습니다.

> 그리고 나는 왕에게 이렇게 말했다. 만약 내가 하느님의 뜻에 맞는 일을 하기를 원한다면, 나는 이곳에 남아 나의 백성을 돕고 그들을 지킬 것이다. 백성에게 상처가 되고 해가 되는 줄 분명히 알면서 십자가의 순례에 내 몸을 바친다면 하느님은 노하실 것이다. 그분은 당신의 백성을 위해 몸을 바치셨기 때문이다.
>
> 토머스 F. 매든, 《십자군》, 303쪽

이러한 옛 십자군 전사의 말에서도 시대적 가치관의 변화가 분명히 느껴집니다. 이 당시 유럽 내에서는 다양한 이교도 문제, 즉 스페인의 무어인과 이교도 슬라브인, 프랑스 남부의 이단 알비파 등 더욱 현실적인 어려움이 대두되던 시기였습니다. 이로 인해 서유럽 국가들은 더 이상 십자군 원정을 기획할 여력이 없었습니다.

십자군이 대부분
실패한 이유

✳

서유럽 입장에서 볼 때 성공했다고 평가할 만한 십자군 전쟁은 무엇이었을까요? 우선 이슬람 세력을 격파하고 성지 예루살렘을 탈환했으며 주변에 십자군 국가까지 대거 건설한 1차 십자군, 그리고 전투는 없었지만 협상을 통해 예루살렘의 통치권을 양도받은 6차 십자군 정도라 하겠습니다. 나머지 십자군 원정은 크고 작은 실패로 마무리되었는데, 거기에는 다음과 같이 공통적인 이유가 있습니다.

병참에 대한 이해 부족 및 비잔티움 제국과의 불화

당시 경제력과 기술력에 비추어볼 때 서유럽 지역에서부터 중동 예루살렘까지 보급로를 확보한다는 건 불가능한 일이었습니다. 그리하여 수천에서 수만 명에 달하는 대규모 십자군은 동유럽과 비잔티움 지역을 지나며 필연적으로 약탈을 벌였고, 이를 통해 지역 주민들의 원성을 살 수밖에 없었습니다.

특히 십자군의 현지 보급과 해상 이동 수단 마련을 위해 비잔티움 제국의 도움이 절실했는데, 그마저 관계가 점차 악화되니 제대로 이루어질 리 없었죠. 이렇게 서로 불만과 불신이 쌓이고 쌓인 결과, 4차 십자군 전쟁에서는 십자군과 베네치아 연합군이 비잔티움 제국의 수도 콘스탄티노플을 공격해 중앙정부를 일시 붕괴시키는 최악의 사태까지 치달은 것입니다.

일원화되지 않은 지휘 계통

1차 십자군 때는 교황 우르바노 2세의 연설이 영향을 미쳐, 비록 왕은 아니어도 서유럽의 강력한 제후들이 참가했습니다. 그런 상황에서 십자군과 함께 파견된 교황 특사 아데마르 대주교는 상징적인 존재일 뿐 실제로 군대를 지휘하지는 못했습니다. 또한 교황에게 도움을 청했던 비잔티움 황제 알렉시오스 1세의 경우, 십자군에게 충성 서약까지 요구해 놓고 정작 자신은 니케아 침공 때 배신행위(니케아 성채에 깃발을 먼저 꽂은)를 저질러 십자군의 신뢰를 잃는 바람에 부대를 통제할 수 없었습니다.

1차 십자군에서는 땅을 차지하려는 제후들의 욕망이 일탈을 부추겼습니다. 보두앵의 에데사 점령, 안티오키아 공략을 두고 벌어진 오트빌의 보에몽과 생질의 레몽 백작 사이의 갈등은 무수한 사례들 가운데 일부에 불과합니다. 제후들은 각자 자신의 군대를 데려갔기 때문에 다른 군대와 협력해서 공격한다거나 방어한다는 개념이 부족했습니다. 그래서 협력을 거부하거나 다른 이들의 성과를 해치는 제후들도 있었죠. 이러한 악조건에도 불구하고 십자군이 예루살렘을 점령했을 뿐 아니라 12세기 중반까지 중근동에서 우위를 점할 수 있었던 까닭은 이슬람 세력, 즉 이집트의 파티마 왕조나 시리아의 튀르크 토후들이 십자군보다 더 오합지졸이 었기 때문입니다.

그러나 이슬람 측에서도 장기, 누르 알딘에 이어 살라딘이라는 강력한 지도자가 나타나 이슬람 세력을 통합하고 십자군에게 빼앗긴 예루살렘을 재탈환합니다. 그렇게 시작된 3차 십자군 원정에서 프랑스 왕 필리프 2세는 아크레를 함락시킨 후 더 이상 사자심왕 리처드 1세와 협력하지 않고 고향으로 돌아가 버렸습니다. 또한 위기에 처한 해안 도시 티레를 구하고 자신이 직접 '예루살렘의 왕'이 되길 원했던 몬페라토의 코라도 후작(콘라드 1세)은 아크레 공방전에서 처음에는 예루살렘의 기 왕과 갈등을 빚어 함께 싸우지 않았습니다.

일관된 지휘 체계를 갖추지 못한 십자군은 이후로도 성지 예루살렘을 되찾지 못했습니다. 그러다가 1291년 완전히 중근동에서 축출되고 맙니다. 3차 십자군 전쟁에서 여러 차례 승리한 사자심왕 리처드 1세, 그리고 6차 십자군 전쟁에서 협상을 통해 예루살렘 왕위에 올랐던 프리드리히 2세를 제외하면 십자군은 대군을 이끌 만한 지도자가 거의 없었던 셈입니다. 7차와 8차 십자군 전쟁을 이끌었던 성왕 루이 9세는 순수하고 신앙심이 깊은 인격자였지만, 전투의 지휘자로서는 그만큼 출중하지 못했습니다.

십자군 전쟁 이후 세계정세의 변화

1272년 8차 십자군 전쟁이 끝난 후 1302년까지 중근동 전역과 지중해 및 서유럽 지역에서 수많은 분쟁이 발생했습니다. 맘루크 왕조 통치하의 성지 예루살렘을 해방시키기 위해 십자군이 수차례 결성되었으나 한 번도 실현되지는 못했습니다. 1272년 이후 이슬람 세력과 싸운 주요 세력은 잉글랜드와 프랑스의 왕, 키프로스 왕국과 시칠리아 왕국, 세 기사단, 몽골 일 칸국 등입니다.

칼라운 왕조

1277년 6월 맘루크 왕조의 술탄 바이바르스가 사망한 후, 파벌 간 권력 다툼에서 승리한 칼라운(Qalawun, 재위 1279~1290)이 바이바르스의 아들을 폐위시키고 새로운 술탄이 되었습니다. 칼라운은 맘루크 바흐리야파의 일원으로, 바이바르스의 통치 중에는 중요한 아미르 역할을 맡기도 했던 인물입니다.

술탄 칼라운은 바이바르스 못지않게 무자비했지만, 처음부터 십자군에게 적대적이었던 것은 아닙니다. 그는 십자군이 이슬람의 적과 손을 잡는 일만 포기한다면 그리스도교인들의 거주와 안

313

전을 보장하겠노라 선언했습니다. 1283년 5월, '10년 10개월 10일 10시간'에 해당하는 휴전안을 통해 지중해 연안에 있는 모든 십자군 도시의 안전을 약속했습니다. 단, 유일한 조건은 외부의 침입이 있을 시 미리 알려야 한다는 것이었습니다.

그럼에도 마르가트 같은 요새에 있던 십자군의 구호 기사단이 몽골인들의 침공에 협조하자 술탄 칼라운은 돌변했습니다. 칼라운은 시리아에서 몽골군의 위협을 막아내는 한편, 술탄으로부터 분리 운동을 시도한 다마스쿠스의 총독과 화친한 뒤 십자군 국가를 상대로 '지하드(성전)'를 수행했습니다.

당시 십자군 국가는 눈에 띄게 약화되고 분열된 상태였습니다. 칼라운은 1285년 십자군 국가들을 상대로 작전을 개시하여 1289년까지 트리폴리를 비롯한 십자군의 도시와 성채들을 점령했습니다. 이슬람 침략군이 술탄의 명령에 따라 살인과 약탈을 끝냈을 때 십자군 도시에 남은 것은 폐허뿐이었습니다. 십자군 국가의 수도 네 곳 중 무려 세 곳(에데사, 안티오키아, 트리폴리)이 함락되고 유일하게 아크레만 남게 되었습니다.

술탄 칼라운이 사망한 뒤 공동 통치자였던 아들 알리마저 사망하자, 칼라운의 또 다른 아들 알아슈라프 칼릴(Al-Ashraf Khalil, 재위 1290~1293)이 그 자리를 대신했습니다. 1291년 6월, 술탄 칼릴은 압도적인 군사력을 과시하며 100대 이상의 공성기를 이용해서 포위하고 있던 도시 아크레를 상대로 군사작전을 감행했습니다. 아크레에 있던 예루살렘의 왕 앙리 2세 드 뤼지냥(Henri II de Lusignan, 재위 1285~1291)과 대부분의 귀족들은 부랴부랴 배에 올라타고 키

〈1291년 아크레 성에서 저항하는 성전 기사단〉(도미니크 파페티, 1845년, 베르사유 궁전)

프로스섬으로 피신했습니다. 성전 기사단은 끝까지 항복을 거부하고 각개전투를 벌였으나 아크레를 지킬 가망은 없어 보였습니다. 나머지 서유럽인들은 죽거나 포로가 되었고, 도시에는 아무것도 남아 있지 않았습니다. 이어서 칼릴의 군대는 티레, 시돈, 베이루트 등 십자군의 나머지 도시까지 모두 점령했습니다. 이로써 약 2세기 간 지속된 십자군 전쟁은 끝이 났습니다.

1291년 8월, 술탄 칼릴은 1차 십자군 이후 이슬람 진영이 십자군을 상대로 벌인 오랜 투쟁에서 '최후의 승리자'가 되어 이집트의 수도 카이로에 입성했습니다. 아랍 역사가 아불 피다는 이 전투에 대한 보고를 이렇게 마무리 짓습니다.

> 이 정복을 통해서 해안 지대 전체가 무슬림들 손에 다시 들어왔으니, 기대하지도 않은 결과를 얻은 셈이다. 한때 다마스쿠스와 이집트는 물론, 다른 여러 지역까지 넘볼 정도로 막강했던 프랑크인들은 시리아와 그 해안 지방 전역에서 쫓겨났다. 신이여 다시는 그들이 이 땅에 발을 붙이지 못하게 하시길!
>
> 아민 말루프, 《아랍인의 눈으로 본 십자군 전쟁》, 360쪽

그리스도교 잔존 세력은 1302년 시리아 해안의 루아드라는 작은 섬이 마지막으로 함락될 때까지 살아남았습니다. 한편 중근동을 점령한 몽골 국가들은 이슬람교로 개종했기 때문에 이슬람 입장에서 볼 때 더 이상 위협적이지 않았습니다. 14세기 초에도 다양한 형태의 십자군이 제안되었지만 이제 성지는 더 이상 서유럽

의 관심사가 아니었습니다.

종교 기사단의 몰락

1187년 술탄 살라딘이 그리스도교의 성지 예루살렘과 성묘교회를 차지한 사건은 애초에 성지 방어 목적으로 설립되었던 종교 기사단에 큰 영향을 미쳤습니다. 이후 1291년 십자군 국가의 종말 이후 가장 많은 비난을 받은 대상도 바로 종교 기사단이었습니다. 성전 기사단과 구호 기사단의 끊임없는 불화가 십자군 국가를 돌이킬 수 없게 약화시킨 원인으로 지목된 것입니다. 지켜야 할 성지가 사라져 버린 상황은 과연 종교 기사단이 필요한가를 비롯해 그 역할과 의미에 대해서도 수많은 논쟁을 야기했습니다.

아크레가 함락되면서 그곳을 지키던 성전 기사단은 엄청난 인적·물적 피해를 입었을 뿐만 아니라 도덕적으로도 충격에 휩싸였습니다. 성전 기사단의 총단장 보주의 기욤(Guillaume de Beaujeu, 1233~1291)은 아크레를 방어하다 장렬히 전사했습니다. 나머지 성전 기사단원들도 화염에 휩싸인 아크레에 남아 최후까지 사력을 다했지만, 거듭된 패배로 인해 서방 교회에서 차지하던 성전 기사단의 지위는 한없이 추락하고 말았습니다.[67]

성전 기사단과 구호 기사단은 자신들이 오래전부터 상주했으며 짧은 기간이나마 직접 통치했던 키프로스섬에 새로운 주둔지를 구축했습니다. 예루살렘 왕국의 종말로 인해 10여 년 전부터 있었던 논의, 즉 성전 기사단과 구호 기사단을 효율적으로 통합하자는 이야기가 급물살을 탔습니다.

(좌) 성전 기사단장, 몰레의 자크
(우) 프랑스의 필리프 4세

1305년 교황 클레멘스 5세(Clemens V, 재위 1305~1314)는 각각의 기사단 총단장들에게 두 기사단의 통합을 요구했습니다. 구호 기사단의 총단장은 이 제안을 수용했습니다. 그러나 성전 기사단의 새 총단장 몰레의 자크(Jacques de Molay, 1243~1314)는 거세게 반발하면서, 두 기사단의 통합은 결국 프랑스 왕의 정치적 이해관계에 이용될 뿐이라고 주장했습니다. 몰레의 자크는 '미남 왕'이라 불리는 프랑스 필리프 4세(Philippe IV, 재위 1285~1314)의 야욕을 간파하고 있었던 것입니다.

1307년 10월 필리프 4세의 불법적이고 은밀한 명령에 따라, 프랑스 성전 기사단의 모든 구성원들이 이단 등 종교적 죄목으로 체포되었습니다. 필리프 4세는 속임수를 동원하여 왕국 이단 재판

소의 지지를 얻고 체포된 자들을 고문해 억지 자백을 받아낸 뒤, 확실한 증거라며 교황에게 제시했습니다. 성전 기사단이 신앙을 수호하는 본연의 임무를 저버리고 반(反)그리스도적 숭배에 가담했다는 것입니다. 필리프 4세를 추종하는 법학자들은 성전 기사단이 가입 의식을 거행하는 동안 그리스도를 부정하고 십자가에 침을 뱉었으며, 음탕한 입맞춤을 교환하고 동성애 서약까지 했다고 증언했습니다.

이에 대해 당시 교황 클레멘스 5세는 성전 기사단은 오직 교황에 의해서만 심판받을 수 있고 프랑스 왕의 세속 권력과는 무관하다는 점을 언급하면서, 온통 불법적으로 전개된 탄압에 대한 반대 의사를 분명히 밝혔습니다.[68] 필리프 4세는 심약한 다음 교황 클레멘스 6세를 위협하여, 1312년 빈 공의회에서 거짓되고 불명예스러운 고발을 통해 성전 기사단의 해체를 공식화했습니다. 그로부터 5년 뒤, 필리프 4세는 교황의 반대를 무릅쓰고 독단적으로 결정을 내려 몰레의 자크와 그의 동료를 교수형에 처했습니다.

프랑스 왕 필리프 4세가 이토록 무리한 재판을 주도한 진짜 이유는 무엇일까요? 그것은 계속되는 전쟁으로 막대한 돈을 지불해 도산 위기에 처한 프랑스의 난국을 타개하기 위함이었습니다. 금융업을 통해 부를 축적한 성전 기사단과, 선행으로 거액의 기부금을 모은 구호 기사단의 막대한 재산을 몰수하려던 속셈이었죠.[69] 특히 교황에게 충성하고 경제적 · 외교적 역량이 뛰어난 성전 기사단은 필리프 4세의 입장에서 단순히 부담스러운 채권자만이 아니었습니다. 교황권과의 싸움에서 우위를 점하고 프랑스 왕국의 세력을 확장하기 위해서 반드시 쳐내야 할 장애물이었던 것입니다.

이렇게 십자군 국가의 엘리트 전투 부대였던 성전 기사단은 대부분 투옥되거나 처형되었습니다. 대부분의 국가에서 프랑스 왕의 전횡에 영감을 받아 성전 기사단을 해체하고 재산을 몰수할 때, 오직 포르투갈의 '농부 왕' 디니스(D. Dinis)만 성전 기사단을 받아들여 왕권에 협력하는 '그리스도 기사단'을 설립했습니다. 이후 15세기 대항해 시대에는 '항해 왕자' 엔히크를 비롯한 왕족들이 그 기사단의 단장이 되고 바스코 다 가마 같은 유능한 탐험가들이 기사단원이 되어, 포르투갈이 대항해 시대를 주도하는 데 기여합니다. 이 기사단의 유적은 포르투갈의 토마르에 위치한 그리스도 수도원(Convento de Cristo)에 보존되어 있습니다.

한편 구호 기사단은 성전 기사단과 달리 환자 치료라는 보편적 가치를 유지한 덕분에 그리스도교 사회에서 좋은 평판을 얻으며 존속할 수 있었습니다. 구호 기사단은 비잔티움 제국에 속했던 로도스섬을 정복하여 100년 동안 활동의 중심지로 삼았으며, 1530년 지휘부를 몰타로 옮긴 후에는 이름을 '몰타 기사단'으로 개칭하고 오늘날까지 활동을 이어오고 있습니다.

Chapter 8

십자군 전쟁을 바라보는
다양한 관점

십자군 전쟁이
서유럽에 미친 영향

✳

교권의 쇠퇴와 왕권의 강화

십자군 전쟁은 8차까지 이어졌으나 애초 예상과 달리 성지 예루살렘 탈환에 실패함으로써 교회 권력을 약화시키는 계기가 되었습니다. 본래 로마 교황은 '성지 회복'이란 명분을 내세워 서유럽을 '단일한 그리스도교 세계'로 만들고자 했던 것인데 정반대 결과를 낳았습니다. 이 같은 결과는 14세기 들어 교회 세력이 쇠퇴하는 데도 결정적 영향을 미칩니다. 200년 가까운 십자군 전쟁 시기는 교황권이 절정에 달한 때였으므로 원정에 실패하고도 한동안 영향력이 지속됐지만, 점차 세속 권력의 영향력이 더 막강해집니다.

국왕들은 십자군 전쟁에서 전사한 영주들의 영지를 몰수했고, 직접 십자군에 참가해서는 기사들로 구성된 대규모 군대를 지휘하기도 했습니다. 오랜 기간 참전한 제후와 기사 계층이 몰락함에 따라 봉건제는 흔들렸지만 역설적으로 왕권은 강화되었습니다. 십자군 전쟁을 통해 유럽에서 서서히 절대 군주제의 토대가 마련된 것입니다.

또한 십자군 전쟁은 교황이 꿈꾸던 단일한 그리스도교 세계 대신 분열된 민족국가로 들어서는 결과를 초래했습니다. 2차 십자군 때는 함께 출정했던 독일인과 프랑스인 사이에 증오감이 격화되었고, 3차 십자군 때는 프랑스 왕 필리프 2세와 잉글랜드 왕 리처드 1세 사이에 갈등이 생기면서 민족 간의 대립 양상이 심해졌기 때문입니다.

십자군 전쟁의 실패는 신앙의 근간을 흔들었는데, 이러한 현상은 유럽 곳곳에서 나타났습니다. 극단적인 예로, 이단 카타리파(알비파) 세력이 잔존했던 프랑스 남부에서 알비 십자군의 잔혹한 진압을 목격한 일부 그리스도교인들은 '신이 그리스도교를 버렸다'며 이슬람의 무함마드를 숭배하기까지 했습니다.

군사적인 면에서 서유럽인들은 십자군 전쟁을 통해 이슬람의 확장을 막으려고 했으나, 그 결과는 완전히 반대로 나타났습니다. 무슬림들은 십자군 국가의 2세기에 걸친 중근동 식민 지배를 뿌리 뽑는 데 그치지 않고, 오스만 튀르크의 깃발 아래 십자군의 본토인 서유럽까지 정복하러 나섰던 것입니다. 그리하여 1453년에는 콘스탄티노플이 이슬람의 손에 들어가고, 1529년에는 베네치아 코앞까지 이슬람 기병들이 몰려옵니다.

장원의 해체와 지중해 세계의 부활

도시와 상업이 발달하고 화폐 사용이 늘어나면서 중세 봉건사회의 장원제에도 큰 변화가 나타났습니다. 영주는 농노에게 지대(地代)로 부역과 현물 대신 화폐를 받았는데, 때로는 돈을 받고 농노

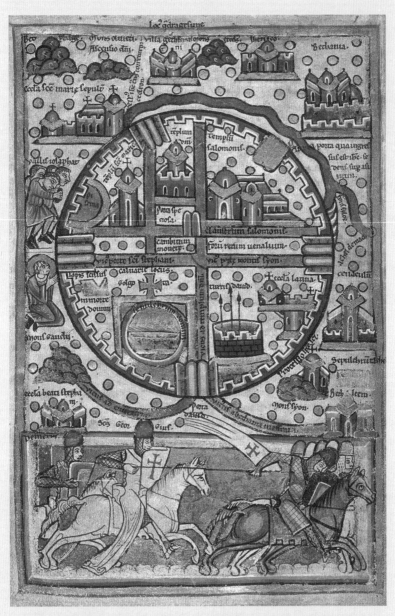

12세기경 예루살렘 지도. 이상화된 도시를 상징하는 원 안에 교회 등이 표시돼 있다

를 해방시켜 주기도 했습니다. 14세기 중엽 페스트가 창궐하여 인구가 급격히 줄고 노동력이 부족해지자 변화의 속도는 더욱 빨라졌습니다. 하지만 일부 영주는 오히려 농노에 대한 속박을 강화해서 반발을 불러일으키기도 했습니다. 이러한 과정을 통해 농노를 기반으로 하는 장원이 해체되고 봉건사회도 크게 흔들렸습니다. 베네치아의 상인 계급 등 도시민들의 권력이 강화된 것도 장원의 해체를 촉진시킨 요인 중 하나였습니다.

경제적 측면에서 보면, 그동안 침체되었던 지중해 세계가 십자군 전쟁을 통해 다시 문명 교류의 장으로 부활했습니다. 본래 지중해는 오래전 그리스 로마 시대부터 인간 활동의 중심지였습니다. 그런데 800년경 지중해 단일 문화권이 오늘날의 프랑스와 독일을 중심으로 한 서유럽 문화권, 그리스를 중심으로 한 비잔티움 문화권, 그리고 북아프리카와 중동 지역 중심의 이슬람 문화권 등으로 나뉘었습니다. 그때부터 십자군 전쟁 발발 시기까지 지중해는 문명의 교차로 역할을 거의 수행하지 못하고 있었습니다.

그러나 1차 십자군 전쟁의 결과 예루살렘 왕국을 비롯한 네 개의 십자군 국가가 생기면서 지중해의 역할이 다시 부각됩니다. 신생 국가들에서는 당연히 여러 가지 물건이 필요했고 이를 위해 서유럽으로부터 물자와 인력을 수송해 왔습니다. 즉, 로마 제국의 몰락 이후 급격히 쇠퇴했던 지중해 무역이 십자군을 통해서 부활한 것입니다. 동서 교류가 활발해지면서 상업이 다시금 활기를 띠고 도시가 번성하게 되었습니다. 서유럽과 중동 지역을 잇는 무역로가 뚫리면서 베네치아나 제노바 같은 이탈리아 도시국가들의 경제적 이윤이 커졌고, 그곳 상인들이 지중해 무역의 강자로 떠올랐습니다. 한편 십자군 병사들을 태우고 고국으로 돌아오는 배에는 동방의 후추며 향료, 보석과 비단 등이 실려 있었습니다.

이러한 무역은 십자군 전쟁이 없을 때나, 그리스도교 국가가 이슬람 세력에 넘어간 이후로도 계속되었습니다. 지중해 무역의 부활을 통해 서유럽은 중동-인도-중국까지 이어지는 새로운 무역로를 개척하게 됩니다. 그리하여 12세기부터 유럽인들은 이슬람 너머의 세계에도 관심을 갖게 되었고, 13세기에는 마르코 폴로 같은 탐험가들이 유라시아 대륙의 동쪽 끝인 중국에까지 이르렀던 것입니다.

이슬람 문화의 유럽 전파

지중해 세계의 부활이 눈앞의 경제적 이익을 추구하는 데서 비롯된 '교류'라면, 좀 더 장기적인 관점에서 유럽의 정신세계에 영향을 미친 교류도 있었습니다. 고대 그리스 문화를 수용해서 발전시킨 아랍 문화의 역수입이 그것입니다. 물론 십자군 전쟁 이전에도 이슬람 학문이 이베리아반도의 코르도바 칼리프국이나 시칠리아 왕국 등을 통해 서유럽에 전해진 적은 있습니다. 그러나 서유럽인들이 이슬람의 학문 세계를 본격적으로 접하게 된 것은 십자군을 통해서였고, 이 덕분에 그리스 철학의 유산을 온전히 되살릴 수 있었습니다. 이는 논리학, 윤리학, 정치학 등 철학 관련 분야뿐만 아니라 수학과 천문학 등 모든 지식을 발전시키는 밑거름이 되었습니다.

서유럽인들은 아랍의 서적에서 지식을 흡수하고 모방했으며, 나중에는 그 단계를 뛰어넘었습니다. 인도에서 유래한 아라비아 숫자와 '영(0)' 개념이 도입되었고, 오늘날 자주 등장하는 컴퓨터 용어 '알고리즘'의 어원인 '알콰리즈미(Al-Khwarizmi)'란 이름의 수학자가 기초를 다진 대수학도 수입되었습니다. 또한 히포크라테스와 갈레누스의 의학을 기반으로 한 이슬람 의학은 아비첸나(이븐 시나)의 《의학전범(醫學典範)》 등으로 집대성되어 다시 서유럽에 전달되었습니다. 이 책은 중세 유럽 대학에서 의학부의 대표적인 교과서로 사용될 정도였습니다. 유럽의 농업 기술이 획기적으로 발달한 것도 동방과 접촉한 이후부터였으며 술과 설탕은 물론 살구, 가지, 오렌지, 수박 등을 가리키는 유럽어의 상당 부분도 '아랍어'에서 유래한 것입니다. 또한 유럽의 제후들은 앞다퉈 중동식 성곽 건축을 본떠 자신의 성을 개량했습니다.

그렇다고 해서 서유럽이 일방적으로 이슬람의 문화를 수입만 한 것은 아닙니다. 서방의 문화가 중동으로 전달된 예도 있습니다. 십자군 초창기에 서유럽의 중무장한 기사들에게 대패했던 중동의 이슬람 군주들은 서유럽식 중무장 기병과 갑옷, 투석기, 기타 장비를 받아들였습니다.

다만 십자군 중에서 아랍어를 배우는 이들은 많았지만, 중근동의 아랍인들은 일부 그리스도교인을 제외하면 서유럽의 언어를 알아듣지 못했습니다. 아랍인들은 십자군의 약탈자 이미지를 떠올리며 서유럽 문화에 폐쇄적인 태도를 보였습니다. 그 결과 십자군 전쟁이 서유럽에는 경제적 · 문화적으로 진정한 혁명의 기회를

1204년 십자군의 콘스탄티노플 점령(15세기 삽화)

제공한 반면, 중동의 이슬람 국가들은 오랜 쇠락과 암흑의 시기로
내몰리는 계기가 되었습니다. 무슬림들은 겁을 먹고 방어적으로
변했으며, 너그럽지 못하고 메말라 갔습니다. 한때 그리스 문화를
받아들여 찬란히 빛났던 무슬림들에게 이제 발전이나 근대화는
다른 세상 이야기가 되어버렸습니다.

동방과 서방의 관계 악화

12세기 비잔티움 제국의 황제 알렉시오스 1세와 후계자들은 제국
의 안녕을 위해 십자군 파견을 요청했지만, 그렇게 시작된 십자군
전쟁은 비잔티움 제국에 재앙을 안겼습니다. 1054년 동서 교회의

분열 이후 동방과 서방의 관계가 점차 소원해진 것이 오해와 적대감을 부추겼다면 십자군 전쟁 중에는 오히려 빈번한 접촉이 서로의 관계를 더 악화시켰습니다. 심지어 1차 십자군 원정이 성공을 거두었을 때도, 니케아 전투 이후 계속 황제 알레시오스 1세와 충돌했던 십자군은 비잔티움 사람들이 자신들의 영웅적 노력을 방해했다며 떠벌리고 다닌 것입니다. 십자군은 그것을 빌미로, 수복한 영토를 비잔티움 제국에 반환하기로 한 약속을 어기고 에데사, 안티오키아, 트리폴리, 예루살렘 등을 직접 차지했습니다.

더욱이 2차 십자군 원정대가 팔레스티나와 다마스쿠스에서 목적을 달성하지 못하면서 감정의 골은 더욱 깊어졌습니다. 동방의 비잔티움 사람들과 서유럽 십자군 간의 뿌리 깊은 의심과 갈등이 첨예하게 드러난 것입니다. 십자군 생존자들은 서유럽으로 돌아간 뒤 비잔티움 제국에 실패의 원인을 돌렸습니다. 그러면서 자신들이 비잔티움 제국을 통과하며 저지른 악행을 합리화하고자, 비잔티움 사람들이 기만적이고 타락했기 때문에 그런 고통을 당해 마땅하다는 식으로 우겨댔습니다. 결국 4차 십자군 원정에 이르러, 비잔티움 제국은 십자군에게 수도 콘스탄티노플을 약탈당했습니다. 그 여파로 비잔티움 제국은 지중해 연안의 강대국 대열에서 영원히 탈락하고 몰락의 길을 걷습니다.

이로써 1차 십자군 전쟁을 시작하면서 교황 우르바노 2세가 원했던 '동서 교회의 통합'은 도저히 이룰 수 없는 꿈으로 남았습니다. 서유럽 침략군의 잔혹함을 경험한 비잔티움 사람들은 그들에 대해 두려움과 더불어 끝없는 불신과 증오를 키워가게 됩니다.

십자군 전쟁에 대한
평가

✳

십자군 전쟁에 대한 역사적 평가는 시간이 흐르면서 계속 변해왔습니다. 특히 동일한 역사적 사실을 바라보는데도 각 관찰자의 역사 이해 방식과 세계관에 따라 근본적인 차이점이 드러납니다. 우리나라에서는 주로 서구 역사가들의 관점에서 십자군 전쟁을 소개했고, 학교의 세계사 교육도 이에 따라 이루어졌습니다. 또 상당한 부수가 판매된 시오노 나나미의 《십자군 이야기》 시리즈 역시 매우 서구적인 시각에 치우쳐 있는 게 사실입니다.

　그러나 최근 들어 아랍인의 관점에서 바라본 십자군 전쟁 자료집도 많이 발간되면서 좀 더 객관적으로 바라볼 수 있는 여건이 마련되었습니다. 서구인과 아랍인이 십자군을 바라보는 시각은 과연 어떻게 다를까요?

서구: 승리의 표시로 인식된 십자군

그리스도교인에게 십자군은 '승리의 표시'로 인식됩니다. 돌이켜보면 313년 〈밀라노 칙령〉으로 그리스도교가 로마 제국에서 종교의 자유를 얻었을 때부터 십자가 표시는 승리의 상징이었습니다.

십자군은 콘스탄티누스 대제가 그리스도의 표식을 앞세우고 적에게 승리했던 역사[70]를 무슬림을 상대로 재현하고 싶어 했습니다.

십자군 참가자들은 스스로를 '야훼(여호와)'의 명령과 지도에 복종하는 선택된 민족, 새로운 히브리인, 새로운 이스라엘 민족이라고 믿었습니다. 과거 이스라엘 민족이 이집트 탈출 시 홍해 사이를 행진한 것처럼 십자군의 원정에도 롱기누스의 창, 성 게오르기우스의 현시, 예루살렘 성 앞 공성탑 재료 발견, 성 십자가 등 여러 기적과 표징이 동반되었습니다.

성 베네딕도회 소속 역사가인 노장의 귀베르는 신이 십자군 참가자들에게 허락하신 행적은 야훼가 이스라엘 민족을 위하여 행하신 것보다 더 장엄하다고 해석했습니다. 마찬가지로 다른 역사가들도 십자군의 지도자들을 새로운 모세 또는 그의 형 아론이라 여겼으며, 안티오키아 정복도 예리코 정복[71]의 재현이라고 생각했습니다.

그리스도교 세계에서는 이와 같은 정신을 이어받아, 십자군 전쟁이 끝난 후 십자군의 행적이 영웅서사시처럼 미화되거나 낭만적인 영웅담으로 전해졌습니다. 성전(聖戰)이라 규정된 십자군 전쟁에 참가한 이들은 존경을 받았고, 일부 그리스도교인들은 이 전쟁을 칭송하며 자랑스러워하기까지 했습니다. 그리하여 16세기 대항해 시대에 식민지를 개척한 유럽 각국은 스스로를 새로운 십자군이라 여겼습니다. 야만적이고 잔혹한 이교도의 땅에 그리스도교 문명을 전파한다는 사명감은 그들의 탐욕을 정당화시켜 주곤 했습니다. 이러한 맥락에서 2003년 미국이 이라크를 침공할 당시, 조지 부시 미국 대통령은 승리에 대한 확신을 주기 위해 사담 후세인 같은 독재자에게 맞서 '십자군'을 일으켜야 한다고 외쳤던 것입니다.

이처럼 십자군을 미화하는 이들은 중세의 급진적 이슬람에 대해 십자군이 느낀 공포를 '이슬람 공포증'으로 치부하는 것은 옳지 않다고 주장합니다. 이런 해석은 심지어 같은 이슬람권 안에서도 급진파를 두려워하는 무슬림이 있는 상황에서, 서유럽인들이 오늘날 실재하는 심각한 위협을 하찮게 여기는 것과 마찬가지라는 겁니다. 십자군을 미화하는 이들은 모든 무슬림을 테러리스트로 규정하는 것은 분명 잘못이지만, 이슬람 급진파에 대한 공포를 막연한 이슬람 공포증으로 보는 것 또한 역사에서 교훈을 얻지 못하는 태도라고 강변합니다.

이슬람: 신성모독과 유럽인 침략 행위의 상징

그리스도교인과 반대로, 많은 이슬람 지역에서 십자군은 신성모독이자 유럽인의 침략 행위를 나타내는 상징으로 인식되고 있습니다. 십자군 전쟁 당시 무슬림들은 십자군에 의한 예루살렘 점령을 수치로 여겼고, 그 원인이 이슬람 내부의 분열에 있다고 생각했습니다.

19세기 전까지 이슬람권에서는 십자군 전쟁 자체에 큰 관심이 없었습니다. 무슬림들은 전통적으로 이슬람 바깥세상에 존재하는 사람이나 일에 대해 무관심한 편이라고 합니다. 그래서 다른 이교도들과 벌인 전쟁이나 십자군 전쟁이나 별반 차이를 못 느꼈던 것

1차 십자군의 안티오키아 전투
(《고드프루아와 살라딘 이야기》의 세밀화,14세기, 프랑스 국립도서관)

이죠. 무슬림들 입장에서 십자군 전쟁은 일단 승리한 전쟁이었고, 곧이어 벌어진 몽골 제국의 침략이 훨씬 더 깊은 상처를 입혔으므로 십자군에 대한 기억이 상대적으로 옅을 수밖에 없었습니다.

그러나 19세기 오스만 제국을 이긴 유럽 국가들이 중동 지역을 침략하면서 상황이 달라졌습니다. 유럽의 식민주의자들은 스스로 '제2의 십자군'이라 자화자찬하면서 십자군 전쟁 미화에 나선 것입니다. 그들은 책과 식민 교육을 통해 이슬람 학생들에게 십자군 전쟁에 대해 가르치며, 그것이 중동에 문명을 전해준 영웅적인 전쟁이라고 주장했습니다. 이런 배경 아래 십자군 전쟁은 이슬람권과 유럽 국가 간의 역사적 화두로 떠올랐습니다.

사실상 십자군에 대한 이슬람의 기억은 만들어진 기억, 즉 사건이 발생하고 오랜 기간이 지나 비로소 존재하게 된 기억에 가깝습니다. 이슬람 측에서도 유럽의 식민 교육에 맞서, 자신들이 십자군의 침략을 단호하게 물리쳤을 뿐만 아니라 침략자인 십자군에게까지 관용을 베풀었다며 살라딘 등 영웅을 재발굴해 대대적으로 홍보했습니다. 이후 이슬람의 단결을 촉구할 때마다 십자군과 살라딘을 상기시키곤 했습니다.

일부 이슬람 광신자들 중에는 위험한 강박관념을 가진 이도 있습니다. 한 예로, 1981년 5월 로마가톨릭 교황을 암살하려 했던 튀르크인 메흐메트 알리 아그카는 편지에 이렇게 썼습니다.

"나는 십자군의 총사령관 요한바오로 2세를 죽이기로 결심했다."

현재 이슬람 극단주의자들 사이에서는 정치적이건 군사적이건 간에 서유럽과 맞서는 모든 호전적인 행동을 당연한 보복으로 받아들이는 정서가 널리 퍼져 있습니다. 이슬람 극단주의자들은 십자군 시대로 역사를 거슬러, 지금까지도 부당한 침범을 당하고 있다고 주장합니다.

이러한 경향은 오늘날 이슬람 문학 속에서도 찾아볼 수 있습니다. 이슬람의 문학작품 속에서 이스라엘을 점령한 유대인들은 종종 현대의 십자군, 특히 무슬림의 고향을 침략하고 지배해 온 유럽인으로 묘사되곤 합니다. 십자군 전쟁 때처럼 미국을 등에 업은 유대인들이 군사력으로 무슬림들을 가시철망과 장벽으로 둘러싸인 좁은 땅에 몰아넣고 통제하고 있다는 것이죠. 무슬림들은 역사의 필연성으로 인해 유대인들도 언젠가는 십자군처럼 팔레스티나에서 쫓겨나리라 믿고 있습니다. 그들은 살라딘을 비롯한 무슬림 지도자가 십자군을 몰아내는 데 걸렸던 80년보다 더 빨리 그런 날이 오기를 기대합니다. 심지어 이슬람 과격파는 현재까지 서구인들을 '십자군'이라 부르고 있으며, 무슬림들에게 전 세계적 규모의 지하드에 가담할 것을 촉구하고 있습니다.

십자군을 바라보는 관점의 변화

십자군 전쟁은 이슬람교와 그리스도교의 투쟁이라는 오랜 전통이 기반이 되어 11세기 말에 촉발되었고, 두 종교로 대표되는 문화권 사이에서 벌어진 가장 큰 규모의 충돌이었습니다. 이 전쟁을 계기로 많은 그리스도교인들이 단합된 힘을 보여주었습니다.

그렇지만 서유럽에서도 십자군 전쟁에 대한 비판적인 시각이 다양한 방식으로 제기되었습니다. 19세기 말《군중심리학》을 펴낸 프랑스의 사회심리학자 귀스타브 르 봉은 "십자군 전쟁은 오류와 기만의 표현"이라고 규정했습니다. 독일의 철학자 프리드리히 니체는 기도하고 찬양하는 순례자들과 경건하게 신을 섬기는 기사들이, 인간이 지녔다는 늑대 본성보다 더 나쁜 것을 숨기고 있다고 표현했습니다.

이 두 사람은 적어도 신에 대한 믿음을 긍정적으로 평가한 반면 계몽주의 작가 볼테르, 사회주의 철학자 엥겔스, 계몽사상가 레싱을 비롯한 많은 비판가들은 그 순수성마저 의심합니다. 십자군의 경건한 믿음과 신에 대한 소명이 실제로는 위선적인 성직자의 권세욕, 봉건 제후의 지배욕과 확장욕, 초기 시민계급 상인의 상업적 욕망, 유럽 제국주의의 어두운 인간성에 불과하다고 비판한 것입니다.

2차 세계대전 이후, 십자군 전쟁은 유럽의 제국주의적 성격을 드러낸 대표적인 전쟁이란 인식이 확산되었습니다. 아울러 '신의 뜻'이란 미명하에 벌어진, 종교의 본질을 잊은 추악한 전쟁이라는 평가도 널리 퍼졌죠. 2000년 3월, 로마 교황청은 〈기억과 화해: 교회와 과거의 잘못(Memory and Reconciliation: The Church and the Faults of the Past)〉이라는 문건에서 십자군을 "교회가 저지른 범죄"라고 공식 인정했습니다. 이어 교황 요한바오로 2세는 성 베드로 대성당에서 집전한 미사를 통해 십자군 전쟁은 교회의 잘못이라고 거론하며 정식으로 용서를 구했습니다. 그리고 2001년에는 교황이 그리스를 직접 방문하여 십자군의 침략, 약탈, 학살 등에 대해 정식으로 사과했습니다.

같은 해인 2001년 9·11 테러 이후, 미국과 서방에서는 "무슬림들이 어째서 우리를 이렇게 적대시하는가?"라는 의문이 제기되었습니다. 이에 서방과 이슬람 관계에 대한 전반적인 고찰이 이루어졌는데, 그중 '십자군 전쟁'이 관계 악화의 첫 번째 원인으로 지목되었습니다. 고찰 내용에 따르면, 십자군 전쟁은 자신의 소유물 보존이라거나 여성과 어린이의 생명 보호, 평화 확보, 법의 수호를 위한 정당한 전쟁이 아니었습니다. 또 비잔티움 제국을 보호하고 무슬림에게 고통 받는 동방의 그리스도교인들을 해방시키려는 노력도 하지 않았습니다. 이 전쟁은 신의 이름으로, 신을 위해 이루어진 것이 아니라 그리스도교가 창출한 세속적인 부와 재물을 차지하는 데만 주력했을 뿐입니다.

십자군 전쟁은 단순히 '그리스도교 대 이슬람교'라는 양대 종교 사이의 전쟁이 아니었습니다. 좀 더 자세히 들여다보면 그리스도교인끼리 또는 무슬림끼리 전쟁을 벌인 경우도 잦았습니다. 예를 들어 1차 때 민중 십자군이 헝가리를 공격한다거나 4차 십자군이 자라를 공격하는 등, 같은 그리스도교인들 사이에서도 전쟁이 벌어졌습니다. 특히 비잔티움 제국은 4차 십자군에게 수도 콘스탄티노플을 빼앗기고 끔찍한 학살과 약탈까지 당했던 터라, 차라리 이단자인 무슬림들이 더 사람답고 십자군은 짐승이라며 증오하는 기록까지 남겼을 정도입니다. 이에 못지않게 십자군도 비잔티움 제국이 자신들을 야만인 취급할 뿐만 아니라 이슬람 세력과의 물밑 협상으로 뒤통수를 쳤다며 이를 갈았습니다.

이러한 혼란은 이슬람 세계도 예외가 아니었습니다. 시아파인 파티마 왕조와 수니파인 셀주크 튀르크로 이슬람 세력이 양분되면서 각기 다른 성향의 토후들이 번갈아 예루살렘을 지배했는데, 이 과정에서 무슬림 군주들 간의 갈등이 무척 심해졌습니다. 이로 인해 기존의 그리스도교인, 유대인들과의 첨예한 대립 관계에도 변화가 생겼다는 소문이 유럽까지 퍼질 정도였습니다. 무슬림들끼리 싸우고 배신하는 일도 흔했고, 시리아에선 아예 이슬람 토후들이 반대 세력을 없애겠다며 예루살렘 왕국에 동맹을 요청하는 일까지 있었습니다.

종합해 보건대, 십자군 전쟁은 종교적으로 순수한 의미에서 성지순례 회복을 위해 벌인 전쟁이라고 하기에는 세속적인 문제가 너무 많이 얽혀 있었습니다. 그래서 현대 역사가들은 대체로 십자군 전쟁이 단순히 종교적 광기 때문에 일어난 것이 아니라 관련자들의 이해타산 때문에 일어났다는 데 동의합니다. 또 몇몇 역사가들은 지중해로 눈길을 돌린 유럽과 서양 세계가 인구와 경제, 사회 문제를 해결해 가는 과정의 일부가 바로 십자군 전쟁이었다고 주장하기도 합니다.

십자군 전쟁을 통해
배우는 무지개 원리

"십자군 전쟁은 종교전쟁인가, 침략전쟁인가?"

이 같은 질문에 대한 답변은 중세의 관점이냐 현대의 관점이냐에 따라 많이 달라질 수 있습니다. 사실 종교 자체에 대해서도 중세인들의 생각과 현대인들(계몽주의 이후 문화의 영향을 받는)의 생각이 큰 차이를 보입니다. 그럼에도 우리는 십자군 전쟁을 통해 새로운 의미의 정치와 통치 방식에 대해 성찰해 볼 수 있습니다. 실제로 서유럽과 이슬람 세계 모두 십자군 전쟁을 겪으며 봉건제를 타파하고 중앙집권적 국가로 발전해 나갔습니다.

최근에는 '밀리터리 덕후'나 '게임 마니아'들 중에 단순히 흥미 차원에서 십자군 전쟁에 관심을 보이는 경우가 많아졌습니다. 그들은 십자군 전쟁에 관해 아주 세세한 내용까지 꿰뚫고 있을 정도입니다. 그러나 철학자인 저로서는 개별적인 역사에 대한 상세한 묘사보다 어떻게 역사를 통해 잘못을 바로잡고 올바른 방향으로 나아갈 수 있는가 하는 문제가 더 중요해 보입니다. 또한 종교의 비중이 매우 큰 '중세철학' 연구자 입장에서, 진정한 평화를 위해 종교가 해야 할 역할은 무엇인가 하는 문제도 중요하게 다가옵니다. 그래서 저는 이 책을 마치며 다음과 같은 질문을 던져봅니다.

"십자군 전쟁에서 얻을 수 있는 평화를 위한 지혜는 무엇인가?"

위 질문에 대한 답변을 크게 일곱 가지로 정리하고, 전쟁이 가져온 고통과 어두움에도 불구하고 희망을 포기하지 말자는 의미에서 '무지개 원리'란 제목을 붙여보았습니다. 이 표현은 한국판 탈무드 붐을 일으킨 고 차동엽 신부님의 저서 《무지개 원리》에서 차용한 것입니다.

또 다른 예로, 남아프리카공화국의 흑인 인권운동가 넬슨 만델라는 백인과 흑인의 갈등이 극심했던 시기에 27년간의 수감 생활을 마치고 초대 흑인 대통령이 된 후 '무지개 국가'를 선언합니다. 다양한 인종이 함께 어울려 어두운 과거를 극복하고 새로운 미래로 나아가자는 의미였습니다. 피의 보복을 두려워하던 남아공의 백인들도 이러한 포용 정책에 화답했습니다.

십자군 전쟁의 200년 가까운 역사에도 다양한 종교와 인종이 뒤섞여 나타납니다. 그리고 서로가 서로를 미워하고, 신의 이름으로 벌인 약탈의 그림자는 오늘날까지 드리워져 있습니다. 이러한 어두운 역사를 극복하고 앞으로 나아가기 위한 지혜를 다음과 같이 모아봅니다.

✦ 원리 1 ✦
종교의 이름으로 욕심을 정당화하지 말라
전쟁을 원하는 신은 인간 욕망의 투사

19세기 독일의 철학자 포이어바흐는 "신은 인간 욕망의 투사(投射)"라고 이야기합니다. 이런 종교에 대한 비판은 계몽주의 시대보다 훨씬 앞서, 이미 고대 그리스에도 존재했습니다. 그리스의 철학자 크세노파네스(Xenophanes, 기원전 570?~기원전 480?)는 "소나 말에게 그림을 그릴 능력이 있다면, 그들의 신은 소나 말의 모습이었을 것"이라고 말했습니다. 신이 인간과는 다른 존재임에도 신에게 인간적 속성을 투사하고 있음을 비판한 것입니다. 크세노파네스는 인간적인 면모를 지닌 당대의 신들에게 '신'이란 칭호를 부여하는 것에 반대했으며 특히 절도, 사기, 간음 등 인간계에서도 수치스러운 행위를 신들의 소행으로 돌리려던 서사시인 호메로스와 헤시오도스를 비난했습니다.

이런 비판이 타당해 보이더라도, 사실 인간 내면에는 의인화된 신관(神觀)을 넘어서는 순수한 종교심이 자리하고 있습니다. 그렇기 때문에 종교는 수많은 오류와 만행에도 불구하고 지금까지 영향력을 미치고 있는 것입니다. 종교를 비판한 크세노파네스조차 "최고의 신은 오직 하나이며, 이 유일신은 영원하며 전능하다"라고 주장했습니다. 그런 면에서 볼 때 모든 종교의 신을 '인간 욕망의 투사'라고 보는 것은 무리입니다. 실제로 "신은 죽었다"라고 외치며 신을 제거한 자리에 더욱 사악한 인간의 탐욕이 들어서기도 합니다.

인간의 본성에 내재된 순수한 종교심과 단순히 인간 욕망을 투사해 신이라고 부르는 태도는 구분되어야 합니다. 십자군 전쟁은 그러한 기준의 시금석이라 하겠습니다. 올바른 종교를 판단하는 기준을 제시하기 때문입니다. 십자군 전쟁이 가르쳐준 기준은 해당 종교가 온 세계를 아우르는 진정한 평화를 설파하는가, 아니면 자기 집단이나 종교 세력의 이익만을 위해 전쟁을 부추기는가에 있습니다.

1095년 클레르몽 공의회 이후 터져 나온 "신께서 그것을 원하신다!"라는 외침은 그곳에 모인 교황, 제후, 평민들의 각기 다른 욕망이 합쳐져서 만들어진 것이었습니다. 따라서 포이어바흐의 표현에서 영감을 받아 이렇게 주장할 수 있습니다.

"전쟁을 원한다는 신은 인간 욕망의 투사다."

전쟁에 이용된 종교는 '짠맛을 잃은 소금'

다양한 종교는 인간이 겪는 근본적인 한계인 상실과 회의감, 놀라움 등과 맞닥뜨렸을 때 이성만으로 해결하기 힘든 상황을 벗어날 수 있는 힘을 줍니다. 그러나 이성을 배제한 채 지나치게 신앙, 특히 배타적인 믿음만 강조한다면 사악한 욕망을 품은 정치가나 상인 등에게 너무 쉽게 악용당할 수 있습니다. 더욱이 종교를 통해 조작된 인간들은 비이성적으로 끔찍한 행동을 하면서도 양심의

가책을 느끼지 못하는 '이완된 양심'[72] 상태에 빠지곤 합니다. 1차 십자군 전쟁 때 니케아, 안티오키아, 마라, 예루살렘 등에서 벌어진 학살이 이 같은 사실을 잘 보여줍니다. 그런 의미에서 십자군 전쟁을 선포한 교황 우르바노 2세는 호전적인 서유럽 군주들에게 '만족스러운' 목표를 던져줌으로써, 악의 화신을 풀어놓았던 셈입니다.

자신의 권력을 더 공고히 하고자 십자군 전쟁을 이용했던 교황들은 목적을 달성하기는커녕 4차 십자군 전쟁에서 그랬듯 파견 군대에 대한 통제권마저 잃는 등 역효과만 낳았습니다. 정의와 평화를 선포하여 세상의 빛과 소금이 되어야 할 교회가 오히려 전쟁을 부추기거나 정당화하는 데 이용된다면 그것은 짠맛을 잃은 소금에 불과합니다. 짠맛을 잃은 소금은 길바닥에 버려져 짓밟힐 뿐입니다. 이 같은 사실을 입증이라도 하듯 십자군 전쟁이 끝난 뒤 교황권은 끝없이 추락하고 맙니다.

정의를 무력으로 강요하지 말라

무능한 종교 지도자에게 배우는 역설의 지혜

전쟁은 천문학적인 비용이 들어갈 뿐 아니라 전쟁 당사자들과 무고한 민간인들까지 희생시킨다는 점에서 심각한 윤리적 문제를 일으킵니다. 그럼에도 왜 전쟁이 끊이지 않는 것일까요?

그리스도교 최고의 스승으로 존경받는 아우구스티누스에 따르면, 전쟁이라는 것은 "상대방을 자기 사람으로 만들고, 자기에게 정복된 인간들에게 자기 나름대로 평화의 법률을 부과하고 싶어"(《신국론》 제19권, 12장) 하는 욕심에서 발생합니다. 그리고 통일을 위해 막대한 노력을 집중하면 할수록 역설적으로 분열이 초래되는 현상이 빚어진다고 합니다. 이는 정치가나 종교 지도자들이 자신이 생각하는 가치를 강요하기에 앞서 진지하게 성찰해야 할 대목입니다.

아우구스티누스의 이런 통찰을 십자군 전쟁에도 그대로 적용할 수 있습니다. 1차 십자군 당시 비잔티움 제국의 지원군 요청을 받아들인 교황 우르바노 2세는 자신이 생각하는 그리스도교에 대한 표상을 동방정교회까지 모두 적용하려는 속내를 가지고 있었습니다. 그 목적을 위해 엄청난 희생이 따르는 전쟁마저 이용하려 들었던 것입니다. 더욱이 그리스도교를 상징하는 십자군은 3대 종교(그리스도교, 이슬람교, 유대교) 모두의 성지였던 예루살렘을 독점하려 했기 때문에 이슬람 세력의 강한 반발을 불러일으켰습니다. 그리고 100년도 채 되지 않아 예루살렘을 다시 빼앗기는 결말을 맞이했습니다.

정의가 없는 국가는 강도떼와 마찬가지

아우구스티누스는 《신국론》에서 알렉산더 대왕과 잡혀 온 해적 간의 흥미로운 대화를 소개합니다. 알렉산더 대왕이 "무슨 생각으로 바다에서 남을 괴롭히는 짓을 저지르느냐"라고 문초하자, 그 해적은 다음과 같이 답변했다고 합니다.

> 그것은 폐하께서 전 세계를 괴롭히는 생각과 똑같습니다. 단지 저는 작은 배 한 척으로 그 일을 하는 까닭에 해적이라 불리고, 폐하는 대함대를 거느리고 다니면서 그 일을 하는 까닭에 황제라고 불리는 점이 다를 뿐입니다.
>
> 《신국론》 제4권, 4장

아우구스티누스는 강도떼도 두목 한 명에 의해 지배되고, 결합체의 규약에 따르며, 약탈물을 일정한 원칙대로 분배하는 등 대내적 정의가 있을 때만 유지되므로 국가와 관련된 일반 규정을 충족시키고 있다는 사실을 환기시킵니다. 그리고 이를 토대로 "정의가 없는 국가란 거대한 강도떼가 아니고 무엇인가?"라는 질문을 던집니다.

이러한 질문이 단순히 경고에 그치지 않고 실제로 벌어진 것이 바로 가장 추악한 전쟁으로 꼽히는 4차 십자군 전쟁입니다. 성지 회복이라는 목표를 추구한다던 십자군이 그것과 전혀 무관한, 같은 그리스도교 국가들을 약탈했습니다. 그럴듯한 명분안에 숨겨져 있던 인간의 탐욕이 적나라하게 드러나고 만 것입니다. 아우구스티누스는 "각자에게 각자의 몫을 주는 것"이 정의라는 고대 철학의 개념 규정을 활용해서, 이런 정의를 저버리는 자들은 징벌을 통해서라도 교정해야 한다고 주장했습니다. 그 교정을 위해 선한 이들도 전쟁이 필요할 때가 있다고 생각한 것입니다. 그러나 4차 십자군을 제창한 교황 인노첸시오 3세조차 같은 종교를 믿는 이들까지 공격해대는 '강도떼'를 전혀 통제하지 못했습니다.

　　신학자들은 이 세상에 만연한 악을 바라보면서 "악에서도 선을 만드는 것이야말로 신의 전능이다"라고 주장합니다. 설령 맞는 말이라 해도 이러한 주장은 유일하게 절대자 신에게만 적용되어야 합니다. 아무리 종교 지도자가 자신을 '신의 대리자'라고 주장한다 해도 인간인 이상, 거꾸로 '선에서도 악을 만드는 인간의 무능'을 자각하고 겸손해야만 합니다.

　　이미 고대 철학자 소크라테스는 인간의 한계를 자각하라는 의미에서 "너 자신을 알라"라는, 델피 신전의 경구를 가르쳐 널리 퍼뜨렸습니다. 그럼에도 끊임없이 신의 위치를 대신하려는 태도를 보이는 것은 가장 위험한 신성모독일 수 있습니다. 4차 십자군 전쟁은 종교 지도자의 무능이 어떤 참혹한 결과를 초래하는지를 웅변적으로 보여줍니다.

+ 원리 3 +
# 모든 힘을 다해 전쟁을 피하라
두 사상가에게 배우는 전쟁의 지혜

'정당한 전쟁'에 관한 이론은 매우 오랜 역사를 지니고 있습니다. 이것은 만일 전쟁을 피할 수 없다면 전쟁으로 인한 피해와 전쟁 발생 자체를 최소화하는 방안으로 제기된 이론입니다. 아우구스티누스 역시 정당한 전쟁을 옹호했다고 알려져 있습니다. 불의한 자들이 의로운 자들을 지배하는 것은 가장 불행한 일로, 타자의 불의 때문에 발생하는 정당한 전쟁의 경우 선한 이들도 전쟁을 할 필요가 있다고 인정했습니다.

 이러한 전통에 따라 중세 스콜라 철학의 대표자인 토마스 아퀴나스도 정당한 전쟁에 대해 더욱 체계적으로 규정했습니다. 토마스 아퀴나스의 《신학대전》에 따르면, 정당한 전쟁에는 세 가지 조건이 요구된다고 합니다. 첫째 군주의 전쟁 선포와 수행자로서의 권한, 둘째 정당한 근거, 셋째 전쟁에 참가하는 당사자들의 올바른 의도가 그것입니다. 우선 국가의 안위를 책임지는 군주는 국가를 위협하는 외부의 적을 처벌할 수 있으며, 그렇게 처벌하는 행위가 바로 전쟁인 것입니다. 군주는 전쟁을 선포하고 수행함으로써 자국민들의 권리를 보장하고, 자국의 질서와 안녕을 유지함으로써 정의를 실현합니다. 또한 전쟁을 치르기 위한 정당한 근거란, 전쟁을 촉발한 상대국이 그 국민의 무도한 행위를 징벌하고 보상하는 데 태만한 경우에 생긴다고 주장합니다.

정당한 전쟁론은 오늘날에도 자주 언급되고 있지만, 이런 주장 다음에 두 사상가가 추가로 설명한 내용은 별로 주목을 받지 못한 듯합니다. 아우구스티누스는 정당한 전쟁이 필연적인 것처럼 보일지라도 신앙의 지혜가 있는 자에게는 도무지 칭찬할 만한 행위가 아니라고 경고했습니다. 그 정당하다는 전쟁에서도 자랑할 일보다는 괴로워할 일이 훨씬 많이 벌어지기 때문입니다. 그런 의미에서 토마스 아퀴나스는 정당한 전쟁을 '행하는' 것이 아니라 '피하는' 것이야말로 최고의 지혜임을 가르칩니다.

가짜 뉴스를 식별해야 전쟁에서 멀어진다

전쟁을 피하기 위해서 주의할 점은 1차 십자군 당시 은자 피에르처럼, 가짜 뉴스 유포자들이 불필요한 증오와 혐오를 조장해서 전쟁을 촉발하는 경우가 많다는 것입니다. 현대사회에서는 허름한 옷을 입은 떠돌이 선교사(또는 설교자)들이 아니라 전쟁 무기 생산업자들이 국지전을 부추기기도 합니다. 더욱이 국가 수호의 임무를 띤 군인들 중에 전쟁을 통해서라도 자기 존재감을 과시하고 권력을 쟁취하려는 호전적인 인물이 나타날 경우 국가 전체가 위기에 빠질 수 있습니다. 그래서 위대한 철학자 플라톤은 '철인정치'를 강조했던 것입니다.

플라톤은 이상적인 국가를 이루려면 통치자, 수호자, 생산자 등 세 계급이 필요하다고 주장합니다. 최하 단계인 '생산자 계급'이

많은 양을 생산할수록 국가는 부유해지겠지만, 이렇게 축적된 부는 다른 국가나 강도 집단의 표적이 될 수 있습니다. 이에 따라 외부의 적으로부터 자국민들의 안녕과 부를 지켜낼 '수호자 계급'이 필요해집니다. 수호자는 기민한 감각, 경쾌한 동작, 강인한 체력, 용감한 정신의 소유자여야 하는데 그 계급의 힘이 강해지면 종종 영토를 늘리기 위해 전쟁을 일으킬 수도 있습니다. 따라서 마지막으로 모든 계급을 조화롭게 아우르고, 국가가 나아가야 할 방향을 올바르게 규정할 '통치자 계급'이 필요한 것입니다.

플라톤에 따르면, 환자에게 가장 좋은 것이 무엇인지 의사가 알고 항해에서 가장 좋은 것이 무엇인지 항해사가 알듯이, 국가 체제와 관련하여 무엇이 공동체 구성원 전체에게 가장 좋은지를 아는 사람이 국가 경영을 책임져야 합니다. 그런 의미에서 철학자가 왕이 되거나 왕이 철학자가 되는, 이른바 '철인정치'가 가장 이상적이라고 주장합니다. 이 주장에 동의하지 않더라도, 국가의 통치자에게 반드시 필요한 덕목이 공동체 구성원에게 진정으로 필요한 것을 식별해 내는 '지혜'임은 분명합니다. 그러므로 '전쟁'을 쉽게 사용할 수 있는 카드로 생각하고 자주 입에 담는 사람은 결코 한 국가의 지도자가 될 자격이 없습니다.

국가 공동체의 구성원들은 요즘처럼 선동적인 기사가 넘쳐나는 상황에서 어떻게 옳고 그름을 가려낼 수 있을까요? 가짜 뉴스를 식별하기 위해서는 무엇보다 '확증 편향'을 경계해야 합니다. SNS나 유튜브 등에서 자신이 원하는 방향의 기사만 따라가다 보면 확증 편향에 빠져, 다른 측면을 간과할 수도 있기 때문입니다. 과거 십자군에 참가한 서유럽인과 비잔티움 제국의 그리스인도 서로에 대한 편견이 아주 강했습니다. 그렇기 때문에 상대를 무식하고 천박한 야만인이라거나 말만 앞세우는 비겁한 자들이라 폄하하고, 여러 사태를 접할 때마다 색안경을 끼고 바라보았습니다. 여기에 가짜 뉴스 유포자들이 쓰는 '혐오의 언어들'까지 더해지면 대중에게 분노가 전염되어 전쟁도 불사하겠다는 광기가 순식간에 퍼져 나갈 수 있습니다. 이런 편견들이 폭발한 대표적인 예가 바로 4차 십자군 전쟁입니다.

가짜 뉴스에 속지 않기 위해서는 위기에 빠진 지도자들이 즐겨 사용하는 '희생양 이론'을 꼭 기억해야 합니다. 로마 제국의 네로 황제는 로마 대화재로 폭동이 일어나자, 자신에게 향했던 분노를 신흥 종교를 믿는 그리스도교인들에게 향하도록 만들었습니다. 또 중세 말기 유럽에 페스트가 번져 인구의 3분의 1 정도가 사망하던 당시에는 그 두려움의 원인을 사회적 약자인 유대인들에게 돌려 그들을 학살했습니다. 근대 초기 유럽부터 신대륙까지 광분의 도가니로 만들었던 마녀 사냥 역시 폭력에 저항할 수 없는 늙은 독신 여성과 사회적 약자들을 희생양으로 삼았습니다.

십자군 전쟁의 발생과 진행 과정에서도 이런 희생양 이론을 적용할 수 있는 경우가 많습니다. 이런 꼼수에 넘어가지 않으려면, 전쟁을 일으키기 위해 사용하는 '혐오'로 누가 이득을 취하고 또 누가 혐오를 공급하는지 꼭 한 번 생각해 보시기 바랍니다.

+ 원리 4 +
# 해로운 분노를 버리라
선을 행하고 악을 회피하는 지혜

1차 십자군은 자신들이 점령한 대도시 안티오키아와 인근 마을 마라에서 성안의 주민들 대부분을 학살했습니다. 이렇게 참혹한 학살은 예루살렘 점령 후에도 반복되었고, 4차 십자군의 콘스탄 티노플 점령 이후까지 그대로 이어졌습니다. 그중에서도 특히 3차 십자군 때 사자심왕 리처드 1세가 협상 지체를 이유로 이슬람 포로 2,700명을 학살한 사건은 관대함으로 유명한 살라딘조차 분 노케 만들었고, 그 결과 그리스도교 포로들은 전례 없이 심한 고 문 끝에 죽임을 당해야만 했습니다. 이 같은 처리 방식은 당시의 전쟁 관습에서도 크게 벗어나는 것이었습니다. 중세 서유럽이나 이슬람에서는 점령한 도시의 포로들을 학살하기보다 귀족들은 거 액의 몸값을 받고 석방해 주고, 지불 능력이 없는 이들은 노예로 파는 게 일반적이었기 때문입니다.

그러나 "신께서 그것을 원하신다"라고 외치며 시작된 십자군 전쟁에서 '악의 세력' 내지 '사탄의 무리'로 규정된 이교도들은 신 의 이름으로 학살해도 되는 대상으로 전락해 버린 것입니다. 십자 군의 이처럼 잔인한 행동은 이슬람 세력의 거센 반발을 불러왔으 며, 2차 십자군 이후부터는 이슬람군도 십자군 못지않게 잔혹한 학살로 응답하게 됩니다.

그렇다면 십자군 전쟁을 제창한 교황들과 관련된 신학자들은 이 같은 문제에 대해 어떤 조언을 남겼을까요? 교황들의 정신적 스승 아우구스티누스는 적대감을 최대한 억제하는 것이 종교적으로나 정치적으로 필요하다고 믿었습니다. 그래서 전쟁이 필요할 때라도, 전쟁은 인간성을 존중하는 차원에서 치러져야 하며, 적에게도 수치심이나 분노 등 또 다른 갈등의 씨앗을 뿌려서는 안 된다고 충고했습니다.

가장 많은 교황들이 정신적 지주로 추앙하는 토마스 아퀴나스도 국가와 국가 간의 소위 '정당한 전쟁'을 부추긴 학자는 아니었습니다. 그가 저술한《신학대전》에 따르면, 정의의 완전한 실행을 위해서는 "선을 행함"뿐 아니라 "악을 회피함"도 필수적이기 때문입니다. 정당한 전쟁에서 어떻게 하면 악을 회피할 수 있을까요? 전쟁 수행자들에게 수반하는 악한 경향은 대부분 절제되지 않는 분노와 연관되어 있습니다. 그러한 분노는 "반격하고자 하는 야만성", "보복하고자 하는 잔인성", "권력에의 충동" 때문에 발생할 수 있다고 합니다.

'해로운 분노'가 가장 분명히 드러난 사건은 바로 위에서 언급했던 '마라의 학살'입니다. 십자군 전쟁의 잔혹한 행위 중에서도 가장 최악이었던 이 학살은 전쟁의 광기에 더해, 점령지에 있던 무슬림들을 악마의 세력으로 규정하는 과정에서 발생했습니다. 이렇게 상대방을 악마화는 태도는 거꾸로 자기 자신을 악마로 만드는 슬픈 결과를 낳을 뿐입니다.

〈1098년 마라 요새를 공격하는 십자군〉
(앙리 데케인, 1843년, 베르사유 궁전)

이에 못지않게 위험한 것이 열등의식에서 나오는 질투심입니다. 십자군이 비잔티움 제국의 수도 콘스탄티노플이나 이집트 파티마 왕조의 수도 카이로처럼 자신들보다 앞선 문명 도시를 처음 접했을 때 마음이 어땠을까요? 그들은 화려하고 사치스러운 광경 앞에서 놀라움과 동시에 열등감에 시달렸던 것으로 보입니다. 이와 같은 질투심, 빼앗아 내 것으로 만들고 싶은 마음이 결국 4차, 5차 십자군처럼 성지 회복과 무관한 약탈전으로 이어졌던 것입니다.

적에게 자비를 베풀라

살라딘에게 배우는 관용의 지혜

잔혹함이 넘쳐나는 십자군 전쟁의 역사에서도 지속적인 평화를 추구한 인물이 있습니다. 그는 바로 점령지 안의 주민들과 십자군에게 자비를 베풀었던 이슬람의 술탄 살라딘입니다. 살라딘이 아들에게 했다는 충고, 즉 "한번 흘린 피는 결코 멈추지 않는다. 관용과 애정으로 사람들의 신망을 얻어라"라는 말은 오늘날에도 돌이켜 볼 필요가 있습니다.

정당한 전쟁이 성립되려면 "악을 회피함"이 필수라고 주장한 토마스 아퀴나스 역시 관용을 강조했습니다. 그에 따르면, 악한 경향을 미연에 방지하기 위해서는 전쟁 수행자들에게 "관용과 온유의 덕"이 필요하다고 합니다. 관용과 온유는 과도한 형벌과 치미는 분노를 완화시켜 줍니다. 더 나아가 토마스 아퀴나스는 성령의 은사(恩賜)인 '공경(pietas)'을 통해 우리가 모든 인간에게, 심지어 우리 자신에게 해를 끼친 적대자들에게까지—적어도 그들이 하느님의 백성인 한에서—선을 행할 수 있다고 보았습니다.

전쟁을 피할 수 있다면, 당연히 모든 방법을 동원해 봐야 합니다. 그러나 외적이 직접 침입해 우리 국가와 가족을 공격하면 어떨까요? 이 경우 어쩔 수 없이 전쟁을 벌인다 해도 지나친 보복 행위로 전쟁을 확산시켜서는 안 됩니다. 얼마 전 중동 지역에서 벌어진 전쟁도 우리에게 시사하는 바가 큽니다.

전쟁을 촉발한 하마스의 테러 행위는 분명 잘못된 것이고, 이스라엘은 이런 상황을 간과할 수 없어 보복 공격을 감행했습니다. 그럼에도 "선을 택할 수 없다면, 가장 작은 악을 선택하라"라는 토마스 아퀴나스의 충고는 유효해 보입니다. 비록 이스라엘이 테러를 주도한 세력을 뿌리 뽑기 위해 집중 공격을 가했다 하더라도 계속되는 가자 지구에 대한 무차별 폭격과 완전 폐쇄 같은 행위는 정당화될 수 없습니다. 그 어느 때보다 '관용'의 지혜가 필요한 시점입니다. 수백 년 전, 같은 지역에서 비슷한 일이 벌어졌을 때 살라딘이 십자군에게 보여준 관용적인 태도야말로 전쟁 상황에서도 폭력의 악순환을 늦출 수 있는 지침이 될 것입니다.

✦ 원리 6 ✦
전쟁을 피하려면 서로를 알라
프리드리히 2세에게 배우는 포용의 지혜

6차 십자군 전쟁에 참가해 예루살렘의 순례권까지 찾아왔지만 당대에 제대로 평가받지 못한 인물, 그는 바로 신성로마 제국 황제 프리드리히 2세입니다. 프리드리히 2세는 과거 이슬람 세력이 점령했던 시칠리아섬에서 자랐고 또 그곳의 왕을 겸했기 때문에 이슬람 문화에 대해 잘 알고 있었습니다. 아울러 정치적으로 자신의 왕국을 통합하기 위해서도 종교와 인종을 넘어서서 보편적으로 인재를 등용하고 싶어 했습니다.

프리드리히 2세는 5차 십자군에 불참한 데 이어 6차 십자군 때도 약속을 지키지 않아 파문당했지만, 여전히 무력으로 상대를 두렵게 만드는 것만이 능사가 아니라고 믿었습니다. 그래서 이집트의 술탄이 내부 분쟁으로 인해 예루살렘에 집중할 수 없게 되자, 그를 설득하여 스스로 예루살렘의 왕이 되고 평화로운 성지순례 기회까지 얻었습니다. 당시 교황을 비롯한 서유럽인들은 전쟁을 통해서 얻은 성과가 아니라고 비난했지만, 국가 간의 문제 해결에서 대화와 타협을 우선시하게 된 현대의 시각에서 보면 충분히 재평가될 만합니다. 비록 성품 자체는 잔인하고 냉혹했어도 전쟁보다 평화를 추구하는 프리드리히 2세의 방식은 하나의 모범이 될 수 있습니다.

비잔티움 사람들은 문화와 종교가 다른 이들과 공존하는 일도 거부감 없이 받아들였습니다. 그래서 그들은 종종 칼이나 창보다 외교술과 치밀한 협상을 통해 문제를 해결하려 들었죠. 흑백 논리에 익숙한 십자군 입장에서는 기회주의적인 사람들로 느껴졌지만, 아마도 비잔티움 제국은 그처럼 유연한 태도 덕분에 서로마 제국보다 무려 1천 년 가까이 더 살아남을 수 있었을 것입니다.

사실 예루살렘 왕국도 초기에는 무슬림들을 학살했으나 점차 도시의 규모가 커지면서 주변 무슬림들의 도움 없이는 생활 자체가 불가능하다는 사실을 알게 되었고 서로 접촉할 기회도 많아졌습니다. 그러자 종교와 인종을 초월한 사랑이 늘어나면서 주변의 비난에도 불구하고 가족을 이루는 경우가 적지 않았습니다. 단순히 '이교도', '프랑크인'이 아니라 구체적인 인물들을 알게 됨으로써 상대를 잔혹하게 대하는 빈도가 훨씬 줄어든 것입니다. 실제로 예루살렘 왕국에서 오래 생활했던 이들이나, 원하든 원치 않든 무슬림들과 자주 접했던 비잔티움 사람들은 이슬람에 호의적인 경우가 많았습니다.

나치 독일 점령하의 폴란드를 배경으로 한 영화 〈쉰들러 리스트〉에도 이와 비슷한 상황이 나옵니다. 유대인 수용소의 독일인 간부가 갇혀 있는 유대인을 단순히 죄수 번호가 아닌 이름으로 부르는 순간, 두 사람 사이에 변화가 찾아온 것이지요. 이처럼 서로의 문화를 알고 평화롭게 공존하며 시간을 보내는 일이야말로 평화로 나아가기 위한 소중한 디딤돌이 됩니다.

지혜를 실천한 샤를 드 푸코 성인 이야기

프랑스의 샤를 드 푸코(Charles de Foucauld, 1858~1916) 성인은 공존의 지혜를 실천에 옮기다 목숨까지 바친 인물입니다. 샤를은 프랑스의 유복한 가정에서 태어나 어린 나이에 부모를 여의고 외조부 밑에서 자랐습니다. 엄격한 기숙사 생활에 적응하지 못해 퇴학당하고 사관학교에 들어가 기병 장교가 되었으며, 군 생활에 싫증을 느끼던 차에 막대한 유산을 물려받고 방탕한 생활을 합니다. 그러나 어느 순간 '내적 공허감'을 느껴 모로코와 사하라 사막을 탐험했습니다.

샤를은 광활한 사막에서 알라신의 현존을 느끼며 살아가는 무슬림들의 순박하고 투철한 신앙에 깊은 감명을 받았습니다. 아이러니하게도 무슬림을 통해서 '신의 부름'에 대한 관심이 커진 샤를은 팔레스티나 성지순례 후 나자렛의 트라피스트 수도회에 입회했습니다. 그는 부유한 생활을 모두 던져버리고 늘 더 큰 고독과 기도, 절제하는 삶을 열망합니다.

프랑스에서 사제품을 받은 샤를은 많은 이들이 영적인 가난 속에서 살아가는 모로코와 알제리 국경 근처의 은수처로 들어갔습니다. 샤를은 그곳의 무슬림 부족들과 어울려 지내면서 다른 종교와 문화를 존중하는 '보편적 형제'가 되고자 결심했고 스스로 '예수성심의 형제회'라고 이름붙인 은수처에서 공개적으로 미사를 봉헌하고 기도를 바쳤습니다.

1905년 샤를은 알제리 남부에 새로운 은수처를 마련한 뒤 11년 동안 생활했습니다. 그는 이슬람 신앙을 지닌 투아레그족과 조화롭게 지내면서 그들의 언어와 관습을 배웠습니다. 투아레그족 사람들은 혼자 사는 샤를을 찾아와 주었고, 샤를은 그들이 친구이든 원수이든, 그리스도교인이든 무슬림이든 기쁜 마음으로 맞이했습니다. 그리고 투아레그족 사람들을 진심으로 섬기며 평화를 이루기 위한 노력을 기울여 부족민들의 존경을 받았습니다.

1차 세계대전이 한창이던 1916년, 프랑스의 식민 통치에 반대하는 원주민들의 봉기가 일어났습니다. 샤를은 혼란한 와중에 호전적인 무슬림들에게 납치되었습니다. 프랑스 군인들이 납치범들을 저지하러 다가오자, 샤를을 지키던 한 젊은이가 당황한 나머지 샤를의 머리에 총을 쏘고 말았습니다. 그렇게 샤를은 사하라 사막에서 힘없는 약자로 죽어갔습니다. 샤를이 선종한 후, 아프리카의 비그리스도교인 및 무슬림들과 어울려 살며 복음적 삶을 실천한 그의 영성은 세계 곳곳에 전해졌고 2022년 5월 성인품에 올랐습니다.

'사막의 은수자' 샤를이야말로 자신의 종교를 강요하던 십자군과 달리, 종교가 다른 이들과도 서로 알아가며 평화롭게 공존할 수 있는 방법을 모색한 선구자였습니다. 그는 우리에게 이렇게 충고합니다.

"사람들을 사랑하지 않으면서 신을 사랑하길 원한다는 신자는 부조리한 것을 꿈꾸는 셈입니다."

평화를 원하면 불의를 없애라

프란치스코 성인에게 배우는 평화의 지혜

2000년 3월 교황 요한바오로 2세는 '교회와 과거의 잘못' 가운데 하나로, 교회가 저지른 범죄인 십자군 전쟁에 대해 공식적으로 사과했습니다. 최근 가톨릭교회 안에서는 단순히 과거에 자행한 잘못을 반성하는 데서 더 나아가, '정당한 전쟁' 이론을 폐기하고 더 비폭력적인 '정당한 평화'를 가톨릭의 공식 입장으로 채택해야 한다는 움직임이 일고 있습니다.

실제로 정당한 전쟁론은 다음과 같이 현실적인 한계를 안고 있습니다.

첫째, 전쟁을 제한하고 억제하려는 원래 의도와 상관없이 종종 전쟁을 일으키는 이데올로기로 악용될 가능성이 높습니다. 가장 대표적인 예가 바로 200년 가까이 이어진 십자군 전쟁입니다. 둘째, 아무리 의도가 좋아도 일단 전쟁이 발발하면 무차별적인 폭력과 살상이 자행되면서 폭력의 악순환이 일어납니다. 악을 제거하기 위한 전쟁이 더 큰 악을 초래하는 셈이죠. 1차 십자군 전쟁과 그 이후 이슬람 세력의 보복 행위, 가장 추악한 전쟁인 4차 십자군 전쟁 등이 이를 역사적으로 증명하고 있습니다. 셋째, 원자폭탄과 같은 대량 살상 무기가 등장하면서 전쟁이 전 인류를 공멸시킬 위험이 너무 커졌습니다. 그렇기 때문에 오늘날은 어떤 전쟁도 정당성을 얻을 수 없는 것입니다.

2017년 1월 1일 교황 프란치스코는 세계 평화의 날 담화를 통해 전쟁과 조직적인 범죄, 무차별적인 테러 등에서 보듯 "폭력이 이룩한 것은 고작 복수와 파괴적인 분쟁의 악순환"이며, 거룩한 전쟁도 정의로운 전쟁도 모두 허구요 평화만이 거룩하다고 선언합니다. 십자군 전쟁 당시 십자군 병사들은 포로들의 목을 따서 투석기로 던져 올리고, 학살한 이들의 시신 일부를 먹거나 임산부의 배를 가르는 등 극악무도한 만행을 저질렀습니다. 이처럼 끔찍한 폭력을 경험한 무슬림들은 십자군을 '무자비한 자들'로 규정하고, 그에 맞서 무자비한 포로 학살로 대응했습니다.

이런 폭력의 악순환은 십자군 전쟁 때부터 시작되어 현대까지 지속되고 있습니다. 오늘날 이스라엘과 팔레스티나의 테러와 학살은 또 다른 학살과 테러를 불러올 뿐입니다. 몇 가지 사례만 보더라도 정당한 전쟁론이 전쟁을 예방하고 제한하는 것이 아니라 지지하는 데 사용되었음을 알 수 있습니다. 그리고 정당한 전쟁론이 비폭력적 변혁을 위한 도덕적 의무를 저해했다는 사실도 잊지 말아야 합니다.

김수환 추기경이 말하는 참된 평화

"평화를 원하면 전쟁을 준비하라(Si vis pacem, para bellum)!"
김수환 추기경은 이 같은 라틴어 격언이 상징하는, 물리적인 힘으로 얻고 지키려는 평화에 대해 비판적인 입장을 취했습니다. 그래서 한 강좌에서 다음과 같은 말을 남겼습니다.

지난번 부시 미국 대통령이 방한했을 때, 그는 국회에서 한 연설에서 "힘이 있어야 평화를 지킬 수 있다"라고 말했습니다. 현실 정치에서는 그 길밖에 다른 도리가 없어 보이기도 합니다. 그러나 힘으로 유지되는 평화는 힘의 균형이 깨질 때 더 큰 재난으로 우리를 파괴로 몰아넣을 것입니다. 특히 그 힘이 핵무기를 비롯한 고도의 화학무기를 뜻할 때 더욱 그러합니다.

〈하느님의 선물이며 사랑의 열매인 평화〉(1989. 3. 6)

김 추기경은 강대국들이 보유하고 있는 핵무기의 폭발력이 이미 인류를 절멸시킬 수 있는 상황에서는 무력의 균형, 경쟁을 통한 평화에 한계가 있을 수밖에 없다고 보았습니다. 그래서 "참된 평화는 정의의 실현이요, 더욱더 완전한 정의를 추구하는 인간들의 항구한 노력으로써 얻어지는 질서"라고 주장했으며, 피도 눈물도 없는 정의만으로는 참된 평화를 이루지 못하기 때문에 "평화는 정의의 내용을 초월하는 사랑의 결실"이라고 가르쳤습니다.

우리 인류는 지금까지 여러 차례 전쟁의 참혹함을 경험했습니다. 그런데 어느덧 현대인들은 전쟁을 비현실적인 컴퓨터 게임 바라보듯 대하고 있습니다. 또한 일부 강경 세력은 종종 평화와 정의를 내세워, 다툼을 끝맺기 위한 수단으로 여전히 전쟁을 옹호합니다. 이 대목에서 우리는 스스로 자문해 봐야 합니다.

〈술탄 알카밀 앞의 성 프란치스코〉(자카리아스 곤잘레스 벨라스케스, 18세기, 프라도 미술관)

  '전쟁을 정당화하는 이념이 있다 하더라도 그것이 과연 개인들의 소중한 생명을 희생시킬 만큼 가치가 있을까?'

  우리들 각자의 소중한 생명을 지키려면 '정당한 전쟁'을 만드느라 정당성을 찾을 게 아니라, 서로의 마음에서 불의와 충돌의 근본 원인을 제거하는 데 온 힘을 쏟아야 합니다. 이제는 관점의 전환이 필요합니다. 정당한 전쟁론에 쓰던 에너지를, 어떻게 하면 국가와 민족 간에 정의로운 관계를 만들어나갈지 노력하는 데 썼으면 합니다.

5차 십자군 전쟁 중에 목숨을 걸고 이슬람 술탄을 찾아갔던 평화의 사도, 성 프란치스코. 그를 기리는 〈평화를 위한 기도〉로 끝인사를 대신합니다.

"우리는 줌으로써 받고, 용서함으로써 용서받으며, 자기를 버리고 죽음으로써 영생을 얻기 때문입니다."

미주

프롤로그

1 이와 대비하여 다원주의적 해석에서는 교황이 승인한, 이교도들을 상대로 한 전쟁을 모두 십자군이라 부르며 예루살렘뿐만 아니라 스페인까지 포함시킨다. 통합주의적 해석에서는 전통주의와 다원주의를 통합하여 교황의 승인과 상관없이 서유럽 가톨릭교회의 군사 원정 전체를 십자군으로 간주한다.

1장

2 예루살렘은 크게 구시가지(올드시티), 동예루살렘, 서예루살렘으로 구분된다. 1948년 아랍-이스라엘 전쟁 이후 구시가지와 동예루살렘은 요르단에, 서예루살렘은 이스라엘에 각각 분할 점령되었다. 그런데 1967년 3차 중동 전쟁으로 동예루살렘까지 점령한 이스라엘은 예루살렘을 '분할할 수 없는 영구적인 수도'라고 주장하고 있다.

3 632년 무함마드가 사망할 당시 생겨난 많은 전설 가운데 하나가 바로 무함마드가 예루살렘에서 하늘로 승천했다는 이야기다. 바위 돔 사원에 있는 바위 위에는 승천할 때 찍혔다는 커다란 말 발자국이 남아 있다.

4 313년 〈밀라노 칙령〉을 통해 종교의 자유를 선포한 콘스탄티누스 1세. 그는 4분령으로 나뉘어 있던 로마 제국을 통일했으며, 수도를 로마에서 비잔티움(오늘날 이스탄불)으로 옮기고 자신의 이름을 따서 콘스탄티노플로 개칭했다.

5 칼리프(caliph)는 아랍어 '할리파(칼리파)'에서 유래한 말로 무함마드의 대리인을 뜻하며, 정치와 종교의 권력을 아울러 갖는 이슬람 최고의 종교 지도자를 가리킨다. 한편 '통치자, 권위'란 뜻의 술탄(sultan)은 코란에서는 도덕적·정신적 권위를 의미했는데, 11세기 이후 칼리프로부터 이슬람 국가를 다스릴 수 있는 권위를 수여받은 정치적 지배자를 뜻하는 말로 쓰였다. 이후 오스만 제국에서는 16세기 초 셀림 1세 때부터 술탄과 칼리프직을 동시에 수행하게 된다.

6 이슬람 최초의 위대한 왕조라 불리는 '우마이야(Umayya) 왕조'는 혹독한 내전을 치른 뒤 8세기에 '아바스 왕조'로 대체되었다. 이슬람 최고 도시의 지위 또한 우마이야의 수도 다마스쿠스에서 바그다드로 옮겨갔으며, 새로운 수도 바그다드에서는 과학적이고 예술적인 독창성을 지닌 문화가 융성했다.

7　셀주크 제국은 역사 안에서 종종 셀주크 튀르크라고 불렸다. 셀주크 튀르크란 명칭은
　　튀르크계 부족의 장군 이름 '셀주크'에서 유래했다. 10세기에 중앙아시아에서 진출해
　　11세기 수니파 이슬람 세계를 통일했으나 얼마 못 가 멸망했다. 지배계급은 튀르크계
　　부족이었지만, 정치 체제와 언어는 페르시아를 기준으로 삼았다.

8　그는 1차 십자군 원정에 동행했던 사제로, 샤르트르의 풀크(Foulques) 또는 풀케리우
　　스(Fulcherius)라고도 불린다.

9　이들이 외친 "Deus lo vult"는 지금도 로마의 4대 성당 중 하나인 산타 마리아 마조레
　　대성당의 '거룩한 문' 위에 새겨져 있다.

10　아우구스티누스의 《신국론》은 410년에 게르만(서고트족) 용병대장 알라리크가 로마
　　를 함락시켜 로마 제국 중심의 세계 질서를 무너뜨린 세계사적인 사건에 자극을 받아
　　집필되었다. 이 책은 로마의 함락이 전통적인 다신교를 버리고 이교도들의 그리스도교
　　를 받아들였기 때문이라는 비판에 대한 체계적인 반박을 담고 있다. 총 22권으로 이루
　　어진 대작이며, 413년에 시작되어 426년에 완성되었다. 아우구스티누스는 신학적 세
　　계관에 따라 인류 역사를 일관하는 신의 섭리를 인정하고, 그 입장에서 창조 이후의 인
　　류 역사를 해석함으로써 역사철학의 창시자가 되었다.

11　토머스 F. 매든은 《십자군》에서 "스페인이 이슬람 세력을 대하는 과정에서 서부 유럽
　　의 군인들과 신학자들은 처음으로 성전이라는 개념을 사용하게 되었다"라고 주장한
　　다. '재정복'을 뜻하는 레콘키스타(reconquista)는 군사 원정과 성지순례를 결합시킨
　　형태로, 십자군 전쟁의 신학적·도덕적 정당화를 위한 연습이었다는 것이다.

12　와지르(vizier, wazir). 아바스 왕조의 총리나 칼리프의 대리인을 일컫는 칭호였지만
　　나중에는 아랍, 페르시아, 튀르크, 몽골을 비롯한 동양 민족들이 세운 이슬람 국가의
　　고관을 가리키는 말이 되었다. 아바스 왕조의 와지르는 술탄과 백성들 사이에서 모든
　　문제에 대해 술탄을 대리했다.

13　아미르(emir, amir). 아랍어로 '사령관', '제후'라는 뜻으로 이슬람을 믿는 중동 지방의
　　군사령관, 속주의 총독 또는 고위 장교를 지칭한다.

2장

14　룸 술탄국은 셀주크 제국 출신 왕족이 세운 나라로, 오늘날 튀르키예가 있는 소아시아
　　지역(아나톨리아반도)에서 1077년부터 1308년까지 존속했다. 룸은 아랍어와 페르
　　시아어로 '로마'라는 뜻으로, 동로마 제국의 핵심 영역인 소아시아에 세워진 나라이기
　　때문에 룸 술탄국이라고 불렸다.

15 서유럽의 영향력 있는 제후들이 황급하게 영지에서의 이익을 버리고 십자군에 동참하는 것은 불가능한 일이었다. 우선 군대를 모으는 데 시간이 걸리고, 자신이 자리를 비운 동안 남겨진 재산을 보호하기 위해 확실한 조치를 취할 필요도 있었기 때문이다.

16 십자군 전쟁 당시 이슬람 사람들은 십자군이란 말을 쓰지 않고 '프랑크족'이나 '로마군'이라고 불렀다. 십자군을 가리키는 아랍어 '알크루사다' 또는 '하르브 알살리브'는 19세기 중반에 가서야 등장한다.

17 비잔티움 제국과 노르만족 사이의 악연은 11세기 초 노르만인들이 남부 이탈리아(비잔티움의 영토였던)를 점령하면서 시작되었다. 1081년 노르만인들은 코르푸를 정복했으며, 지휘관 로베르 기스카르는 비잔티움의 주요 항구인 디라키움으로 아들 보에몽을 보내 진격을 명했다. 그러나 이러한 공격은 비잔티움 제국의 알렉시오스 1세에 의해 격퇴당하고 말았다. 그럼에도 위대한 모험가 보에몽의 빼어난 외모는 비잔티움 황제의 딸인 안나 콤니니 공주의 주목을 끌었다고 한다. "보에몽의 외모는 그리스인과 야만족을 합쳐 당시 (로마) 어디서도 볼 수 없을 만큼 뛰어났다. 키는 가장 키가 큰 사람보다 머리 하나가 높았고 두 팔은 억세 보였다. 머리털은 밝은 갈색이며 다른 야만인처럼 어깨까지 내려올 만큼 길지 않고 귀 부분까지만 내려왔다."(안나 콤니니,《알렉시아드》)

18 아르메니아인은 본래 자부심 강하고 독립적인 민족이었지만, 10세기 비잔티움 제국에 흡수되었다. 그들은 11세기 초 튀르크인들의 침략을 피해 좀 더 안전한 땅을 찾아 소아시아 동쪽으로 이주했다. 비잔티움 세력이 약화되자 다양한 소규모 아르메니아 도시 국가들이 주도권을 잡고 실질적으로 자치권을 행사했으며, 일부 아르메니아 지도자들은 튀르크인들과 우호적인 관계를 유지함으로써 도시를 계속 보유했다. 그러나 아르메니아인들은 근본적으로 그리스도교인이었고, 콘스탄티노플이 아니라 로마로부터 영적인 가르침을 받았다. 그래서 초기 십자군에게 우호적이었다.

19 당시 안티오키아의 지도층은 무슬림이었지만 일반 대중의 경우 그리스도교인의 숫자가 더 많았다. 시리아의 그리스도교인들은 동방정교회에 의해 이단자로 간주되었기 때문에 비잔티움의 황제에게 충성심이 거의 없었다. 시리아인들은 자신들을 점령한 새로운 무슬림 지도자들의 관용 덕분에 비잔티움 통치 아래 있었던 시기보다 더 많은 자유를 누렸다.

20 안티오키아의 군주 야기 시안은 요새가 함락된 후 학살을 피해 30명의 호위병을 데리고 탈출하는 데 성공한다. 그러나 십자군의 보상금을 노린 양치기가 그의 목을 베어 십자군에게 가져다주었다고 한다.

21 사료에 따라 이 수도사가 은자 피에르라는 설도 있고, 그와 전혀 다른 인물인 가난한 농부 피에르 바르톨로뮤라는 설도 전해진다.

22 안티오키아 전투에서 기력이 쇠한 십자군이 승리한 배경에는 모술의 대영주 카르부카가 십자군을 굴복시킬 경우 절대적인 권력을 얻게 될까 두려워한 이슬람 아미르들의 배신이 중요한 역할을 했다. 자신들의 처지가 불안해질 것을 염려한 아미르들은 카르부카를 버려둔 채 군대를 이끌고 도망쳐 버렸다.

23 아데마르 대주교는 안티오키아를 점령한 후 장티푸스에 걸려 사망했다. 이에 대해 수도사 피에르는 아데마르 대주교가 자신의 이야기를 믿지 않은 대가를 치르느라 잠시 지옥에서 지냈다고 주장했다. 그렇지 않아도 수도사 피에르의 말을 의심하던 십자군 병사들은 대주교까지 모욕하는 데 분개해서 공공연하게 피에르의 계시에 대한 불신을 드러냈다. 자신의 계시가 신에게서 온 것이라 굳게 믿던 피에르는 롱기누스의 창촉이 진짜임을 증명하기 위해 '불의 시련'을 받겠다며 나섰다. 그것은 그리스도교에서 자신의 말이 옳은지 그른지 신으로부터 증명받기 위해 타오르는 불길 속을 맨발로 지나가는 행위인데, 수도사 피에르는 결국 성 금요일에 두 개의 불기둥 사이로 걸어 들어갔다가 심한 화상을 입고 약 10일 후 숨을 거두었다.

24 일부 기록에 따르면 2만 5천 명.

25 예를 들어 6차 십자군 전쟁의 주역 프리드리히 2세는 이탈리아 한복판에 건설된 무슬림 군사 도시 루체라의 주민들에게 이슬람 신앙과 자치를 허용하는 대신 충성스럽고 유능한 궁수와 기병대를 공급받았다. 루체라의 이슬람 병사들은 황제 프리드리히 2세를 위해 북부 이탈리아 도시들(롬바르디아 동맹)의 반란을 진압했고, 심지어 십자군 원정길에도 따라가 같은 무슬림 형제들과 맞서 싸웠다. 이 밖에도 스페인, 그리스의 바다와 헝가리의 대평원, 크림반도와 튀르키예 북동부의 험준한 산악 지대를 오가는 수많은 전장에서 두 종교의 병사들은 공동의 적에 맞서 함께 싸웠다. 그들을 위협하는 적도 마찬가지로 그리스도교-이슬람 연합군이었다.

26 라틴어 발음에 따라 표기했다. 영어로는 성 조지(St. George)라고도 한다. 성 게오르기우스는 원래 중근동 출신으로, 사람들을 괴롭히는 용을 죽였다 하여 전투의 수호성인이 되었으며 나중에 잉글랜드의 수호성인으로 숭상받게 된다.

27 비잔티움 제국의 이 비밀 병기는 '불타는 물' 또는 '액체 불꽃'이라고도 불렸다. 이것을 발명한 사람은 7세기 시리아에서 망명한 그리스인 칼리니코스(Kalinikos)였다. 점토 단지 안에 넣어서 던지는 '그리스의 불'은 해전과 공성전에서 적의 전투 장비를 불사르기 위해 사용되었다. 칼리니코스가 비잔티움 제국의 황제에게 이 비밀 병기를 넘겨줌으로써 비잔티움 제국이 무슬림의 습격을 물리칠 수 있었다. 유황과 초석, 나프타유의 혼합물이라고 알려진 이 무기의 제조 비법과 사용법은 비잔티움 제국 최고의 국가 기밀 가운데 하나여서 중요한 내용은 알려져 있지 않다. 그 불은 물을 뿌려도 꺼지지 않

고 오히려 불이 퍼지기 때문에 특히 해전에 효과적이었다고 한다.

28 W. B. 바틀릿에 따르면, 알아크사 사원에 숨어 있던 무슬림들은 비싼 몸값을 치르고 풀려났다고 한다. 이프티카르 알다울라 장군과 그의 부하들도 다윗의 탑에서 저항하다 협상을 벌인 끝에 항복했으며 아무 방해도 받지 않고 도시를 떠났다.

29 레몽 백작은 고드프루아 공작이 예루살렘 왕직을 수락하자 노발대발했다. 그래서 자신이 점령하고 있던 다윗의 탑 양도를 거부하고 즉시 고향으로 돌아가겠다며 위협했다. 레몽 백작 입장에서는 자신이 그토록 헌신했던 십자군이 오로지 쓰디쓴 실망감만 안겨 준 셈이었다.

30 이슬람군과 싸우다 패해서 포로 생활까지 했던 안티오키아 공작 보에몽은 안티오키아를 조카 탕크레드에게 넘겨주고 증원군을 모으기 위해 서유럽을 방문했다. 보에몽은 교황 파스칼 2세를 만나 십자군의 실제적인 적은 이슬람 세력이 아니라 비잔티움의 황제라 설득했고, 이는 추후 교황들이 비잔티움 제국에 반대하는 결정을 내리는 데 결정적인 영향을 미쳤다. 서유럽 방문을 통해 보에몽은 프랑스 왕의 딸과 결혼까지 하고 고향 아폴리아로 돌아왔다. 이후 콘스탄티노플을 점령하러 가던 중 알바니아의 디라키움 요새를 공격했다가 비잔티움 제국군에 대패했다. 포로로 잡힌 보에몽은 굴욕적인 조약을 맺고 고향으로 돌아와 쓸쓸하게 죽었다.

31 당시 안티오키아 공작령은 욕심 많은 보에몽에 이어서 그의 조카 탕크레드에게 넘어가 있었다. 이후 탕크레드는 비잔티움 제국을 비롯해 주변의 많은 제후들과 갈등을 빚었고 에데사 백작령과는 전투까지 벌였다. 끝없이 자신의 이익만을 탐하던 탕크레드가 젊은 나이에 죽었을 때 그를 애도하는 사람이 없었다. 다행히 안티오키아에는 로제라는 지도자가 나타나 이슬람군의 파상공격을 물리치고 나라를 안정적으로 지켰지만, 로제 역시 무슬림과의 전투에서 사망하고 말았다.

32 이 경당은 본래 구호 기사 성 요한에게 봉헌되었지만, 1100년 이후 서양에서 가장 유명한 성인인 세례자 요한으로 수호성인이 바뀌었다.

33 케라크 요새는 오늘날 요르단 서부에 위치해 있으며, 십자군 전쟁 당시 이슬람 세력을 이끈 누르 알딘과 살라딘도 케라크 성을 공략하려 실패하고 물러났다. 이에 어떤 아랍 작가는 이 성을 두고 '무슬림의 목에 걸린 가시'라고 평할 정도였다.

34 추후 2차 십자군 원정이 끝날 때쯤에는 프랑스 안에서 광활한 영지를 소유하게 된다. 막대한 부를 축적한 성전 기사단은 순례자들의 예금을 맡아두는, 오늘날로 치면 다국적 은행 같은 시스템까지 구축했다. 성전 기사단은 탄탄한 재정을 바탕으로 유럽 및 중동 각지에 광활한 영지와 독자적인 함대까지 만들었고 정부에 자금을 빌려줄 정도로

위세가 높아졌다. 그러나 기사단이 지나치게 부유해지자 일부 기사들은 초심을 잃고 탐욕에 빠지기도 했다. 또한 이렇게 풍부한 재정이 나중에 기사단의 몰락을 가져오는 간접적인 원인이 되기도 한다.

3장

35 아랍어 단어인 '지하드'는 '정신적·육체적으로 최선을 다해 노력하다'라는 동사에서 유래한 것으로, 이슬람을 위해 헌신하고 분투하는 모든 행위를 가리킨다. 자신의 내적 정화와 투쟁을 위해 노력하는 개인적 차원과 이슬람 공동체를 적으로부터 지키기 위한 수단과 방법까지 포괄한다. 후자의 의미가 강조되면서 서구식 '성전'과 동일한 뜻으로 사용되곤 하지만 지하드는 원칙적으로 방어적인 의미가 강한 개념이다. 즉, 이슬람교를 믿지 않는 압제자에 대한 분노가 솟구쳐 오를 때만 행동에 나서는 것이다. 무슬림은 지하드에서 전사한 병사들은 신앙을 위해 목숨을 바친 순교자로 간주해, 사후에 낙원에서 상을 받는다고 믿었다. 코란에도 "신은 공격하는 자를 사랑하시지 않는다"(2장 190절)라는 말이 나오는 것처럼, 무분별한 폭력 사용을 금지하는 규정도 있기 때문에 지하드를 무조건 테러리즘이나 이슬람 광신도들과 연관시키는 것은 주의해야 한다.

36 셀주크 왕조에서 제후의 어린 아들 중 한 명을 가르치는 스승 또는 고관직을 가리키는 튀르크어. 실질적으로 권력을 갖고 국가를 통치한 경우가 많았다.

37 '존엄한 자'라는 뜻. 가톨릭교회에서는 '성인'으로 인정받기 이전에 '하느님의 종-가경자-복자' 등의 단계를 거치게 된다.

4장

38 쿠르드족은 오늘날 이란, 이라크, 튀르키예 국경 지역의 산악 및 평야에서 살아가는 민족으로, 아직도 독립 국가를 이루지 못한 채 이슬람 세계에서 천덕꾸러기 취급을 받고 있다. 그런데 바로 그 부족에서 이슬람 세계의 해방자이며 구원자로 추앙받는 인물이 나왔던 것이다.

39 '아사신파(Assassins)' 또는 '암살단파'는 이슬람 시아파의 일종인 이스마일파의 한 갈래로, 니자리 이스마일파라고도 불린다. 이스마일파는 지도자에게 절대적으로 헌신하며 어떠한 명령이든 무조건 복종했다. 복종의 대가로 순교자의 죽음을 택하면 내세에서는 형언할 수 없는 성적 쾌락과 영원한 행복을 누린다고 믿기 때문이다. 아사신파는 적 진영의 주요 인물을 살해함으로써 자기 종파에 대한 공포심을 퍼뜨리고 적을 약화시키는 전략으로 유명했다. '아사신'이란 이름은 '대마초를 피우는 사람'이란 뜻의

페르시아어에서 유래했으며 그들이 대마초 같은 환각제를 복용하고 암살에 나섰다고 해서 붙여졌다. 아사신파에서는 살라딘을 시아파 이집트를 약탈한 자로 규정하여 끊임없이 문제를 일으켰다.

40 다른 사료에 따르면, 기 드 뤼지냥은 시빌라 공주의 어머니 아그네스가 정을 통하고 있던 에메리 드 뤼지냥의 동생이었고, 동생인 기를 미덕의 화신처럼 묘사한 정부의 말을 믿은 아그네스가 자신의 딸에게 기를 소개했다고 한다. 시빌라 공주는 기를 만나 곧바로 사랑에 빠졌다.

41 라이언 하트, 즉 사자의 심장을 가진 용맹스러운 왕이라는 의미의 별칭. 또는 '사자왕'이라고도 한다. 걸그룹 소녀시대의 〈Lion Heart〉란 노래도 바로 리처드 1세의 별명에서 영감을 얻은 곡.

42 비잔티움 황제 이사키오스 2세는 프리드리히 1세가 비잔티움 제국의 적인 노르만인들과 동맹을 맺었고 스스로 황제라고 칭하는 것을 문제 삼아 십자군의 진군을 방해했다. 더욱이 프리드리히 1세가 군수품 준비를 위해 콘스탄티노플에 미리 보낸 두 명의 대사를 이사키오스 2세가 인질로 가두면서 갈등의 골이 깊어졌다. 격노한 프리드리히 1세는 "방해를 멈추지 않으면 동로마 제국부터 먼저 치겠다!"라며 아드리아노플을 점령해버렸다. 비잔티움 제국은 도시를 돌려받는 조건으로 1190년 2월 다르다넬스 해협을 건널 함대와 식량을 제공했다.

43 황제 프리드리히 1세의 아들인 슈바벤 공작은 당시 관습대로 복잡하고 소름끼치는 절차에 따라 아버지의 장례를 치렀다. 예루살렘을 되찾으면 그곳에 안치하기 위해 황제의 시신을 식초로 만든 방부액에 절여 보관했음에도 썩기 시작하자 머리는 삶고, 장기와 살은 각각 타르수스의 성당과 안티오키아의 성 베드로 성당에 나눠서 묻은 것이다. 하지만 프리드리히 1세의 공식적인 무덤이 존재하지 않는 관계로, 훗날 그가 죽지 않고 독일 튀링겐의 키프호이저산 정상에 잠들어 있으며 세기말이 되면 그곳에서 나올 것이라는 전설이 생겨났다. 이러한 주제로 1815년 독일 시인 프리드리히 뤼케르트는 "그는 결코 죽지 않았다(Er ist niemals gestorben)"라는 시구가 되풀이되는 서정시 〈늙은 바르바로사〉를 남겼다. 또 1878년 독일의 한 원정대는 새로운 독일 제국의 수호성인이 된 바르바로사를 기념하여 무덤 위치를 찾아다니다, 사망한 것으로 추정되는 장소에 기념 비석을 세우기도 했다.

44 필리프 2세는 출발하기 전에 예루살렘 왕위 문제를 해결하고 싶어 했다. 필리프 2세와 독일 십자군은 몬페라토의 코라도 후작을 지지하고 있었고, 리처드 1세는 과거 자신의 부하였던 기 왕을 지지하고 있었기 때문이다. 결국 양측이 타협하여 기 왕이 생전에는 계속 왕위를 유지하되, 기 왕이 죽고 나면 예루살렘의 왕위는 코라도 후작이나 그의 후

계자에게 넘어간다는 결론을 내렸다. 왕위를 얻기 위해 이혼까지 하고 예루살렘 왕의 딸과 재혼했던 코라도 후작은 크게 실망하여 더 이상 십자군을 지원하지 않겠다며 티레로 돌아가 버렸다.

45 아스칼론은 이집트와 시리아를 연결하는 길목으로, 십자군이 이 항구를 손에 넣을 경우 이집트에서의 증원 병력과 물자 반입을 막을 수 있었다. 또한 이곳은 3차 십자군 전쟁 종료 후 십자군이 점령한 영토를 유지하기 위해서도 반드시 필요했다. 살라딘은 아스칼론 요새가 십자군의 전략에서 차지하는 중요성을 알고 있어 부하들을 시켜 파괴했지만, 리처드 왕이 1192년 1월 입성해서 다시 방어시설을 복구했다.

46 콘라드 1세가 죽기 몇 개월 전 무슬림 순례자들의 배를 포획한 적이 있는데, 짐을 빼앗고 순례자들을 바다에 던져 익사시켜 버렸다. 그런데 그 순례자들이 아사신파였기 때문에 보복하기 위해 콘라드 1세를 암살한 것으로 추정된다.

47 레오폴트 5세는 아크레가 함락된 후 공격에 제대로 참가하지 않고서도 리처드 왕과 필리프 2세의 깃발 옆에 자신의 군기를 걸었다. 리처드 왕은 그의 행위가 점령지 재산 분배를 노린 것임을 간파하고 분노했다. 그래서 레오폴트 5세의 뻔뻔스러움을 비난하며 성벽 주변 도랑에 그의 깃발을 내던져 버렸다. 이렇게 모욕을 당한 레오폴트는 복수를 맹세했고 필리프 2세와 함께 고국으로 돌아와 있었다.

5장

48 '카타리파(Catharism)'는 활동의 중심지였던 프랑스 툴루즈 근처의 알비(Albi)라는 지명에 따라 '알비파'라고 불리기도 했다. 알비파는 성직자들을 비판하는 과정에서 선과 악의 극단적인 이원론을 주장했는데, 이것은 아우구스티누스 성인이 활동했던 시기에 유행한 마니교와 유사한 사고의 틀을 지니고 있었다. 알비파는 자신들은 선신의 사도들이지만, 기존 교회의 성직자들은 악의 세력을 대변하고 있다고 비판했다. 교황청에서는 특사들을 보내 이들을 다시 교회로 불러드리려 했으나, 알비파는 사치스러운 특사 행렬에 실망하여 설교를 거부했다. 툴루즈 지역을 여행하던 도미니코 성인은 알비파를 개종시키기 위해 '설교자들의 수도회'라고 불리는 도미니코 수도회를 창립했다.

49 앙리 2세 드 샹파뉴(Henri II de Champagne, 재위 1192~1197)는 리처드 1세의 조카로, 3차 십자군에 참전했으며 몬페라토의 코라도 후작이 죽은 직후 귀족들에 의해 예루살렘 왕국의 왕으로 추대되었다. 그는 능력 있고 신뢰받는 인물이었으며 프랑스에서 세력이 막강한 제후들 중 한 명이었다. 앙리 2세 드 샹파뉴는 1197년 세상을 떠날 때까지 예루살렘 왕국을 통치했다.

50 중세 이탈리아어 '도제'는 당시 이탈리아반도의 도시국가 지도자를 일컫는 호칭으로, '지도자'란 뜻의 라틴어 둑스(Dux)로부터 유래했다.

51 당시 자라를 다스리던 헝가리의 왕 임레(Imre, 재위 1196~1204)는 1200년에 십자 가의 서약을 했기 때문에 로마 교황청의 보호를 받고 있었다.

52 베네치아는 자라 점령이 자국 영토의 안정을 위해서 엄연히 허락되는 일이라고 주장하며 죄를 인정하기를 거부했다.

53 이 과정에서 4차 십자군에 동참한 주교와 수도원장들은 알렉시오스 5세를 살인자로 규정하고 그에게는 콘스탄티노플을 다스릴 권리가 없다고 선포했다. 또한 동방정교회 가 약속을 어기고 로마교회에 복종하지 않기 때문에 콘스탄티노플과의 전쟁은 정당하고 올바른 행위이며, 이는 십자군의 합법적인 직무라고 규정했다. 일반 십자군 병사들은 주교들의 판단이 교황의 명령에 위배된다는 사실을 모르고 있었다. 이로써 십자군은 자신들의 행위를 정당화할 수 있는 근거까지 얻게 된 셈이다.

54 비잔티움 제국의 한 원로원 의원은 십자군의 콘스탄티노플 약탈을 이렇게 묘사했다. "그대들은 십자가를 짊어지기는커녕 그것을 더럽히고 짓밟았다. 더없이 귀중한 진주를 찾는다고 말하면서도 실은 그 고귀한 진주를, 우리 주님의 육신을 진흙 속에 팽개쳤다. 오히려 사라센인들이 덜 불경스러울 정도였다."(존 줄리어스 노리치, 《비잔티움 연대기 5》)

55 말년의 엔리코 단돌로는 병을 얻어 자신의 고국 베네치아 공화국으로 돌아가지 못하고, 1205년 숨을 거두었다. 그의 유해는 콘스탄티노플의 성 소피아 성당 2층 전실의 대리석 무덤에 안장되었다. 엔리코 단돌로의 무덤 위에는 도제를 상징하는 모자와 성 마르코의 문장이 새겨져 있다. 1453년 콘스탄티노플이 튀르크인들에게 함락되면서 무덤이 파헤쳐졌는데, 19세기 이탈리아인들이 무덤의 위치에 명판을 새로 세웠다.

56 알제리의 노예시장으로 팔려갔다가 온갖 난관 끝에 이집트에 도착했던 생존자가 서유럽으로 다시 돌아오기까지 소년들의 운명은 20여 년 동안 미스터리로 남아 있었다.

6장

57 프리드리히 2세는 신성로마 제국 황제 자리를 놓고 경합을 벌였던 브라운슈바이크의 오토와 내전 중이었으므로 서약을 이행할 수 없었다.

58 다미에타는 이집트에서 가장 방어가 튼튼한 곳으로 동쪽과 남쪽을 두른 성곽은 늪지대로 둘러싸여 있었고, 북쪽과 서쪽은 나일강이 방어선 역할을 맡아주고 있었다. 다미에타의 주민들은 혹시 모를 불상사에 대비해 매우 굵은 쇠사슬을 준비한 다음 한쪽은 도

시의 성곽에, 다른 한쪽은 강 반대편 섬의 성채에 묶어 연결해 두었다. 쇠사슬을 끊지 않는 한 어떤 배도 나일강을 통과할 수 없게 조치한 것이다.

59 나일강 하류에는 광대한 삼각주가 형성되어 있고 그곳을 흐르는 운하와 지류에서는 날마다 물의 흐름이 바뀌었다. 그때마다 어제까지 육지였던 곳이 아침이면 온통 늪지로 변했다. 이집트군은 이러한 지세를 활용한 반면, 대규모 삼각주가 없는 유럽에서 온 십자군은 이런 변화 때문에 보급이 끊겨 쩔쩔매곤 했다.

60 엄밀히 말해 알카밀은 성 십자가를 돌려주지 않은 것이 아니라 돌려주지 '못했다'고 한다. 성 십자가가 무슬림들에게는 하찮은 물건이었으므로 제대로 간수를 하지 않아서 찾을 수 없었던 것이다.

61 교황 프란치스코는 2017년 4월 28일 이집트 방문 때, 그리스도교인과 무슬림들이 서로를 참된 형제자매로 받아들이고 자비하신 하느님의 빛 아래 형제적 공동체를 이루고 살아갈 수 있도록 성 프란치스코에게 중재 기도를 드렸다.

62 프란치스코 성인이 직접 지은 것인지는 확실치 않으며, 익명의 사람이 만든 후 전래된 것으로 추측된다. 20세기 초 가톨릭계 프랑스 잡지에 프란치스코 성인의 기도로 소개되었다. 기도문의 내용이 프란치스코 성인의 정신을 완벽하게 표현하고 있어 그 정신을 기리기 위해 붙인 이름인 듯하다.

63 열쇠 전쟁(1228~1230)은 신성로마 제국 황제 프리드리히 2세와 교황 그레고리오 9세 간에 일어난 최초의 군사적 충돌이다. 전투는 이탈리아 중부와 남부에서 벌어졌다. 교황청은 전쟁 초반 프리드리히 2세가 6차 십자군 전쟁에 나가 있는 동안 교황령을 확보하고 시칠리아 왕국을 침공하는 등 큰 이득을 얻었다. 그러나 프리드리히 2세는 십자군 원정에서 돌아오자마자 교황군을 물리쳤다. 교황은 평화 협상에 나서야 했고, 오랜 협상 끝에 분쟁은 산 제르마노 조약으로 영토 변경 없이 종결되었다.

7장

64 1258년, 명맥을 이어오던 이슬람의 아바스 왕조가 몽골의 침략으로 완전히 멸망하면서 한때 세계에서 가장 번성했던 도시 바그다드도 몽골군에게 짓밟혀 잿더미가 되어버렸다. 몽골이라는 태풍이 지나간 자리에는 '일 칸국'이라는 몽골인들의 나라가 생겨났는데, 일 칸국도 내분에 휩싸여 약 80년 만에 멸망한다.

65 '알비 십자군'은 알비파(카타리파)를 진압하기 위해 결성된 십자군을 의미한다. 이단인 알비파를 개종시키기 위해 파견되었던 교황 특사가 살해되자, 교황과 프랑스 국왕은 군대를 파견해 알비파를 강제 해산시키고자 했다. 그러나 왕권의 간섭을 꺼리던 남프

랑스 툴루즈 근처의 영주들은 암암리에 알비파를 후원하고 있었다. 결국 성지 예루살렘의 십자군이 지속적으로 실패하여 위상이 추락했던 교황은 이단 알비파에 맞서 싸우는 것도 십자군 전쟁과 마찬가지라면서 '알비 십자군'을 모집하게 되었다. 많은 영주들이 십자군 원정보다 수월한 알비 십자군에 가담했으며, 그 결과 툴루즈 근처 영주들과의 전투에서 승리를 거두었다. 알비 십자군은 남프랑스의 여러 도시를 함락시킨 후 주민들을 학살하는 만행을 저질렀다. 이단자와 아닌 자를 어떻게 구분하냐고 묻는 십자군 병사에게 지휘관은 이렇게 답했다고 한다. "한 명도 남김없이 죽여라. 그러면 신께서 직접 가려주실 것이다."

66 몽골에 대한 기대에는 '프레스터 요한(Prester John)', 즉 사제 왕 요한의 전설이 중요한 역할을 했을 것으로 보인다. 그 전설에 따르면, 극동 어딘가에 강력한 그리스도교 왕국이 있으며 그곳을 다스리는 위대한 군주는 동방박사 중 한 명의 후손이라고 한다. 그래서 만일 전설 속의 그 사제 왕이 중근동을 이슬람이 점령하고 있다는 사실을 알면 성묘교회와 서유럽의 그리스도교 형제들을 수호하기 위해 군대를 이끌고 올 것이라는 소문이 돌았다. 실제로 네스토리우스파 신자들이 포함된 몽골군이 동방에서 나타나 이슬람군을 짓밟으며 진격하자 그리스도교인들의 기대는 더욱 커졌다.

67 아크레 함락 직후 성전 기사단의 새로운 총단장이 된 몰레의 자크는 이러한 상황을 타개하기 위해 기사단의 개혁을 주장했다. 외교와 무역을 통해 기사단 본부가 있는 키프로스섬의 경제력을 강화하고, 맘루크 왕조를 공격하기 위한 군사동맹에 참가하는 등 기사단의 중흥에 힘썼다. 비록 군사동맹은 1302년 루아드 공성전의 패배로 기사단 거점을 완전히 상실하면서 끝났으나, 그럼에도 몰레의 자크는 기사단의 재력과 외교 수완을 활용해 여전히 대규모 십자군의 필요성을 설파했다.

68 최근 밝혀진 사실에 따르면, 교황 클레멘스 5세는 진위 확인을 위해 시농 성에서 성전 기사단 지도자들을 대상으로 심문회를 개최했으며 이단으로 고발된 기사단원들의 무죄를 선언하고 다시 그리스도교 공동체로 받아들였다고 한다. 그러나 이러한 교황의 결정이 프랑스 왕의 압력으로 공표되지 않고 철저히 묻혀버렸던 것이다.

69 1312년에 교황 클레멘스 6세는 프랑스 왕이 성전 기사단을 완전히 장악하지 못한 틈을 이용해 기사단으로부터 몰수한 재산 일부를 확보했다. 그리고 그 재산을 훗날 십자군의 임무에 헌신하는 데 쓰도록 구호 기사단에 양도했다.

8장

70 서로마 제국의 부황제였던 콘스탄티누스 대제는 막센티우스 황제의 폭정으로부터 '로마를 해방'시키기 위해 전쟁을 선포했다. 그리고 자신의 정예부대를 이끌고 로마 근교 밀비우스 다리까지 진격했다. 고민이 깊던 어느 날 밤, 꿈속에 어떤 표식이 나타났고 "모든 군대가 이 표식을 달고 전쟁터로 나가라. 그러면 반드시 승리하리라"라는 음성이 생생하게 들려왔다. 이 표식을 '라바룸(Labarum)'이라 불렀는데, 이는 그리스도를 의미하는 그리스 문자 '크리스토스'이며 처음 두 글자(XP) 주위에 월계관 같은 것이 둘러져 있었다. 콘스탄티누스의 군대는 이 표식을 달고 진격해 막센티우스의 대군을 궤멸시켰다. 이 표식은 헬레나 황후가 예루살렘 순례에서 '성 십자가'를 발견한 이후 십자가 모양으로 대체되었다.

71 예리코 정복은 구약성경 여호수아기(여호 6,1-27)에 나오는 일화로, 예리코는 이스라엘 백성들이 가나안 땅을 정복하기 위해 첫 번째 전투를 벌인 장소였다. 여호수아가 보낸 두 정탐꾼은 예리코 창녀의 도움을 받아 성공리에 정탐을 마쳤고, 이스라엘 백성들은 하느님이 알려주신 대로 예리코 성벽 주위를 하루에 한 번씩 6일 동안 돌았다. 일곱째 날에는 그 주위를 일곱 번 돌고 사제들의 나팔 소리에 맞춰 함성을 지르자 예리코 성벽이 무너져 내렸다. 이 사건은 이스라엘 백성이 가나안 땅을 차지하는 시발점이 되었다.

9장

72 토마스 아퀴나스는 왜곡된 양심의 대표적인 형태로 '완고한 양심'과 '이완된 양심'을 들고 있다. 지나치게 엄격한 부모 밑에서 자랐거나 어렸을 때부터 집단생활의 규칙에 의해 통제받았던 사람은 작은 실수나 규칙 위반에 대해서도 과하게 양심의 가책을 받음으로써 부자연스럽게 행동한다. 그 반면 부모의 무관심 속에 제멋대로 행동하면서 자랐거나 사회의 기본 규칙마저 무시되는 환경 속에서 자란 사람은 윤리적으로 마땅히 지탄받을 행위를 하면서도 아무런 양심의 가책을 느끼지 않는다.

십자군 관련 연표

십자군 이전의 정세

476년	서로마 제국 멸망.
632년	무함마드 사망.
638년	이슬람 칼리프 우마르, 예루살렘 입성.
661년	우마이야 왕조 창건.
800년	프랑크 왕국의 카를 대제, 서로마 제국 황제 즉위.
962년	독일 왕국의 오토 1세, 신성로마 제국 황제 즉위.
1009년	파티마 왕조 칼리프 알하킴, 예루살렘의 성묘교회 파괴.
1037년	셀주크 제국 건립.
1048년	성묘교회 복구 완료.
1054년	동방 교회(동방정교회)와 서방 교회(로마가톨릭) 분리.
1071년	만지케르트 전투. 셀주크 제국의 술탄 알프 아르슬란, 비잔티움 제국(동로마 제국)의 로마노스 4세 군대 전멸시킴.
1072년	셀주크 제국의 술탄 말리크샤 즉위.
1077년	셀주크 제국, 그리스도교인들과 유대인들의 예루살렘 성지순례 봉쇄. 룸 술탄국 건립. 카노사의 굴욕.
1092년	술탄 말리크샤 사망. 내전 발발.

1차 십자군 전쟁(1096~1099년)

1095년	교황 우르바노 2세, 클레르몽 공의회 개최. 1차 십자군 설파.
1096년	민중 십자군 출발, 라인 지방에서 유대인 학살, 헝가리 군대에 의해 몰살당함. 부용의 고드프루아, 불로뉴의 보두앵(보두앵 1세), 생질의 레몽, 플랑드르 백작 로베르 2세, 노르망디 공작 로베르, 오트빌의 보에몽(보에몽 1세) 등 정규 십자군 출정.
1097년	1차 십자군, 콘스탄티노플 도착. 십자군과 비잔티움 알렉시오스 1세의 알력. 7월 도릴래움 전투. 십자군, 아르슬란 1세의 연합군 격파. 8월 십자군, 콘야에서 승리.

1098년	보두앵 1세, 에데사 탈취(에데사 백작령 건립). 십자군이 안티오키아 점령, 주민 학살. 오트빌의 보에몽 1세, 안티오키아 지배권 차지(안티오키아 공작령 건립). 파티마 왕조, 예루살렘 점령. 십자군, 마라(마라트 알누만) 입성, '인종 청소' 범죄.
1099년	7월 십자군, 예루살렘 점령. 대규모 학살. 부용의 고드프루아('성묘의 수호자' 칭호), 예루살렘 왕 즉위(예루살렘 왕국 건립).
1100년	부용의 고드프루아 사망. 보두앵 1세, 예루살렘 왕 즉위.
1104년	안티오키아-에데사 연합군, 하란으로 진격. 튀르크군에 참패.
1109년	십자군, 트리폴리 점령(트리폴리 백작령 건립).
1110년	보두앵 1세의 십자군, 베이루트 점령. 시돈 항복.
1111년	오트빌의 보에몽 1세, 이탈리아에서 사망.
1112년	안티오키아의 탕크레드 사망. 로제 공작이 계승.
1116~1118년	보두앵 1세, 이집트 공격.
1118년	예루살렘 왕 보두앵 1세 사망, 보두앵 2세 즉위.

2차 십자군 전쟁(1147~1149년)

1127년	술탄 무함마드, 이마드 알딘 장기를 모술의 아미르 겸 아타베그로 임명.
1128년	장기, 알레포의 군주로 즉위.
1130년	장기, 다마스쿠스의 군주 부리와 동맹. 하마와 근처 성 공격.
1131년	보두앵 2세 사망. 앙주의 풀크 1세, 예루살렘 왕 즉위.
1138년	장기, 부리의 미망인과 결혼 동맹을 맺고 홈스 지배.
1139년	장기, 다마스쿠스 포위. 알딘 우누르, 장기에 맞서 예루살렘 왕 풀크 1세와 동맹.
1144년	장기, 에데사 백작령 점령. 트리폴리 백작 레몽 2세, 구호 기사단에 케라크(크락 드 슈발리에) 요새 넘김.
1146년	장기 사망. 누르 알딘이 계승. 클레르보의 수도원장 베르나르두스, 2차 십자군 설파. 프랑스 왕 루이 7세와 독일 왕 콘라트 3세, 십자군 종군 서약.
1147년	콘라트 3세의 군대 출정, 콘스탄티노플 도착. 약 한 달 후 루이 7세의 군대 합류. 소아시아에서 튀르크군의 기습 공격.
1148년	2차 십자군, 성지 예루살렘 도착. 예루살렘 왕국의 동맹인 다마스쿠스 공격, 실패. 콘라트 3세, 귀환.

1149년	루이 7세, 귀환. 인납(이나브) 전투. 안티오키아 군대, 누르 알딘 연합군에 패배. 안티오키아 군주 푸아티에의 레몽 전사.
1153년	보두앵 3세, 아스칼론 재점령. 누르 알딘과 10년간 휴전.
1154년	누르 알딘, 다마스쿠스 점령.
1162년	아모리 1세, 보두앵 3세의 뒤를 이어 예루살렘 왕 즉위.
1163년	아모리 1세, 이집트 침공.
1164년	누르 알딘의 가신인 쉬르쿠흐, 조카 살라딘과 함께 이집트 침공.
1167년	쉬르쿠흐, 이집트로 진군. 이집트의 와지르인 샤와르, 예루살렘 왕 아모리 1세에게 도움 청함. 십자군과 이슬람군, 이집트에서 전투 후 휴전협정.
1168년	아모리 1세, 이집트에서 패배.

3차 십자군 전쟁(1189~1192년)

1169년	쉬르쿠흐 사망. 살라딘, 파티마 왕조의 와지르 등극. 아이유브 왕조 창건.
1174년	누르 알딘, 아모리 1세 사망. 보두앵 4세 즉위. 살라딘, 누르 알딘의 아들 앗살리흐의 보호자를 자처하며 권력 장악.
1177년	몽기사르 전투. 살라딘, 보두앵 4세에게 패배.
1180년	살라딘과 보두앵 4세의 휴전협정.
1181년	앗살리흐, 의문의 죽음.
1183년	케라크 성의 르노 드 샤티용, 무슬림 순례자 함대 침몰시킴. 살라딘, 디야르바키르 점령. 장기 2세의 군대 격퇴 후 알레포 점령.
1185년	보두앵 4세 사망. 보두앵 5세 즉위 후 사망. 기 드 뤼지냥이 예루살렘 왕위 차지.
1187년	하틴 전투. 기 드 뤼지냥의 군대, 살라딘의 군대에 대패. 성 십자가 빼앗김. 살라딘, 예루살렘 점령. 교황 그레고리오 8세와 클레멘스 3세, 3차 십자군 파병 요청. 바르바로사(붉은 수염) 프리드리히 1세, 존엄왕 필리프 2세, 사자심왕 리처드 1세 참전 선언.
1188년	살라딘, 안티오키아 · 트리폴리 · 티레를 제외한 십자군 점령지 모두 장악.
1189년	신성로마 제국의 프리드리히 1세 출발. 기 드 뤼지냥, 아크레 공격.
1190년	프리드리히 1세, 진군 도중 살레프강(괴크수강)에서 익사.
1191년	프랑스의 필리프 2세와 잉글랜드의 리처드 1세, 아크레 도착. 7

	월 아크레 전투, 십자군 승리. 8월 필리프 2세 귀국. 9월 아르수프 전투. 리처드 1세의 십자군, 살라딘 군대에 대승.
1192년	몬페라토의 코라도 후작(콘라드 1세), 예루살렘 왕 즉위 즉시 암살당함. 기 드 뤼지냥, 키프로스섬 양도받음. 5월 앙리 2세 드 샹파뉴, 예루살렘 왕 즉위. 9월 리처드 1세와 살라딘의 평화조약. 아스칼론 반환 대가로 예루살렘 순례자들의 안전 보장 약속. 10월 리처드 1세, 귀환. 살라딘, 다마스쿠스로 복귀.
1193년	리처드 1세, 귀국 도중 레오폴트 5세와 하인리히 6세에게 감금. 석방 후 잉글랜드 왕 복권. 살라딘 사망.
1194년	셀주크 제국 멸망.

4차 십자군 전쟁(1202~1204년)

1195년	비잔티움 황제 이사키오스 2세, 아들 알렉시오스 앙겔로스(알렉시오스 4세)와 함께 유배.
1197년	예루살렘 왕 앙리 2세 드 샹파뉴 사망.
1199년	리처드 1세 사망.
1202년	교황 인노첸시오 3세, 4차 십자군 제창. 티보 백작, 플랑드르 백작 보두앵 6세 드 에노 등 참전. 베네치아의 도제 엔리코 단돌로 합류. 알렉시오스 4세, 십자군과 협약. 티보 백작 사망. 십자군-베네치아 연합군, 자라 습격.
1203년	1월 교황 인노첸시오 3세, 4차 십자군 파문. 2월 베네치아 제외하고 파문 철회.
1204년	알렉시오스 5세, 비잔티움 제국 황제 즉위 후 십자군과의 협약 파기. 4차 십자군, 콘스탄티노플 점령 후 약탈, 유린. '라틴 제국' 건립. 보두앵 6세 드 에노, 라틴 제국의 초대 황제로 즉위.

5차 십자군 전쟁(1217~1221년)

1215년	교황 인노첸시오 3세, 4차 라테란 공의회에서 5차 십자군 원정 공표.
1216년	교황 호노리오 3세, 헝가리 왕 언드라시 2세, 신성로마 제국 황제 프리드리히 2세에게 십자군 출정 요청.

1217년	예루살렘 왕 장 드 브리엔과 헝가리 왕 언드라시 2세가 십자군 지휘. 십자군 패배.
1218년	언드라시 2세 귀환. 십자군, 다미에타 포위. 이집트의 술탄 알아딜의 장남 알카밀 저항. 교황 특사 펠라기우스 합류. 술탄 알아딜 사망, 알카밀이 통치권 계승.
1219년	십자군, 다미에타 점령. 프란치스코 성인, 술탄 알카밀 방문. 알카밀, 프란치스코 수도회에 예루살렘 성묘교회 관할권 부여.
1221년	알만수라 전투에서 십자군 고립. 십자군, 다미에타에서 패배 후 이집트를 떠남. 8년간 휴전협정 체결.
1225년	프리드리히 2세, 예루살렘 왕 장 드 브리엔의 딸(이사벨라 2세)과 결혼, 예루살렘의 왕권 획득.

6차 십자군 전쟁(1228~1229년)

1227년	프리드리히 2세, 예루살렘 왕의 자격으로 6차 십자군 원정 참가. 역병에 걸려 하선. 교황 그레고리오 9세, 프리드리히 2세 파문.
1228년	프리드리히 2세, 예루살렘 향해 출항. 교황 그레고리오 9세와 프리드리히 2세 간에 열쇠 전쟁 발발.
1229년	프리드리히 2세와 이집트 술탄 알카밀의 야파 조약. 십자군에 예루살렘 양도, 자유로운 성지순례 허용, 10년 불가침 약속. 프리드리히 2세, 예루살렘 왕위 즉위식 거행.
1230년	그레고리오 9세, 프리드리히 2세 파문 철회. 열쇠 전쟁 종결.
1238년	이집트 술탄 알카밀 사망.
1239년	다마스쿠스의 아미르인 알나시르, 예루살렘 기습 점령. 교황 그레고리오 9세, 프리드리히 2세 파문.
1240년	이집트의 술탄 앗살리흐 아이유브, 호라즘 용병대와 약조 체결.
1243년	알나시르, 십자군에 예루살렘 반환.
1244년	호라즘 용병대, 예루살렘 점령. 술탄 앗살리흐의 군대에 합류.

7차 십자군 전쟁(1248~1254년)

| 1245년 | 교황 인노첸시오 4세, 리옹 공의회에서 7차 십자군 원정 선포. 프리드리히 2세 파문(폐위). |

1247년	술탄 앗살리흐, 아스칼론 탈환.
1248년	프랑스의 성왕 루이 9세, 이집트로 출항. 키프로스섬에 상륙. 몽골과 동맹 결렬.
1249년	루이 9세, 다미에타 점령. 술탄 앗살리흐의 제안 거부. 앗살리흐 사망. 아들 알무아잠 투란샤가 통치권 계승.
1250년	알만수라 전투. 파리스쿠르 전투에서 십자군 대패, 루이 9세 포로가 됨. 석방의 대가로 이집트에 다미에타 양도. 프리드리히 2세 사망. 이집트, 맘루크 왕조 집권.
1254년	루이 9세, 아크레를 떠나 귀국.

8차 십자군 전쟁(1270~1272년)

1260년	이집트 출신의 바이바르스, 맘루크 왕조의 술탄으로 즉위.
1263년	술탄 바이바르스, 나자렛 대성당 파괴.
1265년	바이바르스, 카이사레아와 아르수프 점령.
1268년	바이바르스, 야파와 안티오키아 점령.
1270년	성왕 루이 9세, 8차 십자군 출정. 튀니스에서 사망.
1271~1272년	잉글랜드 에드워드 경(에드워드 1세)의 마지막 십자군 원정. 바이바르스와 10년 휴전 협상 후 귀국.
1277년	바이바르스 사망. 칼라운이 술탄으로 즉위, 칼라운 왕조 창건.
1285년	앙리 2세 드 뤼지냥, 예루살렘 왕 즉위.
1287년	이집트 술탄 칼라운, 트리폴리 점령.
1290년	술탄 칼라운 사망.
1291년	칼라운의 후계자 술탄 알아슈라프 칼릴, 아크레 점령. 앙리 2세 드 뤼지냥과 귀족들, 키프로스섬으로 피신. 십자군 국가의 멸망.

참고문헌

김능우 · 박용진 편역, 《기독교인이 본 십자군, 무슬림이 본 십자군: 십자군 관련 동시대 유럽어 사료, 아랍어 사료 번역》, 서울대학교출판문화원, 2020.

김능우, 《이슬람 진영의 대 십자군 전쟁》, 서울대학교출판문화원, 2016.

김태권, 《김태권의 십자군 이야기》 세트 전 5권, 비아북, 2018.

노리치, 존 줄리어스, 《비잔티움 연대기》 세트 전 5권, 남경태 옮김, 바다출판사, 2008.

덴칭거, 하인리히, 《신경, 신앙과 도덕에 관한 규정 · 선언 편람》, 한국천주교주교회의, 2017.

레스턴, 제임스, 《이슬람의 영웅 살라딘과 신의 전사들》, 이현주 옮김, 민음사, 2003.

말루프, 아민, 《아랍인의 눈으로 본 십자군 전쟁》, 김미선 옮김, 아침이슬, 2002.

매든, 토머스 F., 《십자군》, 권영주 옮김, 루비박스, 2005.

맥클로흐, 디아메이드, 《3천년 기독교 역사 2: 중세, 종교개혁사》, 배덕만 옮김, 기독교문서선교회, 2013.

몬티피오리, 사이먼 시백, 《예루살렘 전기: 축복과 저주가 동시에 존재하는 그 땅의 역사》, 유달승 옮김, 시공사, 2012.

바우어, 수잔 와이즈, 《수잔 바우어의 중세 이야기 2: 이슬람 세력의 유럽 진출에서 1차 십자군 원정까지》, 이광일 옮김, 이론과실천, 2011.

바틀릿, W. B., 《십자군 전쟁, 그것은 신의 뜻이었다!》, 서미석 옮김, 한길사, 2004.

박승찬, 《아우구스티누스에게 삶의 길을 묻다》, 가톨릭출판사, 2021.

박승찬, 《알수록 재미있는 그리스도교 이야기》, 가톨릭출판사, 2021.

비드마, 존, 《십자군과 이단심문 Q&A 101: 우리가 외면했던 그리스도교의 역사》, 이영욱 옮김, 분도출판사, 2017.

시오노 나나미, 《십자군 이야기》 세트 전 3권, 송태욱 옮김, 차용구 감수, 문학동네, 2011.

아몬드, 이언, 《십자가 초승달 동맹: 우리가 알지 못했던 기독교-이슬람 연합 전쟁사》, 최파일 옮김, 미지북스, 2010.

안인희, 《중세 이야기: 신들과 전쟁, 기사들의 시대》, 지식서재, 2021.

에번스, G. R., 《중세의 그리스도교: 천년 동안 지속된 문화의 뿌리》, 이종인 옮김, 예경, 2006.

에코, 움베르토, 《바우돌리노》 상 · 하, 이현경 옮김, 열린책들, 2002.

에코, 움베르토 엮음, 《중세 2》, 윤종태 옮김, 차용구 · 박승찬 감수, 시공사, 2015.

에코, 움베르토 엮음, 《중세 3》, 김정하 옮김, 차용구 · 박승찬 감수, 시공사, 2016.

자입트, 페르디난트, 《중세의 빛과 그림자: 그림과 함께 떠나는 중세 여행》, 차용구 옮김, 까치글방, 2000.

정수일, 《이슬람 문명》, 창비, 2002.

최인철 · 박승찬 외 7인, 《헤이트(Hate): 왜 혐오의 역사는 반복될까》, 마로니에북스, 2021.

코르뱅, 알랭, 《역사 속의 기독교: 태초부터 21세기까지 기독교가 걸어온 길》, 주명철 옮김, 도서출판 길, 2008.

콤니니, 안나, 《알렉시아드: 황제의 딸이 남긴 위대하고 매혹적인 중세의 일대기》, 장인식 · 여지현 · 유동수 · 김연수 옮김, 히스토리퀸, 2024.

타트, 조르주, 《십자군 전쟁: 성전 탈환의 시나리오》, 안정미 옮김, 시공사, 1998.

프랭코판, 피터, 《동방의 부름: 십자군 전쟁은 어떻게 시작되었는가》, 이종인 옮김, 책과함께, 2018.

플레처, 리처드, 《십자가와 초승달, 천년의 공존: 그리스도교와 이슬람의 극적인 초기 교류사》, 박흥식 · 구자섭 옮김, 21세기북스, 2020.

하라리, 유발, 《대담한 작전: 서구 중세의 역사를 바꾼 특수작전 이야기》, 김승욱 옮김, 박용진 감수, 프시케의 숲, 2017.

헤린, 주디스, 《비잔티움: 어느 중세 제국의 경이로운 이야기》, 이순호 옮김, 글항아리, 2010.

Allen, S. J./Amt, Emilie (eds.), *The Crusades: A Reader*, University of Toronto Press, 2003.

Andrea, Alfred J., *Encyclopedia of the Crusades*, Bloomsbury Academic, 2003.

Anon., *Gesta Francorum et aliorum Hierosolimitanorum*, (ed.) R. Hill, Clarendon, 1962.

Asbridge, Thomas, *The Crusades: The War for the Holy Land*, Simon & Schuster, 2012.

Brundage, J., *The Crusades: A Documentary Survery*, Milwaukee, 1976.

Cardini, Franco/Musarra, Antonio, *Die große Geschichte der Kreuzzüge: Von den Soldaten Christi bis zum Dschihad*, wbg Theiss, 2022.

Davies, Norman, *Europe: A History*, HarperCollins. 1998.

Hillenbrand, Carole, *The Crusades. Islamic Perspectives*, Edinburgh Univ. Press, 1999.

Hinz, Felix, *Die Kreuzzüge (Kompaktwissen Geschichte)*, Reclam–Verlag, 2017.

Holt, Peter M., *The Age of the Crusades: The Near East from the Eleventh Century to 1517*, Longman, 1997.

Kaufhold, Martin, *Die Kreuzzüge*, Marix–Verlag, 2013.

Laiou, Angeliki E./Mottahedeh, Roy P. (eds.), *The Crusades from the Perspective of Byzantium and the Muslim World*, Dumbarton Oaks, 2001.

Lock, Peter, *The Routledge Companion to the Crusades*, Routledge, 2006.

Mayer, Hans Eberhard, *Geschichte der Kreuzzüge* (10., völlig überarbeitete und erweiterte Auflage), Kohlhammers, 2005.

Murray, Alan V. (ed.), *The Crusades: An Encyclopedia*, ABC–CLIO, 2006.

Richard, Jean C., *The Crusades c.1071~c.1291*, Translated by Birrell, Jean, Cambridge University Press, 1999.

Riley–Smith, Jonathan (ed.), *The Oxford Illustrated History of The Crusades*, Oxford University Press, 2001.

Riley–Smith, Jonathan, *The Atlas of the Crusades*, Facts on File, 1991.

Riley–Smith, Jonathan, *The Crusades: A History*, Bloomsbury Publishing, 2014.

Riley–Smith, Jonathan/Louise (eds), *The Crusades: Idea and Reality*, London, 1981.

Runciman, Steven, *A History of the Crusades, Volume One: The First Crusade and the Foundation of the Kingdom of Jerusalem*, Cambridge University Press, 1951.

Runciman, Steven, *A History of the Crusades, Volume Two: The Kingdom of Jerusalem and the Frankish East 1100~1187*, Cambridge University Press, 1952.

Runciman, Steven, *A History of the Crusades, Volume Three: The Kingdom of Acre and the Later Crusades*, Cambridge University Press, 1954.

Setton, Kenneth M. (ed.), *A History of the Crusades. Six Volumes*, University of Wisconsin Press, 1969~1989.

Tyerman, Christopher, *God's War: A New History of the Crusades*, Belknap Press, 2006.

Tyerman, Christopher, *The Crusades*, Sterling Publishing Company, 2009.

Tyerman, Christopher, *The Invention of the Crusades*, Macmillan, 1998.

Urban II, *Speech at Council of Clermont, 1095, Six versions of the Speech* (*Medieval Sourcebook*: https://origin.web.fordham.edu/Halsall/source/urban2-5vers.asp).

William of Tyre, *A History of Deeds Done Beyond the Sea*, (ed.) E. A. Babcock/A. C. Krey, (*Internet Archive*: https://archive.org/details/williamoftyrehistory).

이미지 출처

035 Fondazione Cariplo / https://en.wikipedia.org/wiki/File:Artgate_Fondazione_
Cariplo_-_Hayez_Francesco,_Papa_Urbano_II_sulla_piazza_di_Clermont_predica_la_
prima_crociata.jpg

168 林高志 / https://commons.wikimedia.org/wiki/File:%E6%95%98%E5%88%A9%E4
%BA%9E%E9%A8%8E%E5%A3%AB%E5%A0%A1_8721.jpg

224 Dosseman / https://commons.wikimedia.org/wiki/File:Damascus_statue_for_
Saladin_0368.jpg

251 Tteske / https://commons.wikimedia.org/wiki/File:Horses_of_Basilica_San_Marco.
jpg

251 Keete 37 / https://en.wikipedia.org/wiki/File:Pala_D%27Oro_Markusdom_Venedig.
jpg

287 Sailko / https://commons.wikimedia.org/wiki/File:Giorgio_Vasari,_Scomunica_di_
Federico_II_da_parte_di_Gregorio_IX,_1572-73,_03.jpg

303 Ahmed yousri elmamlouk / https://en.wikipedia.org/wiki/File:%D8%AA%D9%85%
D8%AB%D8%A7%D9%84_%D9%84%D9%84%D8%B3%D9%84%D8%B7%D8%A
7%D9%86_%D8%A7%D9%84%D8%B8%D8%A7%D9%87%D8%B1_%D8%A8%D
9%8A%D8%A8%D8%B1%D8%B3.JPG

별도 표시 외 본문의 사진과 그림들은 직접 구매 또는 Wikipedia(Public Domain) 이미지들입니다.

찾아보기

철학자의 눈으로 본 십자군 전쟁

십자군 전쟁에서 배우는 평화를 위한 지혜

초판 1쇄 발행 | 2025년 1월 11일

지은이   박승찬
책임편집   박혜련
자료편집   노수
디자인   MALLYBOOK
제작   공간

펴낸이   박혜련
펴낸곳   도서출판 오르골
등록   2016년 5월 4일(제2016-000131호)
팩스   070-4129-1322
이메일   orgelbooks@naver.com
블로그   blog.naver.com/orgelbooks

ISBN 979-11-92642-10-9 03100

이 도서는 2024년 문화체육관광부의 '중소출판사 도약부문 제작 지원' 사업의
지원을 받아 제작되었습니다.